VALABLE POUR TOUT OU PARTIE DU
DOCUMENT REPRODUIT

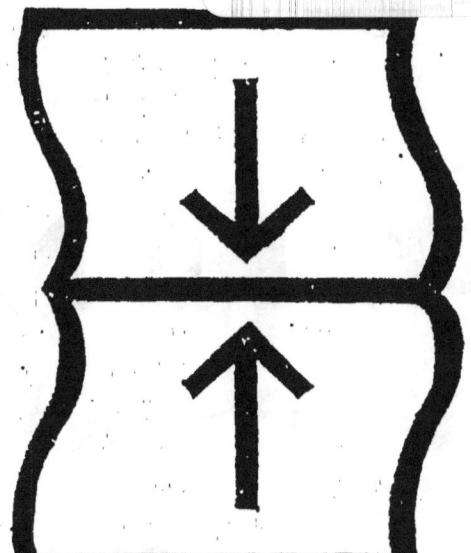

RELIURE SERRÉE
ABSENCE DE MARGES INTÉRIEURES

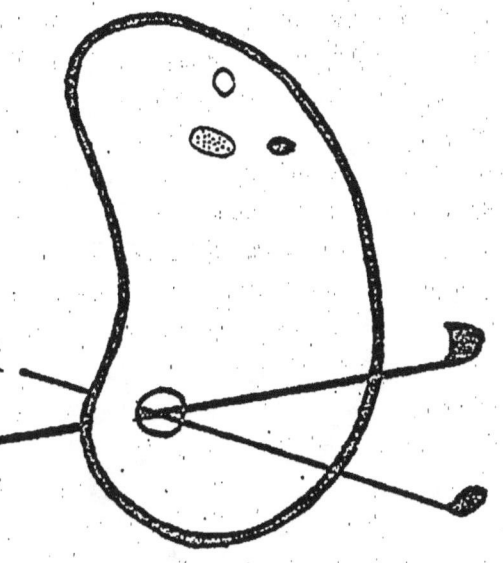

DEBUT D'UNE SERIE DE DOCUMENTS
EN COULEUR

JEAN FINOT

LA SCIENCE DU BONHEUR

✤

(XV° Édition complétée et remaniée)

(Ouvrage couronné par l'Académie Française et traduit en Allemand, Anglais, Espagnol, Grec, Italien, Polonais, Roumain, etc., etc., etc.).

PARIS
ARTHÈME FAYARD ET C°, ÉDITEURS
18-20, Rue du Saint-Gothard, 18-20

ARTHÈME FAYARD et Cie, Éditeurs
Rue du St-Gothard, 18-20, PARIS (XIVe)

Collection à 3f.50 le volume

MARCEL PRÉVOST, de l'Académie française
Lettres à Françoise maman .... 1 volume.

MAURICE DONNAY, de l'Académie française.
Molière .... 1 volume.

ALFRED CAPUS, de l'Académie française.
Théâtre complet .... 8 volumes.

HENRY BERNSTEIN
Après moi .... 1 volume.
Le Secret .... 1 volume.
L'Élévation .... 1 volume.

LOUIS BERTRAND
Saint Augustin .... 1 volume.
Les plus belles Pages de Saint Augustin ..... 1 volume.
Le Sens de l'Ennemi .... 1 volume.
Mademoiselle de Jessincourt .... 1 volume.

GÉRARD D'HOUVILLE
Le Séducteur .... 1 volume.
Une Fille .... 1 volume.

LÉON DAUDET
Ceux qui montent .... 1 volume.
La Vermine du Monde .... 1 volume.

RENÉ BENJAMIN
Gaspard (Prix Goncourt 1915) .... 1 volume.
Sous le Ciel de France .... 1 volume.
Le Major Pipe et son Père .... 1 volume.

CAMILLE MARBO
Le Survivant .... 1 volume.

MYRIAM HARRY
La Petite fille de Jérusalem .... 1 volume.
Tunis la Blanche .... 1 volume.

GYP
Ceux de "La Nuque" .... 1 volume.
Les Flanchards .... 1 volume.

COLETTE (COLETTE WILLY)
Les Heures longues .... 1 volume.

SIMONE DE CAILLAVET
Les Heures latines .... 1 volume.

IMP. GAMBART ET Cie. — PARIS.

MAJORATION TEMPORAIRE DE 30
(Décision du Syndicat des Éditeurs)

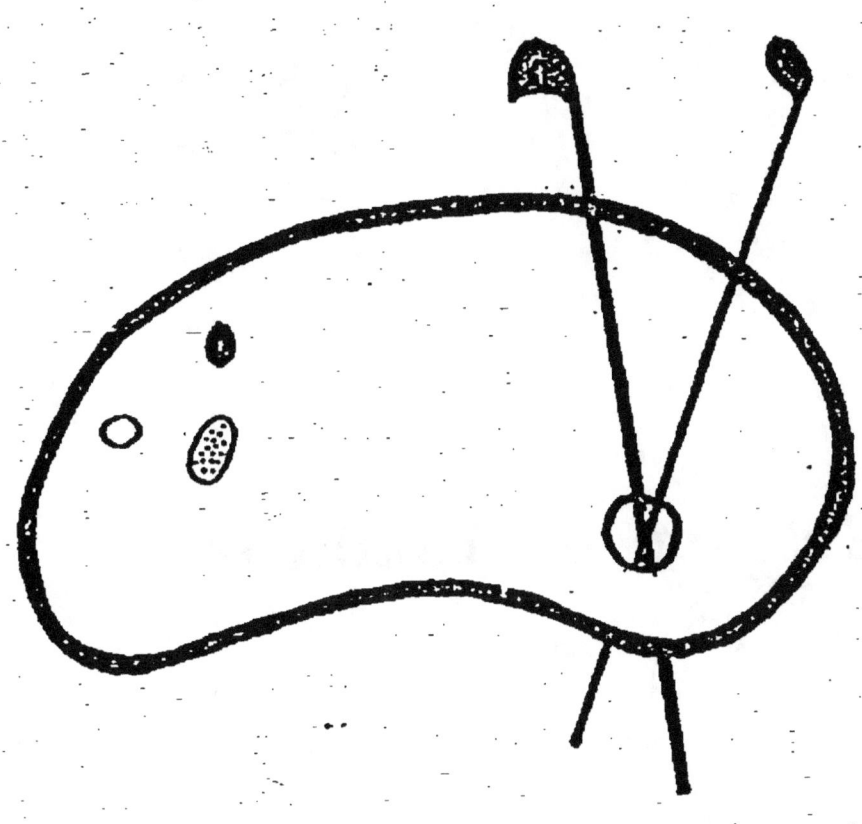

FIN D'UNE SERIE DE DOCUMENTS
EN COULEUR

8373

Science du Bonheur

8° R
2 941

OUVRAGES DU MÊME AUTEUR

La Philosophie de la longévité

12ᵉ édition refondue ; un volume in-8° de la *Bibliothèqu de Philosophie Contemporaine*. (Prix Audiffret, Académie des Sciences Morales et Politiques).

Ouvrage traduit en anglais, allemand, espagnol, italien, russe suédois, etc.

Prix . . . . 5 francs

Le Préjugé des races

3ᵉ édition : un vol. in-8° de la *Bibliothèque de Philosophie Contemporaine*.

Ouvrage traduit en anglais, allemand, espagnol, etc.

Prix . . . . 7 fr. 50

Problème et Préjugé des sexes

5ᵉ édition : *Bibliothèque de Philosophie Contemporaine*.
Ouvrage traduit en anglais, allemand, espagnol, etc.

Prix . . . . 5 francs

Français et Anglais

3ᵉ édition. (Epuisé.)

La France devant la lutte des langues

(Epuisé.)

La Phonétique expérimentale

(Epuisé.)

Agonie et mort des races

Edition de *La Revue*. 9ᵉ édition.
Traduit en anglais, espagnol, russe, etc.

JEAN FINOT

La Science du Bonheur

PARIS
ARTHÈME FAYARD ET Cie, ÉDITEURS
18 & 20, RUE DU SAINT-GOTHARD

A mes très chers amis
le Marquis et la Marquise
PAULUCCI DI CALBOLI.

Affectueusement,

J. F.

INTRODUCTION

I

A force d'humilier l'homme, on lui avait ôté la foi en son étoile, on l'avait rendu impuissant et infortuné. Il est même souvent trop malheureux, parce qu'on lui a dit qu'il est malheureux. On lui a suggéré tant de maladies, qu'il se retourne souffrant dans son lit, comme s'il était réellement malade.

On lui a fait croire qu'il ne peut vivre au delà de quatre-vingts ans, qu'il ne pourra évoluer qu'en exterminant ses prochains ou en se faisant tuer pour eux. On lui a enseigné les préjugés des races, des religions, de la richesse. Et l'homme se meurt avant l'âge, vit dans un état de guerre permanent, hait son frère, crée autour de lui l'envie et souffre des blessures qu'elle lui inflige.

> ... De l'enfer il ne sort
> Que l'éternelle soif de l'impossible mort,

disait Agrippa d'Aubigné.

L'homme est tellement habitué à entendre parler de ses misères, qu'il a beaucoup de peine à écouter ceux qui lui parlent de son bonheur.

Sa philosophie est triste, de même que sa morale, sa poésie, ses lettres et surtout son histoire. On l'a peint tellement en deuil qu'il croit ses portraits lumineux d'essence inférieure. Il paraît ne point comprendre qu'il est plus facile de badigeonner les choses en noir, comme il est plus facile de faire du mal que de faire du bien.

Mais l'homme est plein de ces contradictions.

Il désire vivre longtemps et il aspire au bonheur. Pourtant il ne vit en réalité qu'une parcelle minime de sa vie et se nourrit patiemment de malheurs qu'il se crée de son plein gré ou qu'il se laisse imposer.

On ne fera jamais assez pour combattre ces tendances, préjudiciables à nos destinées. « Le combat est beau et l'espérance est grande », pour nous servir des mots de Platon. Engageons donc une bataille autour de notre bonheur, plus nécessaire que jamais.

A une société transformée, il importe d'avoir d'autres pensées directrices. Il faut que le peuple ait non seulement le pouvoir souverain, mais aussi que sa vie et ses vertus deviennent souveraines. Il est grand temps d'émanciper son bonheur, comme on a émancipé ses droits politiques. On a tort de prêter à notre compréhension de la vie la même immobilité que l'ancienne Égypte donnait à ses dieux. Le moment est venu de reviser nos idées sur la bonté, l'envie, la douleur, de même que sur le bonheur.

Tranquillisons cependant les âmes désenchantées. Nous ne sommes pas de la famille des Pangloss, qui croient que tout est pour le mieux dans le meilleur des mondes. Notre grandeur présuppose aussi nos misères. Mais celles-ci ne sont point la vie. Elles ne font pas non plus l'homme. Tout dépend de l'angle sous lequel on les contemple. Démocrite riait et Héraclite pleurait devant les vices des hommes, car toutes nos actions semblent comiques aux uns, tragiques aux autres. Le mieux est encore de les asservir toutes au bénéfice de notre bonheur. Après tout, si nous considérons l'homme plus heureux qu'il ne l'est en réalité, il s'ensuivra peut-être quelque bonheur de plus. Mais le malheur n'y aura, en tout cas, rien à gagner.

Qu'on excuse ces excuses. Elles ne sont point de trop. On peut impunément chagriner les hommes, mais il devient dangereux de vouloir ouvrir toutes larges les fenêtres pour laisser pénétrer la chaleur et la lumière.

II

Que le mot science ne rebute personne. Il y a science et science. Celle-ci, pleine de caresses, n'aura rien de dogmatique ni d'impératif. Semblable aux anciens Péripatéticiens qui enseignaient sous forme de causeries pleines d'imprévu, elle s'efforcera de dégager les préceptes des faits, comme les abeilles tirent le miel des fleurs. Au milieu de tant de sciences inutiles, elle aura, au moins, le mérite de toucher aux préoccupations essentielles de tout le genre humain. Espérons qu'à ce titre beaucoup lui sera pardonné.

Réduite à des choses dépendant de nous tous, la Science du Bonheur mériterait d'être construite par nous tous. Science optimiste, elle demande à être bâtie par les efforts réciproques de tous ceux qui en deviendront les bénéficiaires et les artisans. Bonne et charitable, elle jouera peut-être, dans la société de demain, le rôle des « philosophes domestiques » auprès des riches Romains.

Il y a quelque chose de touchant dans la mission presque divine que la plupart des penseurs subtils de la Grèce accomplissaient à Rome. Ils adoucissaient les déboires de la vie, pré-

INTRODUCTION

chaient la sérénité d'âme et les joies de vivre. En lisant Sénèque, Tacite, on est agréablement impressionné par les détails qu'ils nous fournissent sur ces consolateurs ingénieux. Ils savaient rendre la mort désirable et le malheur attrayant. Canus Julius marche au supplice accompagné de son philosophe. Livie, après la mort de son fils Drusus, cherche dans les conversations avec Areus un apaisement pour son âme dévorée par la douleur. Minucius souffre horriblement en voyant les faveurs de l'empereur se détourner de lui et Cæcilius sait le convaincre que le ciel lui envoie de la sorte un bonheur inespéré.

Les riches avaient leurs philosophes, comme les dames du monde ont aujourd'hui leurs confesseurs attitrés. Mais les philosophes n'étaient qu'à la solde des riches et les confesseurs ont, hélas! perdu leurs vertus curatives. La Science du Bonheur pourra peut-être remplacer les uns et les autres et devenir la source vivifiante, où viendront boire toutes les âmes ayant soif d'apaisement.

III

L'ambition personnelle ne tient point de place dans ces pages. Le mérite de l'auteur, si mérite il y a, ne dépasse pas celui de sonner *l'heure de la réunion pour l'œuvre commune.* En guise de contribution, nous offrirons quelques briques pour la bâtisse de demain. On les rejettera, peut-être, un jour, comme inutiles. Qu'importe! L'auteur s'en consolera. La certitude que les autres triompheront là où il aura échoué le récompense d'ores et déjà de son échec.

La Science du Bonheur promet beaucoup. Elle tiendra davantage. Ce sera une science délicieuse, remplie de fleurs d'expérience et surtout de sourires d'hommes heureux. Les larmes, nos compagnes inévitables sur la terre, y apparaîtront sans doute aussi. Mais ce seront des larmes douces, affranchies des amertumes individuelles, afin de servir au profit du prochain.

Science par excellence altruiste. Elle ramènera tous les résidus de l'égoïsme, du bonheur et du malheur personnels vers le grand fleuve de la félicité générale.

Science charmante, animée par la bonté indulgente. Elle enveloppera, comme dans une atmosphère radieuse, les choses redoutables de la vie : la pauvreté, la mort elle-même.

Science attrayante, sans formules.

Science libre, affranchie des chaînes moroses qui empêchent tout élan. Ce sera aussi une science d'égalité. Elle saluera au passage, avec la même bonté enivrante, riches et pauvres, puissants et faibles, glorieux et obscurs.

En faveur de tous, de la vie de tous, elle s'efforcera de dégager l'âme de bonté des choses méchantes, le sourire du bonheur des grimaces de l'existence.

Devant elle, tout s'harmonisera dans le même but : simplifier, augmenter et répandre le Bonheur sur la terre. Au milieu du vacarme assourdissant de la vie, au milieu de tant de dissonnances qui divisent l'homme et les hommes, elle tâchera de retrouver le joint céleste qui lie tous les mortels à la félicité par l'âme et par l'union des âmes.

Aux petits et aux grands de la terre, cette science divine chantera la beauté et la puissance du trésor placé en eux-mêmes, loin de toute atteinte. Elle leur démontrera que, tout en courant après des choses souvent illusoires et presque toujours inaccessibles, ils oublient de cueillir les fruits délicieux qui ornent la route.

Las de nos désirs irréalisables, en proie aux fantômes, qui nous attirent et s'évanouissent cruellement à notre approche, nous apercevrons des sources de félicité qui s'offrent avec grande douceur aux êtres les plus dépossédés, les plus oubliés, les plus malheureux de la terre...

IV

On peut envisager l'homme sous deux aspects différents : l'homme-bête ou l'homme-Dieu. Parmi les adhérents de la première théorie se recrutent d'ordinaire les pessimistes; ceux de la seconde fournissent les optimistes. Et, parce qu'ils croient à la divinité de l'homme, ces derniers le veulent meilleur, plus digne et plus heureux. Non seulement ils vouent cet idéal, mais ils le jugent réalisable. Tout en admirant la majesté de l'homme, ils sont bien plus frappés par sa misère, de même qu'on est plus impressionné par les taches souillant une robe somptueuse ou un visage parfait. Mais c'est en souriant qu'ils en indiquent les points noirs, et c'est avec amour qu'ils aident à leur disparition.

Les philosophes et les penseurs nous enivrent depuis trop longtemps des douleurs tantôt véritables, mais aussi et surtout de douleurs fictives. Il y a une jouissance indicible dans cette extase de la souffrance; maints philosophes et poètes, après s'y être trop attardés, y ont ensuite succombé. Il n'est pas bon de se laisser trop griser par la douleur mondiale. Elle finit par nous détraquer le cerveau, comme si elle n'était que du simple haschish ou de l'opium.

On s'oublie dans les délices du désespoir plus facilement que dans celles de la joie. Réfugiés dans quelque recoin de notre pensée, nous versons des larmes abondantes, comme ces fillettes qui, faute de raisons graves, pleurent sur leurs poupées cassées.

Il faut, sans doute, un grand effort de volonté pour rompre avec le charme mystérieux de la mélancolie et regarder le monde et les hommes avec des yeux vides de larmes.

Tel est l'optimisme dont est issu ce livre.

L'accueil très chaleureux que la critique et le public ont bien voulu lui ménager dépasse de beaucoup sa valeur. L'auteur ne veut y voir qu'un hommage rendu à l'utilité de son geste.

On a pourtant essayé de combattre la portée sociale de la Science du bonheur. L'optimisme, a-t-on répété à cette occasion, est impuissant à enrayer le mal. Il ne pense qu'à l'enjoliver et à le rendre plus durable. En proclamant les vertus de la pauvreté, il paralyse les ardeurs qui tendent à la déraciner. Les sourires qu'il prodigue aux infortunes des pauvres ne font que rendre plus facile la digestion des riches.

On nous dit aussi que le bonheur n'est qu'une question de tempérament. On naît avec la disposition d'être heureux, comme on naît aveugle ou cul-de-jatte, tigre ou mouton. Ce déterminisme fantaisiste oublie tout simplement l'influence de notre cerveau sur notre corps, celle de la pensée sur notre façon de vivre ou de sentir.

Les procès faits depuis des siècles à l'optimisme demandent à être révisés. Car il y a optimisme et optimisme. Il y a un optimisme paresseux et puéril faisant croire que tout est pour le mieux dans le meilleur des mondes. Mais il y a un autre optimisme, actif et inquiet et, par cela même, gros de tous les progrès. Celui-ci professe que nous pourrons faire de la terre le meilleur des mondes. Bien plus, partant de la grandeur de l'homme, il le veut grand et heureux, car le bonheur pourrait et devrait s'étendre sur toute l'échelle humaine. D'où la nécessité sociale de collaborer au bonheur de tous par tous. Il en découle même un droit au bonheur pour les grands et les petits, droit imprescriptible comme le droit à la liberté et à l'égalité. La terre est pleine de paradis et toute notre activité ne serait qu'une danse insensée, si elle ne tendait à le rendre *accessible à tous ceux qui en sont exclus ou simplement éloignés.*

Une telle conception du monde donne un but à la vie. Elle nous procure, en outre, sa morale et justifie nos efforts pour le progrès.

On taxe la valeur d'un bien d'après le résultat qu'on en tire; on apprécie de même la valeur scientifique ou philosophique d'une donnée morale par les vérités qui en découlent.

En fournissant des éléments nouveaux à notre énergie, nous prétendons pouvoir la renouveler et la fortifier. On a donc tort de considérer l'optimisme comme une école de faiblesse et de sommeil. Rappelons l'exemple d'un de ceux qu'on a toujours estimé comme un des plus dissolvants. C'est l'optimisme de Jean-Jacques Rousseau. Et, pourtant, celui-ci a vivifié le monde et provoqué une série de révolutions allant du domaine des lettres jusqu'à celui de la lutte des classes.

L'optimisme que nous prêchons est d'autant plus viable et productif qu'il croit. Il croit avant tout que la vie vaut la peine d'être vécue, et que l'existence est laide parce que nous ne savons ni créer des charmes nouveaux, ni distinguer dans la masse de ceux qui s'offrent à nous, ni enfin aider à l'éclosion de ses beautés cachées. Il est productif parce que, loin de détruire nos raisons de vivre, il les recherche avec piété et contribue au besoin à leur naissance.

J. F.

LA SCIENCE DU BONHEUR

CHAPITRE PREMIER

Une Science du Bonheur. — Est-elle possible ?

I. — Depuis que l'homme rit ou pleure sur [l]a terre, il est pénétré du même désir. Devant [l]ui, comme but final, reste suspendu le senti[m]ent du Bonheur, couronnement suprême de [t]ous les efforts de sa vie. Sublime dans son [d]ésintéressement ou répugnant dans son [é]goïsme, l'homme ne cesse d'envisager le pro[b]lème du Bonheur comme le sujet essentiel de [s]es rêves et de ses pensées. Les divergences [n]'éclatent que dans sa compréhension.

Car, de même que l'amoureux de plaisirs [c]herchera à s'enrichir pour satisfaire les appétits de son corps et de son âme, de même l'ascète tiendra à s'éloigner du monde pour retrouver dans son isolement la félicité dont il a également soif. Il la comprend d'une façon différente, mais il la désire non moins avidement. Conscients ou inconscients, le jouisseur et l'ascète marcheront vers le même sommet de la montagne, en suivant des sentiers divers.

La longue distance qui nous sépare du but est pénible à franchir. Beaucoup de voyageurs endurent de grandes souffrances avant d'y parvenir. La plupart meurent en route. Les rares qui arrivent jusqu'au bout de leurs efforts s'y retrouvent meurtris, malades ou mortellement blessés. La conquête, une fois réalisée, leur paraît illusoire. Ils s'aperçoivent tardivement qu'ils ont gaspillé leur vie à vouloir s'emparer d'un papillon insaisissable. Au lieu du bonheur rêvé, une mélancolie indicible s'empare de leurs âmes. Devant l'irréparable, ils succombent, découragés, souvent infiniment malheureux...

Plus rares sont encore ceux qui avaient bénéficié d'une lueur subite éclairant leur route. Ils en ont profité pour changer de direction. Qui sait? Ils n'ont peut-être fait que changer de calvaire.

Les litanies du malheur qu'on entend sont

bien tristes, mais plus tristes encore sont celles qu'on n'entend point...

II. — Autour de nous retentissent ainsi plaintes et gémissements. Tout le monde se croit et se dit malheureux. Ne s'agit-il pas dans l'occurence d'un simple malentendu? Ne sommes-nous pas victimes d'un mirage d'autant plus dangereux qu'il ne cesse d'accroître le nombre des sacrifiés? Le progrès n'aurait-il pour but que d'augmenter notre détresse, tout en augmentant notre bien-être? Nombreux sont les savants qui affirment que le malheur qui pèse sur l'humanité deviendra de plus en plus fatal et lourd. Ne dira-t-on pas que le progrès de l'évolution humaine se manifeste en raison inverse de la marche du Bonheur? Quelle est cette loi inéluctable, qui nous enfermerait dans le dilemme tragique de ne pouvoir évoluer qu'au détriment de notre félicité?

Un phénomène nous frappe, lorsque nous regardons nos semblables. En avançant dans la vie, ils oublient d'ordinaire le présent et ne vivent que dans l'avenir. Lorsque celui-ci déçoit leurs espérances, ils s'aperçoivent qu'ils n'ont point vécu. Autour de nous, devant nous, derrière nous, il n'y a de la sorte que des gens tombés en route, souvent dupés et presque toujours tristes et malheureux.

III. — Les moralistes considèrent habituellement le bonheur avec un mépris inconcevable. Il se traîne derrière les systèmes d'éthique, comme une ombre importune. Pourtant rien de stable dans les institutions humaines, de même que dans les systèmes moraux, sans l'intervention du Bonheur. Sans lui, rien de solide, rien de réel dans les fondements de la vie. A quoi bon vouloir négliger son importance? Le Bonheur, comme les dieux de l'ancien Olympe, arrive toujours à temps pour faire sentir son poids sur la vie des humains.

IV. — Le problème essentiel de la vie, de nos jours, consiste à réconcilier l'ancienne et la nouvelle foi. Celle d'autrefois nous enseignait que la vie sur terre n'est que le fumier où pousse le paradis rêvé, invisible; celle de nos jours trouve que la vie a un but en elle-même.

Il faut être heureux sur la terre, quitte à l'être encore davantage dans la vie future, disent les croyants.

Il faut être heureux sur la terre, car le bonheur futur n'est qu'un mirage décevant, disent les sceptiques.

Mais les uns et les autres devraient penser, à la façon de Gœthe, que le but de la vie, c'est la vie elle-même...

V. — Appuyé sur Platon, le moyen âge chasse le Bonheur de la cité. Rangés derrière Kant, les moralistes modernes bannissent de la morale les préoccupations du bonheur. Dans l'histoire de tant de systèmes écroulés, il n' y a peut-être que les stoïciens et les cyniques pour parler de sa divinité, humainement, avec amour pour ceux qu'elle fuit et avec joie pour ceux qui bénéficient de son contact miraculeux. Cela n'a point empêché leurs doctrines d'être foncièrement morales. Elles savaient avant tout identifier le Bonheur avec la Vérité.

Les stoïciens ont eu, il est vrai, le courage d'exalter le Bonheur. Mais leur Bonheur est d'essence triste. Il est d'une sévérité macabre. Il est toujours en deuil d'illusions perdues. Leur joie de vivre n'est que la pensée sereine de la mort. Ils prennent, du reste, congé des vivants comme des convives quittant un repas interminable.

Marc-Aurèle enseigne en vain qu'il ne convient pas de se chagriner soi-même. Son âme exhale le poison. L'équilibre céleste du meilleur des hommes n'est qu'un mythe. On ne le rencontre que chez Renan, qui transporte la quiétude de son âme jusque dans celle de ses héros.

On pourrait dire de la joie de vivre et du bonheur stoïcien ce que Walter Pater a dit des pensées de Marc-Aurèle : « On ne doit s'y mouvoir qu'à pas graves et étouffés, comme il sied de marcher dans une maison où repose un défunt. »

On n'y pleure pas, on ne s'arrache pas les cheveux, on ne s'y livre point au paroxysme de désespoirs démesurés. C'est déjà beaucoup. Il n'y a que les conquêtes de la vie récente qui sauront illuminer des rayons de la joie et du vrai Bonheur la maison austère que nous ont léguée les aïeux.

VI. — On a beau chasser le bonheur des préoccupations de la pensée, il y rentre, invisible, par les portes qu'on croit hermétiquement fermées. Il s'asseoit triomphalement sur toutes les interdictions. La plus noble des doctrines, l'impératif catégorique de Kant, avec sa nécessité morale absolue, conçue en dehors et même contre toute idée de Bonheur, s'écroule logiquement privé de son appui (1). « Quand une voix commande, a dit avec raison

(1) L'état d'esprit où l'homme doit se placer pour obéir à la loi morale consiste à lui obéir par *devoir*, non par une inclination libre, ni par un élan, qui ne serait pas commandé, mais tout spontané. (Kant, *Critique de la Raison pure*). Fichte le dira d'une façon encore plus précise : « Lorsqu'on agit par sympathie, par compassion, par charité, il n'y a là aucune moralité; tous ces actes vont même contre la morale. » (*Doctrine des mœurs réduite en système.*) Qu'importe l'individu, son plaisir ou son Bonheur!

Schopenhauer, qu'elle parte du dedans ou du dehors, il est simplement impossible qu'elle n'ait pas le ton de la menace, ou bien celui de la promesse. » Le sujet, en écoutant l'une ou l'autre, reste intéressé. Et l'intérêt n'est, en somme, que la préoccupation du Bonheur.

Pourquoi alors ne pas marcher ouvertement sous sa bannière? Pourquoi ne pas s'incliner devant son ubiquité, embrassant jusqu'à nos rêves et nos aspirations d'âme? Essayons de canaliser sa force, de raisonner son fonctionnement, de faciliter son évolution bienfaisante, de faire triompher ses lois.

Essayons, en un mot, d'en faire une science.

VII. — Car pourquoi médire du Bonheur, de la joie? D'après Spinoza, la joie est la perfection. La morale basée uniquement sur le devoir a fait faillite. On ne croit plus à Kant, mais on croit de plus en plus en la seule chose réelle qui existe en nous, qui nous guide et nous conduit malgré nous et même contre nous : le sentiment et même l'appétit du Bonheur.

Lorsqu'on arrivera à perfectionner et à ennoblir ce sentiment, l'Humanité se trouvera ennoblie et perfectionnée à son tour.

Toutes les luttes des siècles écoulés autour

de l'idéal moral ont pour but l'écrasement ou le triomphe du moi, le renoncement à la personnalité humaine ou son épanouissement libre.

Le moi piétiné et détruit devenait synonyme de la vertu. On faisait pousser sur ses ruines les qualités divines de l'homme, comme si une riche floraison pouvait croître sur des rochers dénudés.

La réaction s'égara comme toujours dans l'excès. Désespérant de sauver la personnalité humaine en bloc, elle se borna à faire triompher quelques êtres exceptionnels. Le culte de l'homme fort, du demi-dieu, prôné par la Renaissance et repris par les égotistes de toutes nuances, impose un renoncement à rebours. L'ascétisme immolait l'individu en faveur de l'être invisible; l'égotisme sacrifie la communauté au profit de quelques êtres plus forts et surtout plus rapaces. Le premier nous désarmait par son désintéressement; le second nous révolte par le sans-gêne de ses appétits.

Le calme ne renaîtra dans nos aspirations irritées que le jour où l'on admettra le Bonheur pour tous, au même degré.

VIII. — Le droit à la vie, le droit au salaire, le droit des vieillards et des infirmes aux secours de l'Etat et tant d'autres conquêtes de la vie moderne, finiront par avoir leur couronnement dans le droit au Bonheur.

Est Deus in nobis. Le Dieu est en nous tous. L'âme humaine inspirée par la religion ou par la science, l'homme fils de Dieu ou l'homme source de l'esprit finira par s'incliner devant ce principe primordial de la personnalité humaine. La vie se chargera, du reste, de lui enlever son uniformité, en la décomposant d'après les variétés innombrables des âmes...

Il n'est pas de plus haute seigneurie que celle de soi-même, disait de Vinci. Seulement, ce que l'incomparable Léonard réclamait pour lui, il faudra l'admettre en faveur de tous, y compris tous les humbles et tous les déshérités.

Aidons-les à regagner leurs seigneuries en leur rendant la vie douce et bienveillante. Ils doivent être des seigneurs dans le domaine de leur *moi,* car ils sont tous des hommes.

Pourquoi philosopher à côté? Interrogeons la nature humaine. Dégagée de toute contrainte, elle nous répondra avec sa franchise brutale : le Bonheur est mon besoin organique. Il m'est nécessaire, comme l'alimentation ou la respiration. On mange mal, on respire mal et l'on vit quand même. Mais, pour faire épanouir et fleurir le moi humain, laissez-le se développer dans le Bonheur.

Les gens noblement heureux constituent la force, la beauté et la base de la nation. Tous ceux qui cherchent et obtiennent le Bonheur contribuent à la prospérité et au développement moral de la communauté. Ils forment ainsi la fleur et l'espoir de leur patrie.

Le sentiment du Bonheur est immuable. C'est à l'homme sage de donner un sens élevé et divin au désir invincible..

IX. — Nos conceptions, déviées par l'ascétisme disparu, par la fausse piété et par la méconnaissance des lois divines, nous empêchent d'accepter le droit au Bonheur. Elles font même rejeter ce nouveau devoir que la vie moderne nous impose : le devoir d'être heureux. Nous devons être heureux, comme nous devons aimer notre cité, être dévoués à ses intérêts et travailler au profit de la communauté.

Le Bonheur de la patrie et de nos proches nous est cher. Tant mieux. Commençons par soigner notre Bonheur personnel. Comme l'a dit avec raison Ellen Key, il est impossible de s'occuper de la nourriture de ses voisins avant d'avoir satisfait sa propre faim et sa propre soif. Celui qui est atteint de la fièvre typhoïde soigne difficilement son prochain. Un réformateur qui, indifférent à son propre Bonheur, émet la prétention de le procurer aux autres, ressemble à un aveugle qui voudrait conduire les voyants. Patientons un peu et nous verrons comment, dans la cité de demain, le plus jeune des devoirs, celui d'être heureux, prendra sa revanche et, triomphant, occupera la place de ses rivaux anéantis.

Car le Bonheur, comme les larmes et le rire, est communicatif. Apprenez à être heureux, ou mieux encore, soyez heureux et l'on sera plus heureux et meilleur autour de vous.

X. — Les recommandations des esthètes de vivre et de mourir en beauté devraient avoir pour corollaire : vivre et mourir dans le Bonheur.

Après avoir épuisé pleinement notre *moi*, après avoir réalisé ses penchants et ses aspirations, nous nous coucherons dans la soirée de notre vie, avec un sentiment de sérénité et de satisfaction, semblables au laboureur qui s'endort après le travail de la journée, dépensé au profit de sa terre.

XI. — La vie vaut non seulement la peine d'être vécue; la vie impose, en outre, le devoir de vivre sa propre vie. Or, celui qui n'a pas été heureux a manqué à ses devoirs. Il a peut-être traversé la vie dans un songe, mais il n'a pas plus vécu qu'un lunatique ne vit lorsque, inconscient, il court sur les toits des maisons.

Ceux qui n'ont pas la conscience de leur Bonheur, ceux qui vivent en dehors de ses appels ardents et de ses besoins réels rappellent les soldats du grand tableau de Detaille, *Le Rêve*. Ils ont bataillé dans un songe, souffert et joui dans leur imagination endormie, sans profit... pour eux-mêmes ni pour leur patrie.

La pensée moderne proclame ouvertement ou trahit d'une façon indirecte les préoccupations et les devoirs du Bonheur individuel. John Ruskin affirme avec raison que la volonté de Dieu est que nous vivions par le Bonheur au profit de la vie de nos frères et non point par leur misère et par leur mort. Les hommes s'entr'aident par leurs joies, mais non point par leurs tristesses. John Lubbock fait de la joie un devoir élémentaire de l'homme moderne. « Nous devrions être aussi joyeux que possible, nous dira-t-il, parce qu'être heureux soi-même est une méthode excellente pour aider au bonheur des autres. » Les pessimistes, qui se désolent dans la tristesse et les déceptions de la vie, ou les optimistes qui en exaltent les beautés, s'inclinent avec le même respect devant le dieu Bonheur. La révolte des esprits orgueilleux comme Nietzsche, Shelley, Carlyle ou tant d'autres, leur égoïsme féroce n'est que la méconnaissance de la possibilité du Bonheur pour tous. Le croyant inaccessible pour l'humanité, ils le revendiquent pour les demi-dieux ou les *surhommes*. Or, le Bonheur réel est d'autant plus grand et profond qu'il embrasse et lie dans un enchaînement fraternel plus d'hommes, plus de pays, plus de mondes.

Comme la joie ne veut pas dire jouissance, le Bonheur ne se confond point avec l'égoïsme antisocial ou la satisfaction des instincts bas. Ce sera à la Science du Bonheur d'indiquer ses bases accessibles à tous, à la fois profondément nobles et infiniment durables.

XII. — Ne nous laissons point griser par la religion du sacrifice de soi-même, de l'altruisme envers tous et pour tous et surtout par celle de la vie future. Elles passent à côté de la vie. Leur culte n'a jamais été qu'un culte de mots. Impraticables, et non pratiquées, elles ont faussé le sens divin de notre *moi*. Or, la loi qu'on a eue ne doit jamais être une chaîne. On est quitte envers elle, d'après les conseils d'un moraliste, quand on l'a soigneusement roulée dans un linceul de pourpre où dorment les dieux morts.

XIII. — La nature ne connaît que l'espèce, nous dit-on. Elle néglige et condamne l'individu. On calomnie la nature. Par la même occasion, on diffame la science. *Pereat mundus, fiant pilulæ*, clament certains guérisseurs. Vivent les pilules, périssent les malades! Que feraient les pilules sans les malades, que ferait l'espèce sans l'individu? Peut-on conserver un édifice, en laissant disparaître les pierres qui le composent?

La nature ne tend qu'à conserver l'espèce! Qu'en savons-nous? Nous connaissons peu ses intentions métaphysiques. Celles pourtant, qu'elle avait pris soin de nous dévoiler, montrent que si elle fait peu de cas de l'individu, elle n'en fait pas non plus de l'espèce. L'histoire de la faune et de la flore n'est qu'un grand cimetière, où l'on trouve des millions d'espèces mortes. Parmi les défuntes, il y en avait d'admirablement organisées. Elles auraient peut-être même pu disputer la place à l'homme, comme ces anthropoïdes, les *Dryopithecus*, qui semblaient prédestinés à un avenir brillant.

Au fond, la nature n'a aucun souci des uns ou des autres. Ne nous laissons donc pas égarer par ses desseins vagues et occupons-nous plutôt du bonheur réel de l'homme.

XIV. — Les égoïsmes diffèrent, comme diffèrent nos âmes. Il y en a de sublimes. Ils fournissent les armes pour les nobles combats de la vie et répandent la contagion de l'énergie, de l'espérance, de la joie. On aurait tort de médire de l' « amour de soi », comme on aurait tort de médire de la nature qui contient, à côté des paysages célestes, des eaux marécageuses.

Qu'est-ce que l'abnégation des saints, le désintéressement des altruistes endurcis, sinon des variantes de l'égoïsme innombrable? Celui-ci prend toutes les formes, y compris celle du sacrifice personnel. L'avare qui abandonne à ses enfants une partie de ses trésors, la mère amoureuse de la vie, qui risque la sienne au lit de son enfant atteint de la fièvre typhoïde, l'amant qui se sacrifie pour sa maîtresse, ne font que subir les impulsions de leur égoïsme élevé.

On l'escompte à terme ou on le réalise sur-le-champ. On consent à être récompensé dans le ciel, ou bien l'on cherche des satisfactions ici-bas. Il procure des plaisirs divins aux hommes-dieux, il fournit des joies animales aux hommes-bêtes. Il trône dans les profondeurs de nos âmes et s'y conduit d'après leur essence.

Les Grecs, dans leurs croyances empreintes de sincérité, voyaient dans leurs dieux des êtres foncièrement égoïstes. Les dieux de l'Olympe n'agissaient que sous l'impulsion de leurs intérêts personnels. Notre pharisaïsme attribue aux hommes les qualités que les anciens refusaient aux dieux eux-mêmes.

Après tout, si le génie de la nature, en écoutant les désirs stupides de certains philosophes, avait déraciné de nos âmes l'amour de soi, l'humanité aurait cessé de vivre. En perdant le principe essentiel de la conservation de l'espèce, l'homme aurait perdu, par la même occasion, le besoin de continuer son existence. Il n'aurait, du reste, jamais consenti à la traîner pour le compte des autres.

En édifiant l'amour de soi (l'égoïsme) avec les penchants les plus dégradés de notre conscience, on a réussi à diffamer le Bonheur. Ce dernier est devenu presque un besoin honteux de notre moi, au lieu d'être sa gloire et son couronnement. Certains moralistes ne sont-ils pas allés jusqu'à proscrire le mot : Bonheur (1) !

XV. — Il y a quelque chose d'étrange dans ce fait que parmi tant de sciences dont s'enorgueillit l'humanité, il n'y en ait pas une consacrée au Bonheur. Est-elle possible? Il fallait la planter d'abord, en examiner les fruits ensuite. Elle aurait eu la chance d'intéresser le bloc humain. Dans ses lois universellement admises auraient pu communier tous les peuples de la terre. Profitant des observations et des enseignements venus des quatre coins du globe, elle aurait pu à son tour embellir la vie des humains de toute origine, de toutes couleurs, de toutes croyances...

Les religions au nom du ciel, les philosophes au nom de la fraternité humaine, prêchèrent de tout temps la nécessité de la paix. Et les guerres n'ont cessé d'ensanglanter la terre. Depuis un siècle, on nous enseigne que la paix est nécessaire pour notre bonheur, et l'horreur de la guerre envahit nos âmes et s'implante dans nos consciences.

Pourquoi reprocher aux hommes de tendre vers des buts irréalisables? Le progrès n'est-il pas une marche ininterrompue à l'étoile?

(1) Pour Carlyle, le terme *happiness* doit céder la place à un état supérieur, donc : *blessedness*.

Sainte-Beuve a dit un mot profond : « En visant à des choses impossibles, on obtient à la longue des choses possibles, auxquelles on n'eût jamais atteint autrement. »

Vive donc la science du Bonheur, basée sur la possibilité du Bonheur pour tous, par tous!

On reste émerveillé en pensant à la richesse d'éléments que la science du Bonheur va rencontrer sur sa route. Toutes ses sœurs réunies ne travaillent, en somme, que pour son triomphe. Que ce soient l'hygiène ou la médecine, la philosophie ou la morale, les sciences techniques ou politiques, la biographie des grands disparus, toutes gardent des trésors incalculables pour la dernière née. Dans ces champs remplis de pierres précieuses, elle n'aura qu'à désigner et cueillir les objets à son choix.

CHAPITRE II

Le Bonheur est en nous

1. — Lorsque, après avoir subi quelques orages de la vie, on se met à méditer sur leur portée, on est étonné de constater leur insignifiance. Les souffrances morales les plus profondes pâlissent singulièrement à la lumière de la réflexion. Elles prennent un contour nouveau. On ne comprend même plus les sensations et les effrois passés. Il en est de même des drames profonds de notre existence. Sous leur domination immédiate, nous perdons jusqu'à notre conscience. Nous ne pensons pas pouvoir, et nous ne voulons même pas leur survivre. Leurs blessures paraissent incurables et notre vie semble brisée.

Observons-nous plusieurs jours après l'épreuve cruelle. Affranchie de la brutale influence du moment, notre conscience commence à s'orienter. En regardant au dedans de nous-mêmes, nous sommes étonnés de voir combien nos sentiments ont changé. Qu'est devenu le malheur irréparable? Qu'est devenue la souffrance éternelle? Un étonnement nous saisit alors. La douleur et le malheur ne s'amuseraient-ils pas à nos dépens? La réalité leur ferait-elle défaut?

Laissons s'écouler une nouvelle période de temps et recommençons ensuite la tâche de comparer nos sensations. Une surprise de plus nous attend. Nos douleurs, nos désespoirs ont subi une seconde évaporation. Leur intensité disparue, leurs formes évanouies ne nous permettent même plus de les reconnaître. Quelque chose de vague a remplacé notre malheur. Un jour arrive où nous sourions avec indulgence aux infortunes passées. Nous n'y retrouvons plus qu'un sujet d'étude sur les états changeants de notre âme (1).

Cette transformation s'opère souvent brusquement sous l'influence d'un être cher à no-

---

(1) La douleur d'une mère devant l'enfant disparu menace sans doute de durer toute une vie. Mais nous n'envisageons ici que les raisons de malheur habituelles, des raisons de tristesse de tous les jours et non point ses formes exceptionnelles. Les douleurs les plus cruelles finissent quand même par s'émousser.

tre conscience; celle-ci chasse vite les nuages qui assombrissent l'aspect vrai des choses. Car les consolations n'ont pas d'autre objet. Lorsqu'elles émanent d'un esprit d'élite, elles tendent simplement à arracher leur masque aux événements qui nous dominent. Et, si elles n'atteignent pas toujours leur but, c'est que la compréhension intelligente de l'âme des autres se rencontre rarement.

II. — **Les divers degrés de notre malheur**, sa transformation incessante dans notre conscience, son intensité et sa grandeur dépendant de la sensibilité individuelle, ne nous prouvent-ils pas que la source de nos souffrances se trouve en nous-mêmes? Le monde extérieur fait vibrer notre sensibilité qui y répond comme un piano au toucher de l'exécutant. Mais ce dernier aura beau être d'une force surprenante, il ne produira pas de sons sans le concours de l'instrument. Encore mieux, nous sommes devant le malheur comme un artiste devant les notes d'une partition. Les sons, doux ou tristes de notre voix, suivent les signes extérieurs. Mais le malheur, comme les sons, est en nous-mêmes.

Une vérité consolante s'en dégage. Le bonheur et le malheur n'étant dans la plupart des cas que des fruits de notre propre sensibilité, celle-ci ne formant à son tour qu'une partie de notre conscience, nous devenons par cela même les auteurs de notre félicité et de notre infortune.

Les circonstances se produisant en dehors de nous sont difficiles à vaincre. Mais la formation de notre moi, sa façon d'être et de penser se trouvent en notre pouvoir. Dans l'impossibilité où nous sommes de changer les facteurs du dehors, changeons ceux du dedans. Ne pouvant prétendre à la maîtrise des objets et des hommes, tâchons de dominer, de canaliser nos désirs. Il nous est difficile d'avoir des serviteurs, des palais et des millions, mais il nous est plus facile de chasser ce désir de notre âme. Lorsque, grave et réfléchie, la conscience s'arrêtera sur les choses tant souhaitées, elle nous découvrira, en souriant, leur néant. Tant qu'on a cru au diable, il se montrait aux hommes. Il a suffi de ne pas croire à son omnipotence et elle ne trouble même plus nos rêves.

III. — Une appréciation sereine de nos désirs provoque souvent leur évanouissement. Un moment arrive même où les appétits ardents des choses inaccessibles s'apaisent presue complètement. Et de même que la réexion nous guérit de la crainte de mauvais sprits, sujet de malheur pour des gens suerstitieux, de même, venant à l'aide de la onscience, la pensée réfléchie peut toujours déterminer et opère souvent notre guérison des superstitions du luxe, de la richesse, de la fausse ambition et de tant d'autres tourments de notre vie.

Le bonheur ainsi acquis devient une entité égalant tous les biens de la terre. On ne croit qu'aux choses vues. Or l'existence des illustres disparus, des hommes probes et sages dans leur confession sincère, nous apporte des témoignages innombrables du bonheur se trouvant en dépendance directe de notre moi. « On cherche, s'écrie un moraliste antique, des retraites, grottes pastorales, chaumières rustiques, montagnes, plages à la mer, à quoi bon? puisqu'il t'est permis de te retirer en toi-même. »

Les stoïciens disent avec raison que l'homme heureux est celui que le hasard ne saurait ni élever ni abattre. Celui qui arrive à subordonner son bonheur à l'état de sa conscience lui crée un refuge inviolable, une forteresse inexpugnable, un maître juste, bon et sûr.

IV. — En méditant sur les désagréments et les délices de la vie, on s'aperçoit facilement que les uns et les autres ne sont que les enfants de notre raison. C'est elle qui leur donne le cachet définitif et les classe dans notre intelligence. Notre opinion sur les choses, source principale de notre bonheur, n'est que le produit de notre mentalité, fruit, à son tour, de notre éducation. Il y a là une sorte de chaîne sympathique, dont tous les anneaux : éducation, mentalité, opinions, relèvent ainsi de nous-mêmes.

La gloire excite, anime, soutient et ruine tant de vies humaines! Elle en laisse pourtant froides tant d'autres! Le désir de la richesse qui empoisonne l'existence de l'homme moderne, n'agit point sur certains êtres d'élite. Le pouvoir, qui attire et fascine les uns, ne parle point à l'imagination des autres. Dans certains pays, comme la France et les Etats-Unis, il y a même une classe spéciale de politiciens où se recrutent les aspirants au gouvernement des autres. C'est toujours le même petit noyau qui fournit les maîtres du jour; les autres membres de la société, souvent même les meilleurs, s'éloignent avec dégoût de ce qu'ils appellent la vilaine cuisine politique. Il y a des gens qui donneraient la moitié de leur vie pour une décoration rare ou un titre de noblesse. Il y en a d'autres qui se soumettent à toutes sortes d'humiliations, afin de pouvoir fréquenter ce qu'ils appellent la bonne société, composée pour la plupart d'êtres désœuvrés et intellectuellement bornés. Le bonheur des uns consiste à s'asseoir à la table des Césars, celui des autres à celle des rois de l'esprit. Les uns rêvent aux sommets d'où ils seront aperçus par le plus grand nombre de leurs contemporains; les autres aux abris modestes et à l'oubli idéal.

Suivons l'échelle sans fin de nos rêves de bonheur et nous verrons leurs variations sans limites.

V. — Les choses restent autour de nous immuables dans leur essence. C'est l'homme qui se tourmente et souffre en les convoitant. Si les objets de nos désirs ardents avaient une âme, ils rempliraient le monde d'un rire sarcastique. Cela sauverait peut-être le monde, car il comprendrait son ridicule.

Lorsqu'on pense que toute notre vie dépend de certains mots, qui, à force d'être répétés, deviennent nos opinions, on s'étonne à juste titre de notre négligence à leur égard.

La plupart des hommes dépensent plus de

temps pour leur coiffure que pour former ou rectifier les opinions dont dépend leur bonheur.

On en veut aux gens qui nous conseillent mal au sujet de l'achat d'un mobilier. On ne pardonne pas à celui qui nous a vendu un cheval boiteux. On s'informe soigneusement de la qualité des vins qu'on désire acquérir. On rougit de s'être laissé tromper par un banquier peu scrupuleux. On accepte pourtant et l'on garde sans contrôle des opinions fausses sur bien des choses.

On refuse des vins falsifiés ou du pain mal cuit. On se tient sur ses gardes, quand il s'agit de manger dans un endroit peu sûr, mais on entretient un commerce assidu avec des gens dont nous savons les idées fausses, les âmes dépravées. Leur action est pourtant bien plus dangereuse; ils sèment autour d'eux le malheur et la pourriture.

L'humanité réalisera une de ses plus belles réformes le jour où elle comprendra qu'il est aussi important pour le bonheur de ne pas vivre sur des opinions fausses que pour la santé de ne pas se nourrir d'aliments frelatés.

VI. — L'essence des choses nous échappe. Elle n'est même pour rien dans notre bonheur.

Les objets de nos désirs ont beau rester les mêmes, notre attitude à leur égard ne l'est point. La richesse, l'ambition, le pouvoir, la gloire, les distinctions ou les attraits de la société polie, gardent leurs vertus, toujours les mêmes. Le ruban de la Légion d'honneur conserve sa couleur rouge comme celui des palmes académiques la nuance violette. Et, pourtant, aux désirs ardents des uns répond le mépris des autres. Il y a plus : comment se fait-il que nous enviions avec tant d'ardeur le même ruban qui, quelques années plus tard, nous laissera complètement indifférent?

Le même objet qui donne aux uns des frissons dévorants de désir, fait sourire tant d'autres! Là où nous voyons une source de félicité, les autres ne voient qu'une source de ridicule. Tandis que notre éducation ne tend que vers les buts concrets, une compréhension plate de la vie et la conquête de la richesse, il y a des esprits supérieurs qui s'en détachent et déclarent notre éducation et notre vie, telles que les comprennent la plupart des hommes, manquées au point de vue du bonheur.

Le faubourg Saint-Germain, figé dans un moule conventionnel, a une physionomie bien fixée. Et pourtant ses vices et ses charmes parlent différemment au goût des gens. Tels de nos écrivains ont sacrifié leur indépendance et leur originalité, afin d'en faire partie, tandis que tant d'autres ne renonceraient pas à une ligne de leurs œuvres pour y entrer.

Combien est profonde cette pensée d'Emerson : « L'homme est un monarque qui abdique, quand il va dans le monde ! »

« La vie n'a de prix, nous dira Renan, que par le dévouement à la vérité et au bien. Ce principe funeste à la réussite mondaine est pourtant fécond pour le bonheur ! Le but d'une vie noble doit être une poursuite idéale et désintéressée ! »

Augustin Thierry, aveugle et souffrant, s'extasie devant les jouissances que lui procure le dévouement à la science, qui donne plus que la fortune et tous les plaisirs matériels.

Dans son exhortation touchante au Frère Léon, saint François d'Assise nous dira que si même notre frère nous jette à terre, nous roule dans la neige, nous fait éprouver, en nous battant, chaque nœud de son bâton, nous y trouverons la joie parfaite, si nous supportons ces choses avec allégresse par amour pour le Sauveur.

Quelle jolie exclamation que celle de sainte Thérèse parlant des démons : « Les malheureux, ils n'aiment point ! » L'amour de la vérité ou de la science, l'amour du Sauveur de même que l'amour du prochain, autant de raisons individuelles de Bonheur. Ces raisons se trouvent en nous-mêmes et les objets ou les entités du dehors n'y sont pour rien.

VII. — Prenons des objets plus précis. Le désir de la richesse paraît être général. Le million tout-puissant exerce une influence universelle. Il brise, nous dit-on, les caractères les plus fermes et réduit en miettes les principes les plus stables des sociétés et des individus. Et pourtant, les meilleurs hommes restent insensibles à ses appels et à ses sourires. Son attraction et ses charmes ne résident également pas en lui, mais en nous. C'est nous qui l'embellissons, c'est nous qui lui prêtons ses forces invincibles et ses attraits innombrables.

Il suffit de le regarder d'une certaine façon et sa toute-puissance et ses beautés enivrantes s'évanouissent à tout jamais.

VIII. — Un des maîtres de mon enfance, qui excellait à conter des paraboles, m'a dit un jour :

« Il y a un pays où personne n'entre, sauf moi seul. Une fois là, je trouve devant moi un royaume resplendissant, plein de charmes mystérieux. On m'y accueille en maître respecté et bien aimé. Les habitants viennent s'agenouiller devant moi. Tantôt tristes, car ils ont succombé devant des tentations invincibles; tantôt joyeux, car ils ont su résister aux pièges de la vie, ils me confient leurs misères et leurs joies. Je les écoute avec intérêt, souvent attendri, toujours ravi. Puis, en prenant congé d'eux, je leur dis : « Etres de mon être, continuez à penser à celui qui vit en vous, comme vous vivez en lui. » Et ces moments passés dans ce royaume fascinant, au milieu des pensées et des âmes fraternelles, sont les moments les plus doux de mon existence. Pourquoi faut-il que je n'y descende que bien rarement? Un temps viendra pourtant où chacun aura la faculté de passer une grande partie de sa vie dans ce pays bienheureux, car son accès sera de plus en plus facile... »

Bien plus tard, j'ai compris le sens de ces mots...

IX. — Plus on réfléchit, plus on s'aperçoit que le Bonheur est en nous. Il est le plus souvent ce que nous avons. Par une incompréhension regrettable, nous nous épuisons à le chercher ailleurs. Lorsque, fatigués et désorientés, nous rentrons en nous-mêmes, nous trouvons la flamme divine sombre ou éteinte.

Nos souffrances, nos désespoirs, nos malheurs ne sont presque toujours que les produits de notre pensée. Quoi de plus terrifiant pour l'esprit de la plupart des hommes que l'appréhension de la mort inéluctable? Elle paraît pourtant douce et consolante pour tous ceux qui y ont pensé autrement. La mort infligée aux martyrs chrétiens dans les cirques romains nous glace d'épouvante, un frisson d'horreur nous saisit devant des êtres mutilés tout vivants. Et pourtant sainte Perpétue, dit-on, tenait, avant de mourir, déchirée par un taureau, à renouer et disposer gracieusement sa chevelure, car il ne lui convenait pas d'avoir l'air de pleurer, au milieu de la gloire et de la joie...

XI. — Nous sommes à l'égard de la vie comme les touristes dans ces guinguettes où l'on apporte soi-même à manger. Tout ce qui fait nos délices ou nos désespoirs, nous le portons en nous-mêmes et le tirons de nous-mêmes.

Les circonstances extérieures influent sur l'homme, mais l'homme agit sur les circonstances. Il les crée souvent et les modifie presque toujours. C'est de la matière brute que nous élaborons en nous-mêmes. Elles ont la valeur que nous pouvons et savons leur donner.

Les âmes grossières restent sous la domination des circonstances comme les âmes primitives sous celle des éléments de la nature. En se perfectionnant, l'homme maîtrise de plus en plus les événements.

Tout ce qui nous entoure, soutient avec raison l'auteur de *Sagesse et Destinée*, devient ange ou démon selon l'état de notre cœur. Jeanne d'Arc entend les saints et Macbeth les sorcières, et rien ne nous arrive qui ne soit de la même nature que nous-mêmes.

Ce qui importe, c'est de faire plus ample connaissance avec notre âme pour aider ensuite à son épanouissement. Il ne peut y avoir de bonheur plus grand que de mettre en harmonie notre vie et notre pensée. Lorsqu'on mène une existence conforme à ses aptitudes, aux penchants mystérieux de sa conscience, on en ressent une satisfaction, la plus intense qui soit accessible aux humains.

XI. — Le bien-être idéal consiste à dépenser sciemment notre trésor intérieur. La vie de tous les jours a beau nous plier à ses exigences, derrière elle, indépendamment d'elle, il reste un empire vaste et inabordable : c'est notre vie intérieure. Là, nous pouvons vivre en souverains, heureux et fiers au milieu de nos royales pensées.

Les délices de la vie intérieure se complètent par celles de l'action. Le retour sur soi-même, qui ne dégénère point en rêverie maladive, développe notre énergie.

Les deux mondes de la pensée et de l'action gagnent ainsi, dans leur contact, en intensité et en pureté. Comme le sommeil, fortifiant l'organisme, lui permet de faire face au travail de la journée, la réflexion bienfaisante, le pèlerinage dans les profondeurs de notre moi, rendent plus facile la domination du monde extérieur et son utilisation pour des buts élevés.

Les exemples abondent. Choisissons le plus concluant : Après avoir passé ses nuits à écrire le livre *Au sujet de lui-même*, resté éternellement beau et jeune, Marc-Aurèle dirige dans la journée une des expéditions les plus ingrates, de la façon la plus admirable. Dans cette campagne cruelle contre les Quades et les Marcomans, mourant d'ennui et de fatigue, sur les bords du Gran ou du Danube, à Carnonte ou à Vienne, le meilleur des hommes puise dans l'intimité exquise de son propre moi les forces pour le métier de soldat qui lui répugne.

XII. — Les objets si ardemment désirés par tous ressemblent un peu aux dieux créés par l'homme. C'est à lui que ces derniers doivent le meilleur de leurs qualités. C'est l'homme qui les a doués de tous les attraits qui lui sont chers. Leur magnanimité, leur omniscience, leur compassion pour la misère des humains, leur bonté ou leur méchanceté surnaturelle, qu'est-ce que tout cela, sinon des dons généreusement octroyés par l'homme aux êtres mystérieux? Après les avoir mis au monde, il n'a cessé de les embellir, de les craindre et de les aimer. Enlevons-leur ces qualités d'emprunt, que leur restera-t-il?

Faisons de même à l'égard des choses que nous convoitons. Que restera-il à la gloire, aux dignités, à tous les hochets que nous désirons si ardemment? Rien ou presque rien.

XIII. — Dans un moment de détresse, les astronomes eux-mêmes se tournent vers le ciel. Ils y cherchent la force divine susceptible de diminuer leurs souffrances et de prendre part à leurs misères d'ici-bas. Ils sont pourtant les premiers à savoir qu'ils ont autant de chance de la trouver à côté ou au-dessous, comme au-dessus d'eux. Puissance des mots! Tu es d'une essence éternelle. On a beau briser tant d'idoles, la tienne vivra aussi longtemps que l'humanité.

XIV. — Dès notre jeunesse, une fée bienfaisante demeure à nos côtés. Elle s'offre à nous accompagner à travers les vicissitudes de la vie. Elle nous couvre de sa protection toujours en éveil. Ce n'est point une fée des légendes. Elle existe et s'épanouit dans sa beauté toujours jeune et ardente. Invisible, elle nous fait entrevoir ses vertus sympathiques et ses charmes infinis. Elle enferme en elle toutes les aspirations de notre vie. Dans sa personnalité expressive se cachent toutes les sources de nos désirs, de notre félicité ou de notre malheur. Argent, gloire, distinctions, santé, elle les détient et les offre à tous ceux qui viennent à elle et se laissent guider par elle.

Fée divine qui ne cesse d'accompagner l'humanité depuis ses origines les plus humbles, infatigable dans ta générosité, inépuisable dans ta bonté, imposante dans ta toute-puissance, ton nom est : VOLONTÉ.

Pourquoi écrit-on sur des dieux, se demande le philosophe, sinon pour faire aimer le divin qui est en eux et pour montrer que ce divin vit encore et vivra éternellement au cœur de l'humanité? Pourquoi glorifier la volonté, sinon pour faire saisir sur le vif son action infatigable et inépuisable? C'est le souverain bien-aimé qui, à l'encontre des autres souverains, se plie aux désirs de tous ceux qui l'aiment, le vénèrent et le suivent. Il promet beaucoup et tient encore davantage. Pratiquez son culte sincèrement et fidèlement... et il mettra sous votre domination les raisons multiples dont dépend votre bonheur.

Un moment viendra où tous les effets de la pédagogie tendront vers ce but dominant : l'affranchissement et l'épanouissement de la volonté, et ce sera le prélude du règne du Bonheur.

XV. — Supposons qu'on nous dise un jour : Un dieu est en vous. Il ne demande pas mieux que de se mettre à votre service. Il attend votre appel avec une patience touchante. Rien ne le décourage. Sa complaisance n'a d'égale que sa discrétion. Vous avez beau l'ignorer pendant des années. Méconnu, il attend votre bon plaisir caché dans un coin de votre conscience.

Mais aussitôt que vous vous tournerez vers lui, doux et serein, il viendra à votre appel. Son culte n'est ni sanguinaire, ni difficile. Tout ce que vous ferez pour lui ne doit profiter qu'à vous-même. Dans sa générosité sans exemple, il ne garde rien pour lui et vous rembourse au quintuple ce que vous voudrez faire en sa faveur.

Pourquoi, en quête d'un appui sûr et de protecteurs puissants, oublions-nous l'ami idéal et divin qui nous offre tout et ne demande rien?

XVI. — De tout temps, les esprits d'élite s'inclinèrent devant les bienfaits de la Volonté. Kant va jusqu'à dire que celle-ci a des rapports avec les noumènes. La volonté, nous enseigne-t-il, possède même une vertu curative. L'homme peut beaucoup, par la seule énergie de sa volonté. Grâce à elle, il peut même modifier son état physique : se préserver de l'hypocondrie et maîtriser ses états spasmodiques. Pour Kant, la volonté serait la condition première de la santé.

Avec les forces de la suggestion triomphante, triomphe la force de la volonté. La science moderne a érigé presque un culte de la suggestion. Utilisée comme force bienfaisante, subordonnée à la volonté raisonnante et raisonnée, elle pourrait transformer et embellir radicalement notre vie.

Les anciens connaissaient déjà sa force, mais les temps modernes ont le mérite de nous avoir procuré un levier pour l'utiliser au gré de nos désirs.

J'ai eu l'occasion de développer ailleurs

cette thèse que les influences de nos sensations et idées sur le corps sont aussi multiples que les sensations et les idées elles-mêmes. La foi soulève des montagnes, dit un proverbe vieux comme le monde. La science de l'hypnotisme et de la suggestion n'a fait que l'illustrer. Carpenter cite le cas d'un homme qui, quoique très faible de muscles, souleva un jour un poids très lourd, parce qu'il le croyait insignifiant. La foi aux miracles produit des miracles. La vieille boutade de Pomponace reste toujours juste : « Vous pouvez tranquillement mettre à la place des ossements d'un saint ceux de tout autre squelette. La guérison s'ensuivrait si le malade ignorait le changement opéré. » Et, de fait, l'eau de la Loire ou de la Seine nous vaut souvent les effets de celle de Lourdes, pourvu que le malade ignore sa provenance.

Sous l'influence de l'attention concentrée apparaissent la rougeur ou la pâleur sur le visage, des gonflements des membres du corps, des hémorragies; les battements du cœur augmentent ou se ralentissent, des douleurs se ressentent aux endroits indiqués.

Déjà Gœthe l'avait dit : « L'homme peut ordonner à la nature d'éliminer de son être tous les éléments étrangers qui lui donnent la souffrance et la maladie. »

O douce et enivrante puissance des mots! Il suffit de rappeler la joie paradisiaque qu'ont ressentie les martyrs de tout temps pour comprendre que l'humanité subira toujours le joug de la parole devenue foi. Lisez chez Rufin ou chez Lucien les tortures infligées aux rangs innombrables des saints, en l'an 177, à Lyon. Ils croyaient qu'une eau divine coulait du flanc de Jésus pour les ranimer et les rafraîchir. Et ils se sentaient ranimés et rafraîchis. La chétive servante lyonnaise, Blandine a exaspéré des escouades de bourreaux, en réclamant plus de tortures, plus de souffrances. On épuisa en sa faveur tous les supplices connus. Sa soif du martyre en demanda davantage. Suspendu à un poteau, son corps blanc fut exposé pendant plusieurs jours aux morsures des bêtes fauves. Mise sur une chaise rougie par le feu, Blandine flambait de tous côtés. On la jeta ensuite, enfermée dans un filet, en proie à un taureau. La bête, à la vue de ce corps brûlant et brûlé, le lance en l'air avec fureur et le fait retomber par terre. Le visage de la douce Blandine ne cesse pourtant d'exprimer la joie ineffable du martyre. La souffrance devenait pour elle la douceur céleste du salut.

Le diacre Sanctus de Vienne contemple, dans un ravissement, son corps devenu une masse saignante et difforme. On a brûlé ses membres les plus sensibles avec des lames de cuivre chauffées à blanc. Et d'une voix paisible, Sanctus ne cesse de répéter la formule divine...

Ils croyaient être à la fête de leur gloire et ils furent tous glorieux...

XVII. — Quels horizons rayonnants nous ouvre cette action matérielle de l'esprit sur le corps? Toute notre vie, tous nos actes, notre bonheur et notre malheur, ne sont-ils pas en réalité les résultats d'une suggestion environnante? Qu'est-ce que la pédagogie, sinon une action semblable exercée sur l'enfance? Nous vivons sous l'empire des institutions politiques, religieuses et sociales, sous l'influence de nos voisins et amis, sous celle de nos passions et sentiments.

La *psychothérapie*, nouvelle méthode médicale, nous apprend même que certaines maladies disparaissent comme par enchantement à la suite de suggestions constamment répétées. Modifions-les, diminuons notre impressionnabilité devant celles qui empoisonnent notre vie et rendons-nous plus sensibles à l'égard des suggestions bienfaisantes. Nous changerons par cela même notre mode d'être, de vivre, de sentir. La transformation des sensations impressionnant notre âme pourrait rendre l'hypochondriaque le plus sociable des hommes.

Les alchimistes rêvèrent de la transmutation des métaux. Avec un zèle infatigable, ils recherchaient les moyens de changer le fer et le cuivre en or, ou ceux de tirer de l'or l'élixir de longue vie.

Combien plus importante nous paraît la « transmutation » de nos sentiments et de nos sensations! Elle est après tout possible. En s'y appliquant, l'homme arrivera à maîtriser les incidents extérieurs. Ils ne deviendront pour lui que ce que son âme voudra qu'ils deviennent. Ce qui importe dans les événements qui nous frappent, c'est leur répercussion sur notre conscience. En transformant les faits au gré de notre âme, en ne leur permettant d'agir que dans les limites du commandement de notre « moi », nous dominerons la vie.

Ce changement n'est pas toujours facile. Rien de plus vrai. S'il en était autrement, la pédagogie deviendrait la plus sûre des sciences, et la Science du Bonheur pleine de dogmes infaillibles. On ferait des heureux comme on fait des officiers d'académie. Le Bonheur lui-même s'offrant sans efforts perdrait de ses charmes.

La suggestion, pour opérer d'une façon efficace, demande une méthode, une discipline d'esprit. Le temps n'est pas éloigné où l'on comprendra que ses premiers pas commençant avec la pédagogie, c'est à celle-ci d'en tracer le premier chemin. Veillant au bonheur de ceux qui lui sont confiés, elle s'efforcera d'impressionner les jeunes âmes de suggestions essentielles sur la valeur de la richesse, de l'ambition, de la gloire ou du bonheur lui-même.

La formation de la personnalité morale, nous disait-on, est la fin de la pédagogie. La formation de la personnalité heureuse sera sans doute le but de la pédagogie de demain.

Ajoutons, pour la consolation des moralistes, que la Science du Bonheur sera essentiellement morale

CHAPITRE III

Grimaces et Sourires de la Pensée

(Optimisme et Pessimisme)

I. — Ce que l'on appelait, vers 1830, le mal du siècle, est, à vrai dire, le mal de tous les siècles. Semblable au bigot qui rêve le paradis et ne travaille qu'à la damnation de son âme, l'humanité ne soupire qu'après le bonheur et crée sur sa route le malheur.

La pensée humaine n'est souvent qu'un véritable jardin de supplices où l'on crucifie tous ceux qui entrent. La religion, la philosophie et la littérature, sœurs fréquemment brouillées, se donnent amoureusement la main lorsqu'il s'agit d'écraser la joie et la félicité de leurs fidèles. Les larmes inutiles que les religions ont fait verser aux hommes, formeraient un océan capable de noyer nos contemporains. La philosophie et la littérature les secondent de leur mieux. Toutes sèment la tristesse.

Nous en recueillons ensuite les nombreuses émanations qui remplissent nos cœurs d'amertume. Fils des ancêtres aux âmes fanées, nous héritons de leur mauvaise humeur. On prend soin d'y ajouter les produits désolants de notre propre vie.

II. — L'état d'âme que les Allemands définissent d'une façon expressive par le mot : *Katzenjammer*, est devenu la condition normale de l'humanité. Nous sommes dans la situation de gens au lendemain de nuits de débauche et d'insomnie. Comme la Pologne qui était ivre quand Auguste avait bu, nous souffrons des excès de nos pères.

Considérons avec quelle ardeur les guides intellectuels de l'humanité s'emploient à l'enfermer dans toutes sortes d'impasses d'âme. On dirait qu'ils n'aperçoivent que les coins les plus sombres, les plus infortunés de la pensée. Après les avoir découverts avec soin, ils nous y emprisonnent avec plaisir. Le désespoir et le mécontentement de la vie prennent des formes si variées, qu'il y en a pour tous les goûts. Alléchantes et subtiles pour les âmes délicates; répugnantes et déprimantes pour les âmes grossières; mélancoliques pour les âmes rêveuses; légèrement maquillées pour les âmes féminines; profondes pour les âmes viriles; mornes, troubles ou limpides, elles se colorent de toutes les nuances. Comme le vice prend des aspects divers, y compris celui de la vertu, la désolation de la vie se déguise souvent sous les grâces de la gaieté. Et l'intellectuel de nos jours, étouffant sous la fumée épaisse que lui envoient ses lectures, se voit infiniment malheureux.

III. — Notre pensée est l'enfant légitime ou illégitime de celles qui l'ont précédée. Produit engendré par ses devancières, elle en garde des traits visibles ou mystérieux. Le travail cérébral commence par l'appropriation et non par la création. La pédagogie ne tend qu'à faciliter la digestion intellectuelle. Les pensées de notre vie ne sont fréquemment que les produits de cette digestion bien ou mal réalisée.

Nous ignorons souvent nos pères, mais ceux-ci existent quand même. Nos sensations et parfois nos sentiments ne sont de la sorte que les sensations et les sentiments de nos maîtres.

IV. — Voici un peuple gai et de philosophie douce. Il passe pour être le fournisseur généreux des médicaments contre l'humeur empoisonnée dont souffrent ses voisins. On lui attribue la conception de la vie la plus riante, la plus harmonieuse. C'est le peuple français. Pourtant, il suffit de s'arrêter devant ses esprits représentatifs, pour les voir rongés par tous les maux, en commençant par celui de penser et finissant par celui d'aimer. Que ce soit Stendhal, Taine, Baudelaire, Maupassant, Dumas fils, Renan, Zola, les Goncourt, Musset, Leconte de Lisle, Anatole France ou Sully Prudhomme; des Parisiens, des provinciaux, des cosmopolites; des poètes, penseurs ou philosophes, tous nous montrent, derrière leurs phrases mélodieuses et le sourire conventionnel, une âme bouleversée par des contradictions profondes. Leurs aînés, comme Chateaubriand, Sainte-Beuve ou Lamartine, laissent du reste voir des drames analogues se jouant dans leur conscience.

Que dire enfin de Bossuet, de Racine, de Corneille et de tant d'autres auteurs illustres? Ce sont eux pourtant qui ont formé nos intelligences et nourri les sensations de notre jeunesse.

De toutes les cimes de la pensée française se dégage la tristesse de la désolation. Presque toujours présente, elle n'est pas toujours visible.

Voltaire, le plus pondéré, le plus attaché à la vie, annonce avec gravité quelque part : « Le bonheur n'est qu'un rêve et la douleur est réelle... » Et ailleurs : « Les mouches sont nées pour être mangées par les araignées, et les hommes pour être dévorés par les chagrins. » Il est vrai que Voltaire avait à cette époque souffert de maintes trahisons. Ailleurs il nous dira : « Je ne sais pas ce qu'est la vie éternelle, mais je sais que celle-ci est une mauvaise plaisanterie. » Pour Diderot, « on n'existe qu'au sein de la douleur et des larmes ». « On n'est que des jouets de l'incertitude, de l'erreur, du besoin, de la maladie, de la méchanceté, des passions, et l'on vit parmi des fripons et des charlatans de toutes sortes. »

Les moralistes font chorus avec les dégoûtés de la vie. La Rochefoucauld, Charron, La Bruyère, Chamfort ou Vauvenargues, tous pousseront le même cri déchirant : « La vie ne vaut pas la peine d'être vécue... (1). » Les écri-

(1) La *Sagesse* de Charron, source d'inspiration de presque tous nos faiseurs d'aphorismes et de maximes, est une lamentation incessante sur les misères de la vie. Les « bestes, affirme-t-il, ont à dire grand merci à la nature de ce qu'elles n'ont pas tant d'esprit. La première preuve de la misère humaine est que son entrée dans le monde est vile et honteuse. Il y a honte à la faire, honneur à la défaire... On se cache, on tue la chandelle pour la faire : c'est gloire et pompe de la desfaire, l'on... allume les chandelles pour la voir mourir... » « Les deux plus grands hommes, nous dira-t-on ailleurs, Alexandre et César ont desfait chacun

vains d'autres pays se distinguent peut-être par des désespoirs moins harmonieux et plus criards. La pensée allemande se rapproche le plus des Hindous. Cette remarque est de Taine. Les bords du Gange et de la Sprée ont un air de ressemblance, ou, disons-le avec Jacquemont, « l'absurde de Bénarès et l'absurde d'Allemagne ont un air de famille »... La douleur est partout la même, il n'y a que ses grimaces qui diffèrent.

V. — L'expression suprême de la mélancolie qui déteint sur les œuvres contemporaines, comme le crépuscule d'automne sur le ciel, s'incarne dans ce vers inoubliable de Leconte de Lisle :

Maya! Maya! Torrent des mobiles chimères!

Cette tristesse se double d'un épouvantement de la mort universelle. Semblable au flux marin, « elle s'enfle, gronde, roule et va de grève en grève, soir et matin ». Panthéiste ou déiste,

plus d'un million d'hommes et n'en ont failli n'y laissé après eux... •
Que dirait Charron, s'il vivait de nos jours? La condamnation des tueries organisées, la gloire d'un Pasteur faisant pâlir celle d'un Napoléon, lui auraient sans doute épargné des sentences douloureuses, dont l'essence corrompt sa sagesse.

sceptique ou croyant, amoureux de la vie ou son contempteur dédaigneux, tous, poètes ou réalistes, optimistes ou pessimistes, semblent profondément attristés par les faces éternellement changeantes et éternellement uniformes du songe qui ne cesse de se faire et défaire. La chair torturée de son vivant ou morte et jetée dans la terre, l'herbe de l'oubli qui pousse sur tout ce que nous avons aimé, voilà les soupirs monotones et déchirants qui bercèrent et ne cessent de bercer l'humanité.

Ceux-là mêmes qui parlent de l'arrêt de la vie avec l'amour, veulent ainsi cacher leurs appréhensions de la mort, comme Baudelaire fait semblant de se pâmer devant la pourriture finale, qui lui cause des frissons mortels. Le cri d'angoisse de l'auteur des *Méditations* (7e, *Le Désespoir*) résume douloureusement les sensations intimes de tous les blessés de la vie :

Quel crime avons-nous fait pour mériter de naître ?

Et lorsqu'on réfléchit à la genèse de cette plainte, qui, comme le motif dominant d'un opéra wagnérien, traverse la littérature et la philosophie de ces derniers siècles, on y découvre, en premier lieu, un héritage funeste légué par la religion chrétienne ou plutôt par toutes les religions réunies.

VI. — Le bouddhisme exprime un pessimisme illimité. Il commence par nier le principe créateur et finit par condamner la vie. Tout ce qu'il accepte de celle-ci, c'est sa disparition, son extinction, le *Nirvana*. La mort devient le couronnement béni et ardemment désiré de l'existence. Les esprits réfléchis n'ont point besoin d'attendre l'évanouissement définitif pour jouir des délices du non-être. On peut, ou plutôt on doit accélérer l'arrivée de la mort en s'affranchissant des exigences de la vie. On se bouche les oreilles, pour ne pas entendre ses commandements, ses désirs, ses inspirations...

« Le quintuple attachement aux choses terrestres est douleur », enseigne Bouddha.

« Voici, ô moines, la vérité sur la douleur : la naissance est douleur, la vieillesse est douleur, la maladie est douleur, la mort est douleur, l'union avec ce qu'on n'aime pas est douleur, la séparation avec ce qu'on aime est douleur, et ne pas obtenir son désir est douleur... »

Il ne se produit rien dans la vie, sauf douleur, et celle-ci restera sur la terre aussi longtemps qu'il y aura de la connaissance. Lorsqu'on va à la source d'où nous est venu le dégoût de la vie (1), on s'étonne combien les Schopenhauer de tous les temps restent pâles et même incolores à côté de leur maître vénéré... Un sentiment de dégoût profond devant tout ce qui constitue l'essence de la vie anime le prophète. Rien ne trouve grâce devant sa désillusion, qui pénètre au même titre les joies et les tristesses de la vie; nos triomphes et nos expériences; l'amour et les plaisirs...

« Voici, ô moines, la vérité sainte sur la suppression de la douleur... Il faut anéantir complètement le désir, y renoncer, s'en délivrer et ne lui laisser aucune place... »

« De la joie naît la douleur... Celui qui est affranchi de la joie, pour celui-là il n'y a pas de douleur... »

« De l'amour naît la douleur; pour celui qui est affranchi de l'amour, pour celui-là il n'y a pas de douleur... »

Et le vrai brahmane est celui qui, « affranchi de l'existence, a trouvé l'extinction », c'est-à-dire se trouve affranchi de tout désir, de toute défaillance.

Le principe négatif du bouddhisme se trouve également transporté dans la doctrine de Çakya-Mouni. La contemplation, voilà le but

---

(1) Voir *Samyuttaka-Nikaya; Anguttara-Nikaya; les Heures de la Drammapada*, etc., etc. Voir aussi l'étude classique de M. Oldenberg : *Le Bouddha*.

de la vie. On y rejette également de l'existence tout ce qui fait la joie et son charme et l'on se borne à végéter. L'idéal suprême, c'est l'écroulement inconscient des années, qui disparaissent dans le gouffre du néant, sans laisser de traces sur notre moi. L'homme devrait tendre vers l'état de granit sur la surface duquel les tempêtes et les pluies glissent imperceptiblement. A force de vouloir rendre notre âme insensible, on la tue. Réduite à l'état cadavérique, elle ne sent plus rien et cesse ainsi d'exister.

Le bon sens de l'homme non prévenu reste perplexe devant cette multitude de formules mystiques derrière lesquelles se cache une vérité aussi simple : la vie est un malheur qui ne profite à personne. Or, pourquoi la cultiver sous des montagnes de verbiage, au lieu d'en prendre congé simplement. Le suicide étant dans les moyens de tous on s'étonne surtout de ne pas le voir accomplir par tous ceux qui ont prêché le mal incurable que porte en elle l'existence humaine.

Le brahmanisme considère le monde et la vie comme des accidents regrettables.

Le judaïsme a rendu cette vie bien sombre, tout en oubliant d'illuminer celle de l'audelà.

Le souci dominant du christianisme, c'est de mettre beaucoup de poison dans les petites joies de la vie. De tout ce qui est sur la terre, prétend Pascal, le chrétien ne prend part qu'aux déplaisirs, non aux plaisirs. Le christianisme a eu pourtant soin d'allumer des feux d'espérance dans les cieux vagues et incertains. Mais le scepticisme de nos jours a soufflé impitoyablement dessus. Les rêves dispersés n'ont laissé derrière eux que la désolation du vide. Aux fidèles privilégiés que le doute a épargnés, il reste la volupté divine des âmes. Rares sont toutefois ceux qui peuvent encore en jouir. Tant mieux pour l'humanité en marche. Car cette volupté des âmes, c'est la mort des corps. C'est l'arrêt de la vie. Déjà sous les Pères de l'Eglise, la société civile avait été obligée de réagir contre cette forme de bonheur. Elle menaçait, comme le bouddhisme, de détruire la vie.

VII. — De toutes les religions se dégage un vent de désespoir. Il souffle à travers le monde en tempête. Il souffle aussi sous forme de courants légers et imperceptibles. Il s'infiltre jusqu'aux circonvolutions les plus mystérieuses de notre cerveau. La pensée affranchie qui paraît lui être la plus hostile en est également imbue. Les pessimistes ont hérité des religions vivantes ou éteintes. Ceux d'Allemagne, qui ont laissé une empreinte presque ineffaçable sur la philosophie et les lettres modernes, ne font qu'éclairer d'une torche bouddhiste les malheurs, souvent tout à fait étrangers à nos latitudes. Et de même que les sauveurs de jadis, les pessimistes d'aujourd'hui travaillent à l'affaiblissement des bases vitales nécessaires à la prospérité de l'individu et de la communauté.

VIII. — Les rares principes de sérénité conservés dans les dogmes chrétiens, se trouvent compromis de nos jours. On le doit surtout à l'influence dissolvante des philosophes allemands. Hartmann va même jusqu'à baser la naissance du christianisme sur le péché et le mal. Sans ces deux racines, le christianisme, dit-il, n'aurait point vécu. Et puisque le mal reste l'éternel attribut de l'homme, il n'y a que le suicide qui puisse nous en délivrer. Bahnsen et ses coreligionnaires prêchent les bienfaits du suicide, à l'usage des autres. Seul d'entre les philosophes, Mainlaender, pessimiste chrétien, a eu le courage d'inaugurer le salut du monde par sa propre pendaison... Mais Mainlaender, fils de fous, était fou lui-même...

IX. — Je n'ai jamais compris pourquoi l'on parle de la sérénité de la religion grecque. Ses conceptions de la mort et ses menaces à l'égard des âmes en peine, ont quelque chose d'inhumain. La beauté et la mesure leur font défaut. Et si les anciens n'en ont pas trop souffert, c'est que leur pensée encore jeune, moins usée, a eu plus de résistance que la nôtre. Après tout, nous connaissons moins leur vie que celle de nos voisins de campagne. Avouons pourtant que la pensée de leurs dramaturges et de leurs historiens est profondément terrorisée par les appréhensions de la fatalité cruelle et injuste.

Les dieux rient de l'homme arrogant, déclare Eschyle. Cassandre gémit sur les choses humaines, car si elles prospèrent, une ombre les anéantit. Les dieux sont méchants par nature, ils jalousent l'homme et les hommes. Le chœur d'Antigone se lamente : « Il n'est pour les mortels aucun moyen de fuir le malheur de la destinée. » Sophocle a émis quelques pensées dignes des pessimistes les plus amers. « Ne pas naître, c'est ce qu'il y a de plus raisonnable ; mais quand on a vu le jour, ce qu'il y a de mieux après cela, c'est d'aller là d'où l'on vient (1). »

(1) Œdipe à Colone.

Où se tourner? De partout ne nous parviennent que des cris lugubres. Il a été donné au génie grec de pénétrer dans les mystères de l'autre vie, mais ce qu'il en a rapporté nous glace de terreur. Alceste (*Euripide*) revient du royaume des ombres, pâle et défaite, presque morte à son tour d'avoir assisté à tant d'horreurs...

Théognis (*Elégies*) nous dira également qu' « il vaudrait mieux ne pas naître, mais une fois né, la meilleure chose serait de passer les portes de Hadès aussitôt que possible ». Pour Plutarque, « la vie est un châtiment et le plus grand malheur de l'homme, est d'être né ».

Les appréhensions des Hellènes réapparaissent chez les Romains. Pline l'Ancien énumère avec cruauté toutes les misères de l'homme. Il met sa race au-dessous des autres peuplant notre planète (1). Le grand naturaliste paraphrase ainsi la boutade du vieil Homère pour qui « de tous les êtres qui respirent et se meuvent sur la terre, rien n'est plus méprisable que l'homme ». Sénèque parlera de la mort comme Sophocle ou Théognis. N'est-elle pas pour lui « la meilleure invention de la nature »? (2).

(1) *Histoire Naturelle* (7e livre).
(2) *Consolation à Marcia*.

Que l'homme connaît peu ses maux, nous dira-t-il ailleurs, s'il ne regarde pas la mort, comme la plus belle invention de la nature! Pour Sénèque, « la société ressemble à une association de bêtes féroces : le mari cherche à faire périr sa femme, celle-ci conspire contre son mari, le fils attente aux jours de son père; les belles-mères sont occupées d'empoisonnement », etc. (1).

L'âme du doux Marc-Aurèle était noyée dans la désolation. Bien avant Hamlet, il se tourmente devant les os des grands disparus. « Alexandre de Macédoine et son muletier ont été réduits après la mort, à la même condition. Puanteur que tout cela! » s'écrie-t-il. Comme cet autre héros de Shakespeare, il compare la vie à une force insipide « car tout ce que nous estimons dans la vie, n'est que vide, petitesse, pourriture. »

Son optimisme n'est en somme que la résignation d'un supplicié.

La sérénité divine des Grecs et des Romains, on ne la retrouve que dans l'imagination de leurs commentateurs.

Seul, Platon clamait franchement, dans l'antiquité, le bonheur de vivre. La source intarissable de son optimisme aurait de quoi

---

(1) Sénèque : *De la colère*.

nourrir les siècles futurs. Mais le filon d'or platonicien a été vite noyé sous le déluge des pensées pessimistes. Lorsque nous le retrouvons chez les néo-platoniciens, ses principes sont devenus sombres et ternes. Il en est de même chez les néo-pythagoriciens. Les deux écoles, exaspérées de ne pouvoir trouver la vérité par la raison, pensent la découvrir dans la mort. Dans la maison du chantre de la vie a poussé ainsi la végétation du « non-être » (1).

Ce qui a trompé les historiens, c'est la vie paradisiaque des dieux anciens. Toute la gaieté une fois amassée dans l'Olympe, il n'en reste presque plus rien pour les pauvres humains. L'enfer chrétien, emprunté au royaume des ombres d'Homère, nous offre un arrière-goût de ce que devait être la vie posthume des enfants de l'Hellade. Car tout ce qui est enterré n'est pas toujours mort. Et les divinités tombées en ruine depuis des siècles, ne cessent de promener leur sourire mélancolique sur la vie de nos jours.

X. — L'âme moderne s'exaspère dans la

(1) Disons du reste que l'atmosphère grecque se prêtait si peu à l'optimisme serein que Platon lui-même ne peut s'empêcher de préférer la mort à la vie. Son *Phédon* nous enseigne que l'âme tout entière du sage s'empresse d'aller à la mort et que c'est là l'unique objet de ses pensées...

douleur de vivre, de penser, de mourir. Le sens de la vie y paraît dénaturé. Tournée vers le réel, ou s'abîmant dans le rêve, elle trahira toujours un malaise profond. Celui-ci bouleverse notre existence comme un peu de gaz carbonique trouble une bouteille d'eau pure. L'équilibre des molécules rompu, leur harmonie devient introuvable.

Il y a de la place pour un Sauveur qui détruira un jour les causes du tourbillon et rendra à l'âme humaine sa clarté pure et réconfortante.

La tâche ne sera peut-être pas très aisée. On se trompe en croyant la lumière blanche tout à fait simple. Elle est composée de sept couleurs. La clarté de l'âme est le fruit de maintes combinaisons, qu'il s'agit de découvrir et de répandre à travers le monde.

XI. — Dans l'intervalle, admirons tout ce que le génie humain a imaginé et inventé pour compromettre notre bonheur. Ses efforts, combinés à travers les siècles et les pays, formeraient une montagne capable de cacher le soleil. Contemplez un îlot de la pensée, le coin d'un siècle de l'intellectualité française. Analysez des poètes comme Baudelaire ou Musset, Lamartine ou de Vigny, des philosophes comme Renan ou Taine, des romanciers comme Flaubert, Maupassant, Goncourt, Zola ou leurs descendants, des historiens, des sociologues, vous constaterez chez tous ces représentants de la mentalité française de la seconde moitié du XIX° siècle, le même sentiment de dégoût de la vie. Sensuelle ou dépravée, subtilisée ou sublimée, raisonnée, furieuse ou résignée la conception pessimiste y domine. Elle prend toutes les formes. Mais celles-ci couvrent la même désolation. Elargissez la base d'observation. Allez vers ceux qui paraissent être influencés par l'harmonie de la vie. Vous y trouverez le même déchirement des cœurs, caché sous les charmes de l'ironie souriante. Le plus génial d'entre eux, Anatole France, vous dira même que la vie ne ressemble qu'à un vaste atelier de poterie. On y fabrique toutes sortes de vases pour des destinations inconnues et dont plusieurs, rompus dans le moule, sont rejetés comme de vils tessons sans avoir jamais servi. Ce sont les enfants qui meurent. Les autres ne sont employés qu'à des usages absurdes ou dégoûtants. Ces pots, nous enseigne France, c'est nous.

Ailleurs, le doux philosophe qu'est Anatole France, parlera avec encore moins de ménagements de tout le système solaire. Celui-ci, affirme-t-il, n'est qu'une géhenne, où l'animal naît pour la souffrance et pour la mort.

Tandis que les petits esprits gémissent sur leur propre sort, les grands noient dans leur désespoir le monde entier. Ils y font rentrer même la matière inanimée.

La littérature, qui dirige et inspire notre sensibilité, ne cesse comme à dessein de la nourrir du désenchantement de la vie. Tant de générations, courbées sous le fardeau de cette hérédité morbide, se levèrent pourtant, en souriant au présent, et caressant le rêve de l'avenir! Il y a donc dans notre « moi » quelque chose de plus fort que cette couche d'alluvion pessimiste. Cet élément mystérieux, refoulé et étouffé sans cesse, toujours jeune et vivant, doit être inhérent à la nature humaine.

Qu'importe qu'il soit inné ou acquis? L'essentiel est qu'il se manifeste sous l'influence de la vie elle-même. Il fait rire l'enfant et donne à l'âge mûr la joie dans l'effort.

« La philosophie de Julien Sorel était peut-être vraie, s'écrie Stendhal, mais elle était de nature à faire désirer la mort. » Non, elle est fausse, parce que nous ne cessons de désirer la vie et de nous passionner pour la vie.

Non, elle est fausse. Pour s'en convaincre, il suffit de regarder autour de soi. Tous nos efforts se résument dans ces quelques mots : Rendre la vie plus longue et plus heureuse. La foi dans la vie, instinctive et profonde, ne cesse de railler ses ennemis séculaires.

XII. — Observons les grands, les plus grands, ceux qui ne rêvent que le néant, et nous verrons qu'ils aiment les choses les moins solides dont dispose la vie : les succès mondains, la gloire de leur vivant ou posthume. Colonnes d'insensibilité, ils saignent par tous les pores de leur « moi ». Ils aiment, en un mot, la vie. Ils le font voir, malgré eux, aux autres, quand ils sont sincères. Ils sont imbus de cet amour, et ne s'en cachent point, lorsque simples comédiens, ils ne travaillent que pour les applaudissements de la foule. Victimes de leurs rôles, ils ressemblent souvent à ces acteurs qui se considèrent malheureux, après s'être empoisonnés par des phrases du marquis de Posa ou de Chatterton.

Mais voici un sourire de la vie, et les plus moroses perdent leurs masques. Schopenhauer, le plus implacable parmi les contempteurs de la vie, se sauve, en 1831, de Berlin, chassé par le choléra. Tandis qu'il prêche le suicide du monde par la continence absolue des sexes (1), il devient père d'un enfant naturel. Patriote ardent, il va jusqu'à acheter des sabres d'honneur à ses camarades, mais il se garde bien d'aller lui-même à la guerre. Pour lui les sourds sont heureux de même que les aveugles (2). Les premiers n'entendent point, les seconds ne voient pas leurs contemporains. Mais Schopenhauer passe sa vie dans les théâtres et dans les sociétés où l'on s'amuse et où l'on cause. En réalité, il adore la vie et ne tient à en dégoûter que les autres. Il méprise l'argent, mais il le cache soigneusement et le dépense avec les précautions d'un avare. Celui qui enseigne que notre existence est d'autant plus heureuse qu'elle est plus courte, s'arrange pour en jouir le plus longtemps.

Vers la fin de ses jours, il trahit le rôle accepté. La gloire est venue le surprendre. Elle déride son front et enlève la grimace figée sur sa bouche. Les artistes accourent pour faire son portrait, les femmes pour le diviniser, les disciples pour pleurer avec lui sur les misères du monde. Tous trouvent un vieillard enchanté de vivre. L'épouvantail des hommes devient un charmeur qui les attire et les fascine...

(1) *Le Monde comme volonté et comme représentation.*
(2) *Parerga et Paralipomena.*

Renchérissant sur son maître, E. von Hartmann (1) soutiendra la seule conclusion qui découle logiquement des prémisses posées par Bouddha et reprises par ses élèves occidentaux. Le monde n'a qu'à disparaître.

Dieu lui-même s'est aperçu finalement de l'insuffisance et de l'imperfection de son œuvre. La haute moralité consiste dans la coopération de l'homme « afin de raccourcir ce chemin de souffrance et de rédemption ».

Ecoutons Hartmann. Comment le monde a-t-il été créé? Le philosophe allemand nous enseigne gravement que Dieu, étant malheureux dans son éternité, s'est amusé à lancer la série infinie des phénomènes qui forment le monde, afin de se désennuyer. Mal lui en a pris, car son infortune n'a fait qu'augmenter. En passant de cette ontologie étrange dans la vie réelle, Hartmann se réjouit qu'un jour viendra où les humains, à la suite du progrès de la science et des découvertes, obtiendront un explosif assez fort pour faire sauter le monde.

Notre planète disparue, le Dieu sera délivré en même temps que l'homme.

Cette doctrine excentrique oublie pour la circonstance le rôle modeste que joue la terre dans l'économie de l'Univers. Ne pensant qu'à

(1) *Phænomenologie des sittlichen Bewusstseins.*

son propre salut et à celui de ses frères, Hartmann a complètement oublié le sort du Seigneur, obligé de contempler, après la disparition de la Terre, le nombre incalculable de millions d'étoiles dont l'existence persistante ne cessera de l'ennuyer et de le mécontenter. Il y a quelque chose de plus grand que le malheur éternel qui pèse sur cette terre, et c'est la fantaisie lugubre des philosophes qui s'efforcent de nous en guérir.

L'*Inconscient*, de Hartmann, qui a remplacé la *Volonté* de Schopenhauer, n'est guère plus réjouissant. On dirait même que son *Inconscient* est d'une méchanceté presque consciente, car c'est lui qui produit le mal et les illusions cruelles du bonheur.

La douleur est tout dans notre vie et le plaisir n'y joue aucun rôle. Même à un degré égal, la douleur a un coefficient plus élevé que celui du plaisir... Une bête qui en mange une autre éprouve moins d'agrément à la manger que celle-ci n'éprouve de désagrément à être mangée. »

En vain cherchons-nous le Bonheur. Il est introuvable, car l'humanité ne l'a jamais trouvé.

Ne l'avait-elle pas cherché d'abord dans les biens d'ici-bas? Or, leur fragilité l'avait vite détrompée. Que valent la jeunesse, la santé, la gloire ?

L'homme a cherché ensuite son bonheur dans une vie ultraterrestre, mais il a compris que l'immortalité de l'âme n'est qu'une chimère. Le voilà finalement convaincu qu'il retrouvera ce bonheur dans le progrès des sciences de la vie économique et industrielle. Or, en quoi ces espérances lointaines peuvent-elles compenser les misères de nos jours?

L'impuissance de saisir la valeur de la vie, de jouir de ses bons côtés et de combattre les mauvais, n'est que le résultat des circonstances. Les cruautés du sort individuel en sont souvent bien plus responsables que les fautes du monde. Enlevez aux calomniateurs de la vie les raisons particulières qui la leur rendent odieuse, et vous enlèverez le venin à leurs âmes.

XIII. — La vie de Timon se répète dans celle de tous les contempteurs de l'humanité qui ont succédé à l'Athénien désenchanté.

Il n'y a, en somme, que les philosophes pessimistes qui, esclaves de leur doctrine, veulent nous faire croire que le monde est modelé sur leurs dogmes. Et encore!

Léopardi est le plus irascible parmi les poètes du néant. « Tout être vivant, à quelque âge qu'il appartienne (1), dans quelque monde ou sur quelque planète qu'il ait vu le jour, est fatalement voué au malheur irrémédiable »... « Le bonheur, quel qu'il soit, est impossible à atteindre (2). »

Il ne se borne pas à crier au malheur des hommes. Pour lui toute la nature est en proie aux souffrances atroces. Entrez dans un jardin, même dans la saison la plus douce de l'année, vous découvrirez partout des traces de douleur. Là, cette rose est blessée par le soleil qui lui a donné la vie; elle s'étiole, elle se flétrit. Plus loin, voyez ce lis qu'une abeille suce cruellement dans ses parties les plus vitales. Cet arbre-là est infesté par une fourmilière; celui-ci par des chenilles, des mouches, des limaçons, des moustiques; pas une pelouse dont la santé ne soit parfaite. Et pendant ce temps vous meurtrissez les herbes en marchant...

Voici que Léopardi, difforme et souffrant, a des raisons de sourire à la vie. Sa philosophie se rassérène. Le poète, qui ne voyait autour de lui qu'hôpitaux et cimetières, commence à jouir de l'existence. Il croit même à

(1) *Dialogue de la terre et de la lune.*
(2) *Dialogue de Plotin et de Porphyre.*

la perfectibilité de l'homme et juge sévèrement ses idées dissolvantes... « Je loue, nous dit-il, et je glorifie ces doctrines, si fausses soient-elles, qui engendrent des actions et des pensées nobles, fortes, généreuses et vertueuses, utiles au bien public et au bien privé. »

A la bonne heure! Voilà un langage digne d'un ami de l'homme, préoccupé de son avenir et de l'évolution normale de ses intérêts!

Il arrive à nos conceptions de la vie ce qui nous arrive en regardant la nature. Nous la voyons tantôt de trop loin, tantôt de trop près. Nous la voyons surtout avec des yeux du moment. L'angle, sous lequel nous regardons les choses, crée l'aspect des choses.

Tandis que les uns se désolent devant le spectacle de la Nature cruelle et impassible, les autres considèrent avec allégresse le grand Tout dont ils font partie. Les uns tremblent devant les terreurs de la nuit, les autres en goûtent la beauté troublante. Le soleil blesse et réjouit; l'infini tantôt effraie et tantôt console. Pourtant, la Nature, la nuit, l'Infini, restent toujours les mêmes. C'est nous qui les voyons différemment.

Chateaubriand sema le long de sa carrière, avec un zèle jamais égalé, la tristesse et le désenchantement. Fut-il au moins sincère? Il suffit de se remémorer avec quelle vanité enfantine il jouissait de toutes les douceurs de la vie, de ses distinctions, de ses titres, de sa gloire d'écrivain et de ses conquêtes d'amoureux égoïste et incorrigible...

Il exprime, en outre, son ennui en des mots si recherchés, qu'on se met à douter de la réalité de ses souffrances.

Un jour arriva où ses propres confessions nous ont ouvert une grande fenêtre sur le mystère de son âme.

On peut y lire cette phrase troublante (1) : « C'est dans le bois de Combourg que j'ai commencé à sentir la première atteinte de cet ennui que j'ai traîné toute ma vie, de cette tristesse qui a fait mon tourment et ma *félicité*... » Et du coup, délivrés de la magie de son style, nous avons aperçu un homme enivré de sa propre grandeur. Il cultivait sous le couvert de la tristesse un sentiment d'orgueil devant le distinguer du monde des mortels.

La tristesse de René n'était, en somme, qu'un plaisir d'amour-propre, une volupté d'essence rare, une félicité spécifique de génie amoureux de sa rareté et tendant à l'imposer à l'admiration de ses semblables.

Cette fausse tristesse avait quand même jeté

(1) *Mémoires d'outre-tombe.*

sur le monde un voile de mélancolie profonde et fait verser plus de larmes que les guerres les plus redoutables...

Le culte de la tristesse n'est, en somme, qu'une mode. Son grand tort est de durer trop longtemps. Elle ressemble un peu à la folie de la mort qui s'abattit de temps en temps sur l'humanité désolée. Le XIVe siècle fut, par excellence, celui où la mort régna en maîtresse souveraine. *Morte nihil melius*, rien de mieux que la mort, se disaient les humains, fascinés par ses grimaces étranges. Enlacés dans une sarabande gigantesque, les Allemands, les Suisses, les Hollandais et les Français se sont mis à danser en 1374 la danse fantastique des morts. Ses victimes, dont le nombre montait sans cesse, n'ont fait qu'aiguiser le goût du trépas, en le rendant plus désirable et plus enviable. Il remplit de ses images les livres pieux et les vitraux, s'insinue dans les sculptures des meubles et dans les coupes joyeuses, se place triomphalement devant l'entrée des maisons et des églises et intronise le squelette répugnant et le crâne vide dans la poésie et dans les arts.

Mais le cri de triomphe de la Renaissance retentit à travers le monde. Le culte de la mort poursuivi par les œuvres divines que la vie ressuscitée arracha aux plus glorieux parmi les humains, s'évanouit et disparaît. La conscience sereine prendra un jour sa revanche sur la tristesse et le pessimisme sans bornes qui ne cessent de la ronger. Cette nouvelle Renaissance tant désirée nous vaudra un renouveau du génie et le triomphe du bonheur humain.

XV. — Tout crie à l'homme que les calomniateurs de son bonheur ont tort. Cette voix intérieure est plus forte que les déceptions réelles des infortunés ou les boniments des courtisans du néant. Nourris par les pensées de désolation, nous allons quand même à l'espérance comme les plantes vont vers la lumière bienfaisante.

L'optimisme pénètre notre vie comme l'espoir de réussite et de bonheur nos actions. Privez-en l'humanité, et son évolution se trouvera diminuée et paralysée, sinon anéantie.

L'encombrement et la concurrence redoutable dont souffrent les professions libérales, enlèvent les plus maigres chances de succès aux nouveaux venus. Tous les pays civilisés se trouvent logés à la même enseigne. Les médecins, les avocats et les ingénieurs se lamentent de gagner moins que les artisans. On signale cependant partout la même affluence de candidats aux privations, à la misère. Non, ils y arrivent pleins de l'espoir de décrocher le bâton de maréchal et de jouir des faveurs de la fée mystérieuse qui, de temps en temps, couvre de sa protection un prince charmant du barreau, du génie ou de la médecine.

Les jeux de hasard font de plus en plus de ravages. Les courses et les spéculations à la Bourse engloutissent les salaires, les économies et les gains des ouvriers, des rentiers, des riches et des pauvres. Les cercles, où l'on détrousse avec le même soin les membres et les passants, regorgent de monde. Les billets de loterie font prime et les Etats eux-mêmes y ont recours pour équilibrer leurs budgets. L'espoir de s'emparer du gros et même du petit lot est vieux comme l'homme, comme son optimisme solide et durable, malgré toutes les attaques des siècles.

Il y a quelque chose de touchant dans cette foi au bonheur qui anime des milliers d'acheteurs de billets de loterie. La chance d'y gagner est souvent moindre que celle qu'a la terre d'être plongée dans l'abîme éternel. Et tandis que l'hypothèse pessimiste de périr avec la terre n'effraie que quelques âmes candides, celle, moins probable, de gagner un lot turc ou celui du Congo belge fait sacrifier aux masses l'argent aussi cher à tant de gens que leur propre « moi ».

XVI. — Quels sont les poètes, les romanciers, les philosophes, indemnes du poison pessimiste? Leur nombre est léger. A côté de Platon et partiellement Aristote, Giordano Bruno, Spinoza, Leibniz, on trouve peut-être une dizaine de philosophes, de poètes ou d'écrivains qui parlent toujours de la vie avec une compréhension juste, donc presque avec amour.

Nous ne cessons ainsi d'être ballotés sur place. Nos maîtres nous précipitent vers un gouffre. Nous n'y tombons cependant point. Nos âmes, grandies dans le mépris de la vie, devraient se plaire dans le néant. Nous devrions maudire la lumière et la chaleur du soleil. Nous les bénissons quand même. Les attraits de la vie se montrent ainsi plus forts que les calomnies qu'on leur fait subir depuis l'enfance de notre pensée. L'aspiration indéracinable vers le bonheur, se rit de tous les efforts combinés pour l'étrangler. Elle vit en nous et nous ne cessons de vivre pour elle.

Les auteurs pessimistes forment l'espèce la plus réjouissante. Pourquoi écrivent-ils? Est-ce pour l'humanité qu'ils détestent? Est-ce pour la gloire qu'ils semblent ou plutôt qu'ils devraient mépriser. Qu'est-ce que la gloire? C'est la vie dans l'imagination de nos voisins proches ou lointains. Nous les considérons, du reste, presque toujours, comme inférieurs à nous-mêmes. Or, si l'on méprise la réalité de sa propre existence, comment aimer la vie fictive, créée par les caprices du hasard? La gloire des écrivains ne vaut pas, sans doute, plus que celle des souverains disparus. Leur vie dans l'histoire n'a rien de commun avec celle qu'ils ont réellement vécue. La gloire caresse et couvre des êtres imaginaires souvent tout à fait étrangers à leurs étiquettes. De notre vivant elle nous fait la sourde oreille. Après notre mort, elle néglige nos actes et nos pensées. Elle se sert de nos noms comme d'une fausse enseigne. On est presque toujours célèbre pour des actes qu'on n'a pas faits ou des pensées interprétées faussement. La gloire ressemble le plus souvent à la fausse paternité.

Ceux qui aiment la vie peuvent se consoler à la rigueur de sa prolongation étrange par la gloire. Mais comment justifier la soif de célébrité chez les passionnés du néant?

XVII. — Les philosophes, les poètes et les moralistes du « non-être », lorsqu'ils tiennent à nous faire partager leurs opinions sur la nature et l'homme, se trouvent dans un désaccord flagrant avec eux-mêmes. Il est entendu qu'ils n'écrivent point pour le bien des humains. Ces derniers les intéressent peu. Ils ne travaillent que pour la gloire. Or la gloire est un des côtés les plus futiles de la vie. Leur existence suspendue à une des branches les plus délicates de l'arbre, ils prêtent à rire, lorsqu'on les voit s'amuser à en couper le tronc et à en détruire les racines.

Un vrai pessimiste n'est logique que dans le suicide. Qu'est-ce que le pessimisme dépouillé de toute phraséologie livresque? Une théorie, d'après laquelle le « non-être » vaut plus que l'existence. Alors pourquoi travailler, pourquoi entretenir le souffle de nos âmes, pourquoi peiner, souffrir, pleurer et gémir? Pourquoi reculer la délivrance du « non-être »?

L'optimisme croit le contraire. Les agréments et les bons côtés de la vie l'emportent sur les côtés laids, tristes et défectueux. Trouvant l'existence passable, il compte la rendre encore meilleure. Il s'installe sur cette terre en cultivateur soigneux de ses biens. Sa croyance justifie sa vie. Elle justifie également ses peines, ses déceptions, ses joies.

Le pessimisme est inconséquent jusque dans

ses motifs de mécontentement. Il se désole là où il devrait jubiler. Il pleure sur la durée courte de la vie et il gémit sur la disparition possible du soleil. Logiquement il devrait se réjouir de ce que notre existence n'est pas trop longue et de ce que le soleil menace de s'éteindre...

Gardons-nous cependant d'accepter à la lettre les appréhensions des broyeurs de noir. La vie est toujours très longue pour tous ceux qui savent l'utiliser. Nous pouvons d'ailleurs vivre jusqu'à deux cents ans (1). Physiologiquement parlant, le corps humain est d'une solidité incomparable. Pas une des machines inventées par l'homme ne pourrait résister pendant un an aux tracasseries incessantes que nous imposons à la nôtre. Et celle-ci continue à fonctionner quand même!

Quant au soleil, il est loin de s'éteindre. D'après les calculs de Helmholtz, son diamètre ne diminuera d'un quarantième que dans 500.000 ans! Des millions d'années avant la disparition de la chaleur indispensable à notre vie et à notre pensée! D'ici là l'humanité saura s'accommoder d'une nouvelle existence. Elle trouvera peut-être dans la géothermie un moyen de transformer la terre en une serre

(1) Voir notre *Philosophie de la Longévité* (*Bibliothèque de Philosophie Contemporaine*, F. Alcan).

chaude conforme à nos goûts et à nos appétits.

Je ne puis m'empêcher pourtant de trouver cette tristesse à une distance de millions et même de milliards d'années, infiniment gaie.

XVIII. — Le pessimiste a l'âme trop sensible. Menaçant ou déprimé, il est toujours de mauvaise humeur. Sa facilité de gémir le met souvent dans des situations embarrassantes. Il y va quand même de sa petite larme ou de son torrent de pleurs. A l'écouter, la science elle-même ne fait que duper l'homme. Chancelante et incertaine, elle tâtonne et n'avance point. Quelques lois scientifiques surnagent à peine du travail de tant de siècles. Les pessimistes du XX° siècle seraient même agréablement surpris, s'ils apprenaient que ces rares lois ont fait faillite. Et tandis que les poutres maîtresses du bâtiment craquent sur toute la ligne, le bâtiment reste néanmoins solide. Il faut s'entendre. Les pessimistes cherchent toujours des choses introuvables. Ils se désolent ensuite de n'avoir rien trouvé. Ayant enfermé la nature dans les conceptions étroites de leur cerveau, ils gémissent devant le spectacle du monde dédaignant de les suivre. Ils le déclarent mauvais, de crainte de trouver leur cerveau insuffisant.

Oui, la demi-douzaine de principes, formant l'essence de la physique mathématique, est aujourd'hui fortement compromise. Que ce soit le principe de Newton ou celui de Lavoisier (1), le principe de Carnot (2) ou celui de la relativité, le principe de moindre action, ou enfin celui de la conservation de l'énergie; toutes ces assises primordiales de la science moderne, tremblent sur leurs bases. Le bruit fait par le radium retentit encore à nos oreilles. Nous étions tellement convaincus de l'infaillibilité du principe de la conservation de l'énergie que la découverte des Becquerel et Curie nous laissa d'abord incrédules.

Ce radium qui se dégage, c'est de l'énergie qui s'en va. Elle ne cesse de s'en aller, malgré et contre la loi archisacrée qui ordonne à l'énergie de ne pas se disperser. On a eu la consolation de penser qu'elle disparaît dans des proportions infinitésimales et insaisissables. Ramsay a prouvé le contraire. Qu'en conclure? Que le principe de Myers est faux? Que la science a fait faillite? Aucunement. D'abord on a trouvé une explication satisfaisante. Des radiations d'une nature incon-

(1) Principe de la conservation de la masse.
(2) De la dégradation de l'énergie.

nue remplissent l'espace. Le radium avait le privilège rare de les ramasser d'abord et de les radier ensuite. Hypothèse plausible après tout. Elle répond à toutes les objections. Elle est même invérifiable et par cela même irréfutable, constate avec beaucoup de bonne humeur Henri Poincaré. Car les grands savants sont les derniers à s'affliger des aventures qui arrivent à leur chère science. Ils ont depuis longtemps abandonné la conception scolastique des lois de la nature. Elles ne représentent plus des harmonies éternelles et immuables. Elles expriment des relations constantes qui lient les deux phénomènes : celui d'aujourd'hui et celui de demain... Le but de la science, de ses lois et de ses principes, est de prévoir. Mais lorsque les prévisions se trouvent démenties, elle s'en console aisément. Car ni elle ni ses lois n'ont la prétention d'être infaillibles. Qu'est-ce que les lois géométriques, qui paraissent être d'essence éternelle? Des lois de convention. Les principes mécaniques, ces bases fondamentales de notre philosophie de la nature, n'ont pas plus de valeur que les postulats géométriques. La probabilité fait partie de toutes les sciences physiques, de même que la convention forme la base des lois mathématiques.

XIX. — Il faut une mentalité spéciale pour se livrer à des récriminations ou à des accès de désespoir parce que la nature refuse de se plier à nos lois, aux lois dans lesquelles nous voulons l'enchaîner. Lorsque l'expérience inflige une blessure à une des lois ainsi conçues, on la modifie, on la complète ou on l'abandonne. Et tout en le faisant, on n'oublie point que la loi, ainsi réformée, est nourrie du suc de la science d'hier comme celle de demain se nourrira du suc d'aujourd'hui. La science continue, comme cette fameuse séance de la Chambre des députés, qui ne s'arrêta pas un instant, après l'attentat anarchiste. La science continue et évolue. Dans cette marche incessante vers la vérité, qu'elle approche toujours de plus près et qu'elle n'arrivera peut-être jamais à posséder complètement, elle puise ses forces. L'humanité y puise également sa confiance en elle. Cette lutte est belle, fertile et avantageuse. Et tandis que les lutteurs et les spectateurs se réjouissent et profitent de ce spectacle grandiose, les pessimistes tiennent à rester tristes et moroses. Laissons pleurer les pessimistes... (1).

(1) Paul Bourget, dans ses *Essais de Psychologie*, prévoit même le moment fatal où « devant la banqueroute finale de la connaissance scientifique, beaucoup d'âmes tomberont

XX. — Le progrès de la science, comme les progrès industriels, laisse derrière lui de nombreuses ruines. Mais sur ces ruines pousse une plante somptueuse. Elle couvre de ses jeunes et belles touffes de fleurs toute la surface désolée. A la regarder, on se met à espérer. L'on sourit volontiers à cette expression de plus en plus vivante de l'unité de la nature, de l'unité de ses principes, remplaçant l'infinie confusion des lois et des sciences ensevelies.

> Le pinceau des lis et des roses
> N'est formé que de mouvement;
> Un frisson, venu de l'abîme
> Ardent et splendide à la fois,
> Avant d'y retourner, anime
> Les blés, le sang, les fleurs, les bois.

Car la chaleur, le vibrant messager solaire, comme l'a chanté le grand poète doublé d'un philosophe, Sully-Prudhomme, est une éter-

---

dans un désespoir comparable à celui qui aurait saisi Pascal, s'il eût été privé de la foi. Des révoltes éclateront alors tragiques et telles qu'aucune époque n'en aura connu de pareilles »...

Bourget a annoncé la faillite de la science avant F. Brunetière, mais tous deux eurent de nombreux devanciers et ne manqueront sans doute pas de successeurs attristés et désemparés...

nelle source « de joie, de beauté, d'énergie et de nouveauté » (1).

A mesure que nous embrassons plus de choses, nous les ramenons à une chose.

La lumière, l'électricité, le magnétisme ne sont plus pour nous que la manifestation d'une seule force. On divisait encore hier les corps en gazeux, liquides ou solides. On n'y pense plus. Les expériences d'Andrews del Wals et de tant d'autres ont démontré la continuité existant entre ces trois états. Les sciences s'entrecroisent. Elles élargissent leurs frontières sous le régime de la pénétration réciproque. La sociologie devient biologique, comme la bio-

---

(1) On considère Sully-Prudhomme comme le poète optimiste par excellence, le poète de la vie. Oui, il a essayé de chanter le *Bonheur*. Il l'a fait dans un poème de conception et d'inspiration grandioses. Mais son *Bonheur* est d'essence décevante. Faustin et Stella jouissent d'une félicité divine, mais bien loin de nous, au Paradis. Les plaintes de la Terre ne cessent pourtant d'y monter. Elles courent vainement après la Justice. Lorsque la mort ramène les deux amoureux sur cet enfer que Faustin aime encore « pour ses fragiles fleurs », l'homme a disparu de la terre. Les plantes et les animaux l'ont reconquise, l'homme n'y est plus... Mon illustre ami m'a parlé avec une émotion touchante, quelque temps avant sa mort, de son *Bonheur*, qu'il croyait être à l'abri de la pensée pessimiste. Mais comment aurait-il chanté le Malheur de la Terre, si le *Bonheur*, pour s'épanouir et triompher, a été obligé de s'en éloigner ?...

Le cas du poète est significatif. Il a voulu glorifier la vie et il a fait une apologie de la mort. Tel un phtisique qui croit sourire à l'existence à travers sa maladie mystérieuse et invincible. Imbus du mal pessimiste, nous en dégageons le poison, lors même que nous tenons à semer autour de nous la joie de vivre...

logie devient physiologique, la physiologie embryogénique ou l'embryogénie anatomique.

Sur le chemin de l'unité se rencontrent toutes les sciences, comme s'y rencontrent également tous les principes abandonnés, reniés, enterrés.

XXI. — Une loi scientifique se trouve avoir fait faillite! Dix, cent lois en faillite! Belle affaire! On verse le solde, s'il en reste, dans l'avoir commun. Car la disparition des lois découronnées, ce n'est que le triomphe d'une seule loi, loi générale et divine : l'unité de la nature. Or peut-on s'affliger, parce que théoriquement nous allons vers l'identité des forces ou la force unique dominant et remplissant la vie?

Que dire enfin des applications admirables de la science? Elle a transformé et continue à transformer le monde. Espérons qu'elle saura rendre plus heureux son locataire principal, l'homme.

Le succès du pessimisme auprès du lecteur démontre la force incommensurable de la flatterie. Il démontre aussi la valeur exagérée que l'homme s'attribue. D'après James Sully le pessimisme présente l'homme en Prométhée enchaîné, souffrant les tortures de la main du cruel Jupiter. Et James Sully a raison. Cette image nous attendrit. Le pessimisme gagne lentement notre confiance et notre sympathie. Le cerveau, flatté par le tableau des souffrances héroïques échues aux mortels, se prête volontiers à la musique enivrante de notre royauté suppliciée. Le succès des extravagances romantiques s'explique par les mêmes raisons que celui des poisons pessimistes.

XXII. — Le monde serait donc parfait? Aucunement. Il est plein de misères. Sans celles-ci la vie perdrait ses plus grands charmes. L'espérance dans le progrès et le travail pour le progrès sont les plus beaux joyaux de notre couronne intellectuelle et morale. Eteignez leur lumière et notre sort deviendra d'une tristesse désespérante. Sans la douleur pas de plaisir. Sans le malheur pas de bonheur. Sans les imperfections, il n'y aurait pas de choses parfaites. Il faut avoir la naïveté du Ratsherr Brockes pour vouloir prouver, en neuf volumes, que tout va pour le mieux dans le monde. Le philosophe allemand plongé dans l'extase devant la bonté divine, n'a-t-il pas trouvé dans la savante disposition culinaire des parties de l'oie, la meilleure preuve que la nature ne fonctionne que pour le plaisir et la satisfaction de l'homme? Non, rien n'est arrangé en vue de notre bonheur. Le grand Tout n'en a aucun souci. Mais la vie est quand même belle et bonne, en dépit ou, si vous le préférez, à cause des efforts dans la lutte qu'elle nous impose.

Un criticisme raisonné de la vie est indispensable. J'ajouterai que le mécontentement est la condition essentielle du progrès. Mais entre le criticisme raisonné et le pessimisme doctrinaire, il y a la différence qui sépare un homme labourant joyeusement sa terre de celui qui d'avance dénigre la récolte de demain. Son découragement paralyse ses propres efforts et affaiblit ceux des autres. Les limites du criticisme rationnel sont facilement reconnaissables. Celles-ci une fois dépassées, il en résulte un mépris de l'effort, une faiblesse de la volonté, une coquetterie réglée avec le « non-être ».

Ce genre de sport, dangereux pour les individus, devient désastreux pour les collectivités. Il sème le désespoir et récolte la mort.

XXIII. — Le pessimisme mérite pourtant quelque clémence. Il faut le chasser avec des caresses, comme on chasse les mauvais cauchemars chez les enfants. Car le pessimisme est d'essence juvénile. Nous tombons d'ordinaire dans ses filets avant la maturité de l'esprit. Avant d'escalader la montagne, nous n'en voyons que les pierres qui barrent la route. Avant de saisir l'aspect serein de la vie, nous n'en apercevons que les petits coins sombres. L'âge et l'expérience déchirent presque toujours le bandeau noir que le pessimisme met devant nos yeux. « Pour être pessimiste de sentiment, a dit Gœthe, il faut être jeune. » Gœthe s'y connaissait bien, lui, qui, en 1788, écrit (1), qu'il n'est pas fait pour ce monde. Quarante-deux ans après, il faisait cet aveu touchant (*lettre à Zelter*) : « Je suis heureux. » Il voulait même à cette occasion, répéter, pour la seconde fois sa vie. Léopardi, Schopenhauer et leurs semblables, convertis sur le tard, abondent dans le sens de Gœthe.

Beaucoup d'écrivains sont morts pessimistes pour n'avoir pas atteint l'âge d'optimisme. Cela devrait consoler les Werther avant ou après l'âge. Le chiffre brutal d'années n'y est souvent pour rien, mais la sage expérience de la vie y est pour beaucoup.

Il faut en tous cas distinguer entre le pessimisme outrancier et la mélancolie, la tristesse ou la gravité de la pensée. Celles-ci ne font

(1) *Cahiers de Jeunesse.*

que la colorer de nuances douces. Mais le pessimisme la dénature. De même que le bonheur physique est un mélange de plaisirs et de peines, la sérénité scientifique et philosophique est faite d'amertume, de découragement, d'espoir et de triomphes.

Sans vouloir soutenir avec Priestley que l'existence du monde deviendra un jour paradisiaque, nous avons pourtant le droit d'escompter joyeusement son avenir. Avec le triomphe de la théorie de l'évolution, les frontières de notre perfectibilité reculent à l'infini. Notre vie s'annonce plus longue et plus heureuse. La sociologie, basée sur les sciences exactes, nous fait espérer une réforme du monde conforme aux rêves les plus audacieux.

XXIV. — La science moderne a singulièrement humilié l'orgueil des pessimistes. Leur théorie, nous dit-elle, découle surtout de leur infériorité physiologique. La facilité ou la difficulté de ressentir le plaisir, enseigne la biologie, est en rapport direct avec nos fonctions organiques. La vie normale s'imprègne facilement des sensations agréables. Les organes maladifs leur sont par contre réfractaires. Celui qui jouit de la santé en goûte les délices et les parfums. Les malades ne cueillent de la végétation de la vie que des fleurs fanées ou des feuilles mortes.

Les curieuses expériences du docteur Charles Féré prouvent que les individus bien portants « offrent une tension potentielle maxima. »

Derrière cette loi technique se cache tout un monde de faits et d'idées. Un homme bien équilibré déborde de vie. Il ajoute même de sa propre essence aux sensations reçues du dehors. Il les éprouve au dessus de leur valeur réelle. Les dégénérés, par contre, ressentent toujours en dessous des phénomènes. Leur impuissance les empêche de se mettre au niveau du monde extérieur. Malades, ils font des procès au monde parce qu'il ne correspond pas à l'abaissement de leur vitalité.

Entre les anormaux de toute espèce, où se recrutent d'habitude les professionnels du pessimisme, et le monde, se poursuit le même échange de pensées qu'entre un sot et un homme d'esprit. Ce dernier a beau se multiplier, le sot ne peut ni le comprendre, ni jouir des charmes de sa conversation. Il l'interprétera même toujours de travers.

La mauvaise compréhension ou mauvaise interprétation des sensations du plaisir, de même que l'impuissance de le ressentir d'une façon intense, sont, sans doute, pour beaucoup dans le pessimisme outrancier des désillusionnés de la vie. Depuis Bouddha ou Çakya-Mouni, en passant par des centaines d'écoles, sectes ou doctrines, et en finissant par Schopenhauer ou Hartmann, c'est toujours le plaisir opposé à la douleur qui ne cesse de fournir les arguments nécessaires pour démonétiser la vie. Hégésias de Cyrène a été peut-être le plus sincère parmi les détracteurs de l'existence humaine. Il partait du culte suprême des plaisirs, et en constatant leur rareté, il en a conclu ouvertement aux bienfaits du suicide. Son maître, Aristippe, de même que tous les hédonistes, paraissait oublier que derrière le plaisir il y a la déception, et derrière la volupté le désanchantement. L'histoire de cette école incarne le mieux les infortunes du bonheur humain lorsqu'on tient à le baser sur les plaisirs et les jouissances. Et tandis que certains disciples d'Aristippe, comme Théodore, recherchaient le Bonheur même dans le vol et dans les sacrilèges, et furent complètement déçus, Hégésias ayant constaté que le nombre de voluptés est infime à côté des sources de la douleur, prêcha ouvertement le suicide. La prospérité de sa confrérie des co-mourants obligea même Ptolémée à fermer son école. Elle n'a pourtant rien résolu.

Il en fut de même de tous les disciples conscients ou inconscients d'Aristippe, qui se sont succédé dans la philosophie et dans l'histoire de tous les peuples.

Le plaisir conçu comme une simple jouissance de la vie ne peut que causer des déceptions mortelles. Il faut en déplacer l'axe. Au lieu de le baser exclusivement sur la physiologie des sens, il faut le rattacher surtout aux besoins spirituels. La solidarité des humains élevée jusqu'à l'altruisme; notre perfectionnement moral, devenu le but de l'existence; l'agrandissement de notre être devant embrasser tout ce qui mérite d'être aimé et admiré; quel champ vaste et infini pour le plaisir toujours renouvelé et jamais épuisé! Ajoutez-y la santé morale de l'âme et physique du corps. La gamme de jouissances ainsi élargie peut répondre aux exigences les plus vastes et les plus raffinées du bonheur.

Que ce soit un Hobbes avec son principe des sensations comme critérium du bien, un Lamettrie ou un Buchner, réduisant l'homme à une simple expression mécanique, tous ne pourront offrir derrière leurs jouissances que des amertumes qui rendent l'existence odieuse.

Mais, changez l'essence du plaisir. A mesure que celui-ci monte en grade, le bonheur qu'il est censé nourrir et faire vivre s'élargit et s'annonce plus beau et plus durable.

Il suffit de comparer la désillusion du cyrénaïsme sous toutes ses formes à la sérénité d'un Bentham ou de John Stuart-Mill pour comprendre combien la notion du plaisir lui-même, de plus en plus purifié et anobli, pourrait se réconcilier avec un Bonheur stable et accessible à tous.

Ce qu'il faut, avant tout, c'est la rupture du plaisir avec la volupté, son aboutissant logique. Car la tristesse, la lassitude et la souffrance, sont les trois Parques qui se cachent derrière toute volupté. Elles lui enlèvent la durée et la possibilité d'être complètement satisfaite. En couvrant de cendres épaisses une volupté réalisée, elles ne permettent même pas de la prolonger par le souvenir. Chaque volupté porte ainsi la déception, le découragement et la mort en elle-même. Et nous ne pouvons nous accommoder de leur existence qu'en modifiant leur essence. Le sel, condiment bienfaisant, nous tuerait, s'il devait être le seul aliment de l'organisme. Il en est de même du plaisir et de la volupté, qui détraquent à la fois nos âmes et nos corps.

XXVI. — Voici une jolie expérience facile à réaliser. On suggère à une femme **hypnotisée** qu'elle ne pourra s'emparer d'un verre de champagne se trouvant à sa portée. Elle défaille et se sent mal à l'aise. Par des mouvements répétés elle montre son intention de saisir l'objet de sa convoitise. Puis, devant l'impossibilité de réaliser son désir, elle couvre d'injures le champagne. Elle le déclare malpropre, empoisonné et hors d'usage.

Le vin invectivé représente le monde. Le pessimisme ressemble à cette femme, qui a perdu la notion de la valeur et des avantages de l'objet se refusant à sa volonté et à sa compréhension.

CHAPITRE IV

Parmi les Malheureux

A. — DANS LE ROYAUME DE L'ENVIE

I. — L'ingéniosité de l'homme est surtout visible lorsqu'on le met en face de sa misère. On voit alors quels dons exceptionnels notre esprit a dépensés pour l'augmenter et la compliquer. Semblable au Créateur divin, l'homme a formé un monde d'un rien. C'est ainsi qu'a vu le jour l'Envie.

Qu'est-ce que l'Envie? Ceux qui en sont la cause, de même que ses victimes, sont également à plaindre. L'humanité, d'ordinaire si désunie, semble être sur ce point une et indivisible. Sous toutes les latitudes, on observe le même phénomène : chaque membre de l'humanité se croirait déshonoré s'il ne provoquait autour de lui l'amertume de l'envie.

Les sauvages qui perforent leur nez, afin d'y loger des ornements; les Indiens de l'Orénoque qui, d'après Humboldt, travaillent quinze jours pour acheter la couleur, objet d'admiration de leur entourage; les Africains de la suite du capitaine Speke qui paradaient dans leurs manteaux de peaux de chèvre par le beau temps et les cachaient, grelottant de froid, dès que l'humidité et l'eau tombaient sur leurs corps nus, que de prototypes de cette passion de semer l'envie qui ronge les plus beaux et les plus dégradés spécimens de l'homme et de la femme!

Toute notre éducation moderne est pourrie par le désir de paraître et non celui d'être. On fait perdre aux enfants des années de leur vie à apprendre la musique qu'ils abandonnent, arrivés à l'âge mur, de même qu'on les habille en singes bien dressés, afin d'attirer l'attention du passant. Ces principes inculqués dès l'enfance nous poursuivent ensuite toute notre vie. « Des hommes qui rougiraient si on les taxait d'ignorance à l'égard des travaux fabuleux d'un demi-dieu, dit avec raison Herbert Spencer, ne montrent pas une ombre de honte en confessant qu'ils ignorent où sont situées les trompes d'Eustache, quelles sont les fonctions de la moelle épinière ou quel est le chiffre normal des pulsations. »

Se montrer et se faire envier! Ce désir nous hante dès l'enfance, où l'on nous l'inculque. Il grandit ensuite et nous accompagne jusque et même après la mort, sous forme de mausolées et de tombeaux destinés à faire crier d'envie ceux qui nous survivent.

Conducteurs des peuples ou simples balayeurs des rues, politiciens ou philosophes, savants ou poètes, financiers ou aristocrates, grands artistes ou cabotins vulgaires, grandes dames ou petites ouvrières, femmes de mœurs graves ou légères, tous et toutes ne pensent qu'à étaler insolemment ou discrètement leurs droits à l'envie.

L'écrivain qui raconte le tirage fabuleux de ses livres; la dame du grand ou du demi-monde qui vante ses succès auprès des hommes; le politicien qui fait miroiter à nos yeux son influence et le financier le nombre de ses millions; le médecin ou l'avocat qui affiche le chiffre de ses revenus, agissent tous sous la domination du même motif, qui pousse une parvenue à se faire remarquer aux premières loges ou dans un somptueux automobile.

La raison de vivre de la plupart des hommes ou des femmes n'est autre que de créer sur leur route la plus mauvaise parmi les difformités morales de l'homme : l'envie. Les moyens varient, mais le motif reste désespérément le même.

II. — L'histoire démontre que l'envie a été de tous temps le facteur le plus détestable dans la marche des affaires humaines. On la retrouve au fond de tous les grands bouleversements sociaux et politiques. Elle a fait plus de mal que la misère.

Si les classes dominantes avaient su résister aux charmes décevants de l'envie, la marche du monde aurait tourné autrement.

Ceux qui se plaisent à créer l'envie ne peuvent douter de son caractère venimeux. Elle humilie, abaisse et aigrit les caractères. Une fois implantée dans l'âme, elle s'en empare comme la mauvaise herbe du terrain mal cultivé. Elle étouffe sur son passage l'action des bonnes graines. Les sentiments de justice, de bienveillance, de sympathie, périssent à son contact comme la verdure après le passage des vents du désert.

Funeste au bonheur individuel, elle l'est encore davantage au bonheur de la communauté. Car l'envie engendre la haine. Celle-ci à son tour exaspère et paralyse la volonté. Elle détruit, en outre, tout sentiment de solidarité. La lutte sociale découle souvent de la misère réelle des pauvres, mais elle est presque toujours basée sur la cécité morale des riches.

La majeure partie de nos défauts naît de l'envie. Celle-ci excite au mensonge dans la vie. Elle crée aussi le mensonge des mots et de la pensée. Le désir de semer l'envie nous empêche d'être naturels. A son approche la bienveillance s'éloigne. Réciproquement atteints par ses venins multiples, les hommes agissent envers eux-mêmes comme des plantes vénéneuses.

III. — J'ai demandé un jour à un psychologue célèbre, dont le métier consiste à écrire de mauvais livres, pourquoi il se vante de ses succès fictifs, les réels suffisant pour sa gloire.

« Le breuvage de l'envie, me dit-il, que l'on fait boire aux amis et ennemis, nous procure des sensations délicieuses. »

Ses confrères, exaspérés par ses vantardises, ont réussi pourtant à diminuer ses succès et à ridiculiser sa gloire. Le breuvage de l'envie, il le boit à son tour. Et il maudit l'envie funeste, qui, après lui avoir fait verser aux autres des poisons, l'oblige aujourd'hui à en avaler, lui aussi.

IV. — L'envie est un sentiment d'essence basse. La satisfaction passagère qu'elle donne, rappelle le picotement délicieux que procurent certaines mauvaises boissons. Cela débute par un baiser de la vanité et finit par un malheur réel. Il est dangereux d'exciter les bêtes fauves rencontrées sur notre route. Il est encore plus dangereux d'exaspérer l'animal méchant, qui dort dans les bas-fonds de la conscience humaine.

Les gens mordus par l'envie devraient penser à ceux qui sont au-dessous d'eux. Lorsqu'on a l'âme assez faible ou assez basse pour souffrir du bonheur, souvent illusoire, des autres, on devrait chercher une consolation en pensant au malheur de ceux, plus nombreux, qui sont au-dessous de nous. Or l'amour-propre nous fait trouver toujours des gens au-dessous de nous...

Un bonheur noble et pur n'emprunte rien à l'envie, bien au contraire : lorsqu'il la rencontre sur sa route, il en souffre. Il s'éloigne d'elle. Il tâche même de la tenir à distance et de ne jamais la croiser sur son chemin. Le mauvais voisinage blesse les âmes délicates. L'on devrait rougir de provoquer l'envie, comme l'on rougirait de dégager une odeur nuisible à la santé des voisins.

Les âmes vulgaires se réjouissent en voyant l'envie naître et grandir autour d'elles. Les irréfléchis la provoquent sans y penser. Les caractères vraiment supérieurs, par calcul ou par bonté, s'efforcent de la tuer en germe. Lorsqu'ils la rencontrent contre leur gré, ils tâchent de l'adoucir, dans l'impossibilité où ils se trouvent de la détruire.

V. — Le désir de provoquer l'envie est maladif. C'est une sorte de névrose toujours inquiète, jamais satisfaite. Bien rares sont ceux qui peuvent lui résister. Elle se montre sous toutes les formes et frappe à toutes les consciences. Comme cette coquette incorrigible qui finit par regarder d'une certaine façon ses propres doigts, le vaniteux tient à faire naître l'envie chez les êtres qui lui sont le plus chers.

Les anciens Grecs punissaient souvent des vœux impies. Le célèbre orateur athénien Démade fit condamner un homme qui vendait des objets funéraires, car son commerce l'obligeait à souhaiter la mort de ses concitoyens.

S'il s'agissait aujourd'hui de punir tous ceux dont le métier consiste à semer la haine, on dépeuplerait les cités, les bourgs et les campagnes.

VI. — Une usine fonctionnait depuis un demi-siècle. Elle a enrichi déjà deux générations. Le fondateur et son fils vivaient au milieu de leurs ouvriers, sans blesser leurs susceptibilités. Ils cachèrent leur luxe loin du centre de leur travail. Leur héritier, oubliant la prudence de ses aînés, a construit un palais somptueux à côté de l'usine. L'envie des pauvres travailleurs suivit de très près la construction splendide. Lorsque le château se dressa au milieu des maisonnettes, les mauvais sentiments des milliers d'ouvriers remplirent la maison du riche. Effrayé, il s'efforça alors de détourner l'envie. Mais en vain. En comparant leur vie de misère au luxe du château, une rage remplit ces âmes simples. Rage invincible, car ce fut la rage de l'envie. A deux reprises l'usine fut incendiée. Les grèves multiples et le sabotage ont fini par avoir raison de la longue prospérité de la maison.

La fabrique ferma un jour ses portes et le château, abandonné, sème autour de lui la désolation. On pourrait graver sur ses murs, en lettres noires : **Ci-gît l'Envie.**

VII. — Quand on considère le soin avec lequel l'Etat crée et soutient l'Envie, on pourrait croire qu'il s'agit d'une vertu primordiale.

Les titres et les décorations que les régimes démocratiques eux-mêmes ne cessent de multiplier démontrent le mieux combien l'humanité travaille à augmenter ses misères.

La bêtise de l'Etat n'a d'égale que celle de la « bonne société » ou de la société riche, ce qui revient aujourd'hui au même.

Celle-ci ne cesse de se plaindre de l'hostilité qui lui vient d'en bas. Elle tremble devant les menaces que brandit le dieu Dêmos. Elle ne travaille pourtant qu'à surexciter cette inimitié. De crainte que les pauvres n'ignorent l'emploi stupide de l'argent des riches, ceux-ci le lui font annoncer par tous les moyens à leur disposition. Une presse spéciale se charge de parler du luxe des riches. Le moindre détail de leur égoïsme fou ou criminel se trouve répété en des millions d'exemplaires. La presse spéciale est du reste devenue générale. Tous les journaux ont, aujourd'hui, leur coin de mondanité.

L'envie coule ainsi à pleins bords. Les hommes et les femmes, poussés par le désir invincible de la créer, se jettent mutuellement à la face leurs relations, leurs châteaux, leurs meubles, leurs chevaux, leurs automobiles, leurs thés, leurs dîners, leurs soupers, leurs amants ou maîtresses, leurs bijoux. On a vu de jeunes femmes américaines étaler devant des reporters leurs chemises de dentelles dont le prix d'une seule dépassait le budget annuel d'une famille ouvrière de trois personnes !...

Le même besoin maladif de publicité a traversé l'Océan. Et le spectacle des jeunes filles, êtres de grâce et de bonté, exposant leurs trousseaux somptueux, afin d'empoisonner par l'envie l'atmosphère de la Cité, ne choque plus personne.

Dans cette course folle vers la multiplication de l'envie, on oublie la haine, sa sœur cadette. Celle-ci grandit sans cesse et, menaçante, suit de près sa compagne.

VIII. — Me trouvant un jour dans une réunion mondaine, j'ai eu le malheur de scandaliser l'assistance.

— Un naturaliste, disais-je à ces dames, qui brillaient par tout l'éclat de leurs toilettes et de leurs bijoux étincelants, vient de découvrir une espèce animale étrange. Les mâles et les femelles n'ont qu'un souci : c'est d'éblouir leurs semblables. Ils font les grimaces les plus comiques pour montrer la supériorité de leur peau ou de leur museau. Enivrés par ces effets de parade, les uns tombent sur les autres et se distribuent de nombreux coups de patte. Blessés et ensanglantés, ils recommencent le même spectacle. Car le caractère dominant de cet animal est de se faire envier par son entourage, même au prix de grandes souffrances que cela ne cesse de lui occasionner. Ils passent ainsi la vie à satisfaire leur vanité et à en souffrir ensuite...

— Quel est le nom de cet animal? me demanda-t-on de tous les côtés.

« La mondaine »...

IX. — Le vieil Hésiode a signalé déjà le débordement de l'envie chez ses compatriotes.

« Le «potier porte envie au potier, l'artisan à l'artisan, le pauvre même au pauvre, le musicien au musicien et le poète au poète. »

Ce mal est d'un âge si vénérable qu'il paraît presque inné. Ne nous méprenons pourtant point sur son caractère. C'est un mal acquis. L'enfant n'en est point atteint. Il est simple et naturel. C'est ce qui explique le charme indicible que certains enfants exercent sur nous. Après avoir respiré l'atmosphère vicieuse du désir de paraître, nous nous pâmons devant les manifestations sincères des caractères enfantins. Leur charme est sans doute là, de même que l'attrait de leurs manières. La pédagogie, l'Etat, la Société, travaillent de leur mieux pour déraciner ces vertus naturelles. Rares sont ceux qui, par la force de volonté, réussissent à résister à l'éducation vicieuse. Si rares qu'ils soient, leur exemple prouve la possibilité de la guérison. C'est peu et c'est beaucoup à la fois.

La pédagogie s'avisera sans doute un jour que ses devoirs sont ailleurs. Au lieu de semer l'envie, elle devrait l'extirper de nos âmes. La tâche ne sera pas facile. Il lui faudra réformer son idéal, ses programmes, ses principes d'émulation, ses récompenses. Mais l'instituteur qui, dans un temps à venir, sera rémunéré comme un justicier anglais et respecté comme un roi constitutionnel, saura se passer de l'envie. Il éliminera de l'éducation la mauvaise plante, dont on aura débarrassé sa propre vie.

D'ici là, tâchons de nous guérir nous-mêmes. L'effort demandé est minime. C'est un billet à une loterie où la mise est presque nulle et dont tous les billets gagnent de gros lots.

Etre débarrassé de l'envie! C'est presque s'assurer le bonheur.

X. — Ausone fut, parmi les hommes, l'un des plus heureux. Très admiré par ses contemporains, le plus populaire parmi les auteurs gallo-romains, il est arrivé à réaliser tous ses rêves. Riche et estimé, il avait bénéficié d'une vieillesse robuste et en a joui longtemps. Elevé à la préfecture des Gaules et au consulat, adulé par les lettrés de l'époque et choyé par le sort, il possédait une fortune rare parmi les humains : il avait la conscience de son bonheur. Il aurait pu désirer plus. On n'est jamais assez riche, on n'est jamais assez célèbre, on n'a jamais assez de talent ou de génie. Mais Ausone se déclara pleinement satisfait de sa destinée.

C'est en réfléchissant à la vie de son père que le poète a réussi à se faire sa vie à lui, une philosophie empreinte d'une compréhension adorable de la vie.

Il fait dire, dans son *Ephemeris*, ces mots profonds à son père : « J'ai toujours pensé que le bonheur consistait, non à avoir tout ce qu'on voulait, mais à ne pas désirer ce que le destin ne vous donnait pas. » Animé de cette pensée, Ausone ne désira que des choses à sa portée. Et toute sa vie il ne demanda à Dieu que la « faveur de n'avoir jamais rien à convoiter. » Il est mort heureux, car il est mort indemne d'envie.

Car l'envie ressemble aux brigands égyptiens, les Philètes, qui n'embrassaient leurs victimes que pour les étouffer.

XI. — L'être vaniteux dont l'existence s'écoule dans le désir d'étonner, ou de chagriner les autres, celui qui, en un mot, vit pour l'opinion du monde, cesse d'avoir sa vie à lui.

Et admirez cette inconséquence des humains : on rougit d'avoir perdu ses cheveux et de porter une perruque. On trouve pourtant normal d'avoir égaré son âme et de vivre dans l'âme de ses voisins, dans celle de ses amis, ou même dans celle des hommes qui nous sont tout à fait indifférents.

Pourquoi placer notre bonheur en dehors de nous-mêmes ? Pourquoi confier nos raisons de vivre aux vents qui passent ? Pourquoi chercher notre satisfaction dans le déplaisir et le chagrin des autres ?

On ne confie pas son argent au premier venu et on lui confie les motifs de son bonheur. En faisant dépendre notre joie de vivre de l'envie d'autrui, on s'embarque sur un vaisseau bien fragile. Sa direction nous échappe et nous sommes livrés au hasard, souvent cruel, presque toujours injuste.

XII. — L'envie qu'on nous témoigne n'a que la durée très courte des nuages d'automne. Elle apparaît souriante et s'en va changée en colère, haine ou vengeance. Elle devient presque toujours le désir de nous humilier à notre tour.

L'envie, c'est la blessure qu'on fait à l'âme d'autrui. Elle saigne visiblement ou invisiblement, mais elle reste toujours une souffrance. Elle avait peut-être sa raison apparente dans le temps où l'on vivait sous le principe de la guerre de tous contre tous. Mais aujourd'hui, que nous faisons asseoir parmi nous la bienveillance et le respect réciproque, l'envie paraît d'un âge barbare et, en tout cas, stupide.

Dans le désir de créer, autour de nous, l'envie, nous confions le bonheur de notre *moi* aux soins d'autrui. Nous renonçons ainsi aux principes les plus chers de notre conscience. Nous renonçons à notre propre vie. Mais, en méprisant l'envie, en dédaignant de la faire naître autour de nous, nous élargissons notre conscience. Notre vie intense, — et elle seule est réelle, — s'agrandit. Elle ne dépend point de l'imagination d'autrui. Elle est à nous, bien à nous.

Sans l'envie, l'existence nous paraîtra peut-être moins heureuse, mais elle le sera bien davantage.

B. — LES BIENFAITS DE LA DOULEUR

I. — Sous prétexte de plaindre l'homme, le pessimisme détruit ses joies. Il veut lui faire encore plus de mal. Ne prétend-il pas lui enlever la douleur? Or, sans la douleur, pas de plaisir, pas de bonheur.

Pour Schopenhauer, ses maîtres et ses élèves, la joie n'étant que négative, elle importerait peu. La douleur seule étant positive, c'est elle qui est réelle. L'homme le plus heureux d'après les dogmes pessimistes, est celui qui parcourt la vie avec le minimum de douleurs et non point celui qui a eu, pour sa part, les joies les plus nobles, les plus vives, les plus fortes. Les contempteurs de la joie s'appuient en premier lieu sur Aristote. Le grand positiviste avant la lettre n'a-t-il pas dit que : « Le sage poursuit l'absence de douleur et non pas le plaisir » (*Morale à Nicomaque*). Ils s'appuient également sur Voltaire affirmant la réalité exclusive de la douleur. Les stoïciens, les cyniques, que sais-je, des millions de philosophes et poètes déçus, des centaines de millions de bouddhistes clament à l'envi la réalité de la douleur et la non-existence du plaisir, de la joie et des jouissances.

Et pourtant la terre ne cesse de tourner et les mortels ne cessent de jouir de ses bienfaits. Oui, la terre tourne et emporte dans le même tourbillon nos plaisirs, nos joies, nos douleurs, nos souffrances. La valeur positive ou négative de nos sensations n'y fait rien. Toutes font partie du même cortège qui accompagne la vie et lui donne son prix.

On médit des joies, et l'on calomnie, outre mesure, la douleur. Celle-ci est sous le coup d'une diffamation vieille de quelques dizaines de siècles. Son procès demande à être revisé. Les souffrances qu'elle cause à ses élus enlèvent toute sérénité à leur jugement. Elles leur enlèvent aussi toute impartialité.

II. — Peut-on condamner la douleur en bloc? Faut-il la bannir de l'existence humaine? La contre-épreuve est faite. Il y a une espèce d'hommes, indemnes de la douleur. Ce sont les idiots, les crétins, et une certaine catégorie de fous. Ils ressentent maints plaisirs et restent insensibles à la douleur. Un sourire, figé sur leurs lèvres, témoigne de leur état d'âme. Il est à l'abri des souffrances!

Sont-ils heureux? Ou plutôt quel est l'homme d'intelligence saine qui voudrait accepter leur bonheur?

Une autre contre-épreuve.

La science a mis à notre portée le moyen de jouir du genre de bonheur si cher aux pessimistes. La suggestion procure un vaccin contre la douleur physique ou morale. Certains états d'hypnose ne rendent sensibles qu'à la béatitude. Les piqûres morales et physiques n'agissent plus. Notre impressionnabilité aux sensations agréables restant intacte, nous bannissons de notre existence les douleurs positives. Sommes-nous pour cela plus heureux? Ceux qui veulent nous le faire croire manquent de franchise. Car convaincus des bienfaits que nous procurerait l'absence de la douleur, ils n'ont qu'à réaliser leur salut par la suggestion. Salut bien facile et accessible à tous! La psycho-physiologie nous enseigne qu'il n'y a que les idiots et les fous qui restent d'ordinaire rebelles à l'hypnose et à la suggestion. L'homme normal la subit toujours dans certaines conditions. Et pourtant qui de nous voudrait accepter le bonheur dont jouissent les crétins, les idiots, les fous ou les médiums à l'état d'hypnose?

Il en est de la douleur comme des souffrances de la maternité. Les femmes s'en plaignent sans doute. Mais elles les accueillent avec tendresse et les arrosent avec des larmes de bonheur. Souffrance bénie et ardemment désirée. Elle crée la vie et la vie se trouve rénovée par elle.

La douleur lui ressemble. On la craint, on la fuit, on la maudit. Elle vient quand même. Aussitôt arrivée, elle donne du prix à la joie passée, comme elle en donnera à celle de demain. Bien plus, le bonheur et la joie ne vivent que par elle et souvent vivent en elle.

III. — Comme le sol qui ne donne des fruits qu'en étant fortement tourmenté, notre âme demande l'intervention de la douleur pour donner sa mesure.

La douleur, c'est le mâle. Le bonheur est femelle. De leur union naissent la pensée, l'effort, l'énergie, la joie.

Lorsqu'on fait le bilan de son passé, on s'aperçoit pour quelle part de profits y entre la douleur. Elle ennoblit l'âme. Elle lui impose la réflexion. Dans la marche incessante vers l'avenir, elle sert de station d'arrêt. Notre miroir qui lui renvoie ses défauts, ses péchés, âme s'y purifie. La douleur lui tient lieu de ses oublis. Elle lui sert aussi d'école. La douleur lui montre les erreurs de la route suivie et lui découvre des voies nouvelles. Notre conscience grandit dans l'épreuve, dit la sagesse populaire, et, par hasard, la sagesse populaire a raison.

Consultez les hommes d'élite. Revoyez la biographie des grands disparus ou questionnez les grands hommes de nos jours. Tous vous diront le rôle bienfaisant de la douleur dans la formation de leur moi. Dans les larmes versées sur ses propres misères, ou sur les misères de ses prochains, on trouve presque toujours la source du progrès, comme dans la sensibilité des poètes la source de la poésie.

IV. — Les peuples sont comme les individus : la douleur les spiritualise et les grandit. On vantait et l'on continue à vanter l'intelligence supérieure de la race juive. Or, cette supériorité n'a été faite que des persécutions et des souffrances du passé. Les temps modernes, en accordant aux Juifs, dans certains pays, l'égalité des droits, les ont privés en même temps de leur supériorité reconnue. Les descendants de la race privilégiée baissent à nos yeux. Avec le nivellement complet de leur inégalité sociale et politique tariront les sources de leurs dons exceptionnels.

Les partis d'opposition, une fois au pouvoir, diminuent de valeur. Ils sont grands dans la persécution, dans la lutte, dans la souffrance. Le parti se trouvant à la tête de la France actuelle ne fait que rappeler le sort de toutes les minorités qui ont remplacé les douleurs et les avantages de la lutte par le déclin moral et intellectuel qu'amène, avec le temps, le triomphe.

La souffrance de nos pères entre dans la constitution de notre âme, comme y entrent leur bonheur et leur joie. Il en est de notre âme comme de notre santé physique. Nous souffrons des excès ou jouissons de la modération de nos devanciers. Dans la profondeur ou l'ingéniosité de la pensée du fils, il y a souvent beaucoup de la souffrance du père, comme dans l'affaiblissement de son esprit on retrouve la vie inconsciente et facile de ses ancêtres.

Même le règne végétal vit et renaît sous le coup de la souffrance. Les horticulteurs tourmentent fortement les fleurs qui s'oublient dans leur vie heureuse. On prive d'eau les plantes herbacées et l'on fait des incisions profondes dans l'écorce des arbres fruitiers. Qui de nous n'a assisté au spectacle des pommiers ou des poiriers dont on a déterré et torturé les racines? Nos paysans, plus simplistes, donnent des coups de hache aux arbres stériles.

Rénovés par la souffrance, les arbres produisent des fruits, les plantes refleurissent et les vignes se couvrent de grappes...

On l'a dit et l'on ne cesse de le répéter : le mal est la condition du bien, comme la douleur est la condition du bonheur. Les merveilles les plus éclatantes de notre civilisation n'ont pour origine que le désir de combattre les contrariétés de la vie. Les écrivains qui, dans leur amour des paradoxes, ont écrit des ouvrages volumineux pour prouver les vertus du diable, des maladies contagieuses ou de la famine, n'ont peut-être pas été toujours très éloignés de la vérité.

La douleur, lorsqu'elle ne brise pas, fortifie. Son excès, comme celui de la joie, détruit la vie. Il est bon qu'elle en fasse un des éléments, il ne faut pas qu'elle s'y substitue. Elle est comme ces poisons qui, appliqués à petites doses, sauvent l'organisme. Pour fortifier les globules rouges de notre sang, on y injecte certains sérums. La dose en doit être modérée. Augmentez-la, et loin de multiplier, vous détruirez les ressources de la vie.

Pour augmenter la fermentation des levures, on se sert du fluorure de sodium. Mettez-en trop et vous les détruirez complètement.

V. — Le christianisme a toujours pratiqué une sorte de coquetterie à l'égard de la douleur. Coquetterie touchante et attendrissante. « Bienheureux ceux qui souffrent », dit l'Evangile. Mais la douleur chrétienne a été trop envahissante, trop encombrante. Elle ne complétait pas l'existence, elle tenait à la remplacer. Etouffée sous son étreinte, la vie sur terre s'évaporait, ne laissant aux fidèles que le mirage du ciel. Ce fut du reste une souffrance frelatée, nourrie par l'extase divine et l'espoir de récompenses célestes. La souffrance devenait ainsi de la joie morbide. Les martyrs versaient des larmes de joie, fruits des plaisirs indicibles. Tant qu'on avait cru sincèrement au paradis, cette métamorphose de la douleur humaine en une joie divine était possible. Le scepticisme de nos jours, s'étant mêlé à ces combinaisons célestes, en a détruit l'effet. Privé de la foi, la douleur chrétienne a cessé de sourire aux fidèles. A la douleur, devenue laïque, il faut d'autres raisons pour opérer le charme. Il lui en faut surtout d'autres pour justifier son existence.

Les esprits superficiels diffament la douleur. Les pessimistes détraqués lui rendent des honneurs royaux. Mais ils la bannissent de la cité et avec elle, la vie. La vérité se trouve entre ces apologistes étranges et les destructeurs à outrance. La vie se chargeant avec prodigalité de la distribution des peines, il serait superflu de vouloir faciliter sa tâche. N'augmentons pas, de grâce, la quantité de douleur sur la terre. Ne la créons surtout pas inutilement. Elle existe et elle existera. C'est au sage d'en tirer le meilleur parti.

Ne tremblons pas surtout devant la douleur, car elle nous laisse rarement désarmés. La plus forte n'a qu'une existence éphémère. Elle est créée par nous, dépend de nous et est en nous. Pour s'en convaincre il suffit de voir comment agit la douleur. Les uns rient devant un échec de leur vanité, les autres s'en désolent. Les pertes d'argent causent des frissons mortels aux uns et laissent indifférents les autres.

VI. — On identifie à tort la douleur physiologique et psychologique, celle de notre corps et de notre conscience. La découverte des nerfs affectés spécialement à la douleur, les nerfs dolorifiques, grâce surtout aux travaux de M. von Frey, ne permet plus cette confusion (1).

(1) Voici quelques conclusions auxquelles est arrivé von Frey :

Il y a deux seuils pour la peau : un pour les sensations

Et pourtant, il y a une action réciproque et souvent décisive des phénomènes de la conscience sur ceux du corps. Bien plus, comme nous l'avons signalé plus haut, le désenchantement, la tristesse qui dégénèrent en une sorte de mélancolie pessimiste, sont dues le plus souvent à la diminution de l'énergie vitale. Et de même que la peine et la douleur marquent la diminution, la joie de vivre et partant le bonheur signifient l'augmentation de l'énergie, la santé de l'organisme.

En se servant des instruments spéciaux comme le *pléthysmographe* de Hallion, le *pneumographe* de Marey, le *sphygmomètre à ressort* de Chéron et de tant d'autres, mis en vogue dans ces derniers temps, on a réussi à prouver expérimentalement que la joie, la tristesse et la douleur dépendent de notre énergie. Nous ressentons de la peine lorsque l'énergie d'une de nos facultés se trouve dans l'impossibilité de s'exercer librement. Nous éprouvons un plaisir, une joie dans le cas contraire. La joie, nous diront les physiologistes modernes, c'est la conscience de la

---

de pression, un autre pour la douleur. Les quatre sens cutanés se trouvent réduits à quatre catégories de terminaisons nerveuses, sensitives, etc., etc.

Voir à ce sujet, entre autres, la *Psycho-physiologie de la Douleur*, par les Docteurs Joteyko et Stefanovska.

circulation qui s'opère facilement dans les centres nerveux.

Observons de plus près la naissance d'une douleur physique. Lorsqu'on coupe un bras à l'homme malade, que se produit-il? Les cellules du membre amputé ne peuvent plus exercer leur action. Leur énergie se trouve contrainte et paralysée. Les inflammations où les accès de fièvre servent de route par où se sauve l'énergie égarée. Et l'organisme souffre d'autant plus que la lésion est plus violente. Mais, que l'accident s'éparpille dans le temps, que l'organisme puisse s'habituer au changement, que l'énergie des cellules puisse utilement se déplacer dans l'intervalle, et la souffrance diminuera proportionnellement.

C'est ainsi que les maladies chroniques et les changements les plus radicaux, mais très lents, qui s'opèrent dans notre organisme, ne nous causent que peu de douleur.

Il en est de même dans le domaine moral.

Gardons en réserve la force de nos âmes. Grâce à elle, les peines et les tristesses prennent des formes salutaires. Elles circuleront librement à travers notre conscience, semblables aux sensations de la douleur physique qui s'écoulent sans souffrance par les centres nerveux. Car les douleurs morales ou physiques ne reculent que devant l'énergie intense de nos âmes et de nos corps.

VII. — La croyance à la douleur morale existant en elle-même, ressemble à la superstition barbare, relative au feu. Des âmes candides le considèrent comme une qualité inhérente au bois ou au charbon. La même illusion de nos sens qui nous fait croire à la douceur cachée dans chaque morceau de sucre ou à l'amertume de la quinine, nous inspire l'idée que la tristesse et la douleur se trouvent dans les phénomènes qui les précèdent. Il suffit pourtant d'examiner la douleur physique, la plus accessible à l'analyse, pour s'apercevoir de notre erreur. Un coup de massue qui abat un chien est à peine ressenti par un éléphant. La même opération qui fait s'évanouir un intellectuel sensitif, laisse indifférent un être atteint de crétinisme. La même lumière qui aveugle un œil malade, est agréable pour une vue saine. La chair humaine, objet d'horreur pour les civilisés, fait les délices des anthropophages. Certains vices répugnants et inimaginables pour tant d'hommes, en passionnent beaucoup d'autres.

La douleur, de même que le plaisir, ne se trouvent par conséquent ni dans les rayons solaires, ni dans la chair humaine, ni dans le vice. Ils sont en nous. La pédagogie de la volonté arrive facilement à augmenter ou à diminuer leur intensité. Elle arrivera même à les créer ou à les détruire, au gré de ses intérêts.

La compréhension de certaines douleurs équivaudrait à leur diminution, sinon à leur anéantissement. Prenons les plus profondes, occasionnées par la mort implacable. Tâchons de les raisonner. Devant la tombe d'un ami, nous oublions les moments vécus ensemble. Les sensations douces léguées par le mourant nous restent pourtant comme un héritage inviolable. Nous ne nous souvenons plus du passé comme source de joies pour ne penser qu'à l'avenir qui n'est pas toujours souriant.

Spiritualistes ou réalistes oublient que dans leurs larmes nage transparent un égoïsme féroce. Devant la pensée « que deviendrons-nous » après l'affection enlevée, il n'y a point de place pour le disparu. Nous oublions *ses* peines, *ses* souffrances, *ses* maladies qui lui ont rendu la délivrance désirable, pour ne songer qu'à nos plaisirs ou intérêts compromis.

Elargissons cette observation. Tâchons de la faire rentrer dans notre conscience. Ne lui laissons point perdre de vue les intérêts de ceux qui ne sont plus. Notre égoïsme adouci trouvera alors de quoi soulager la peine de ceux qui restent désespérés devant le spectacle de ceux qui s'en vont. Et c'est pourtant la plus *grande* et la plus *irréparable* de nos douleurs.

VIII. — La douleur est d'essence éternelle. Elle nous suit, car elle est liée à notre bonheur. C'est le revers de la médaille de la vie. Il ne s'agit point de savoir comment la tuer, mais comment en tirer la force et l'enseignement bienfaisants. Car ce prétendu poison contient des trésors de miel. Il n'en faut pourtant pas trop. Le but instinctif de l'individu est d'en diminuer la dose. C'est aussi le but du progrès, en ce qui concerne la collectivité.

Accommodons-nous donc de la douleur. La vie sans elle ne serait pas complète. C'est un peu comme cet agneau pascal qui, d'après la Bible, devait être mangé avec des laitues sauvages. Quelle douce insinuation que, sans l'amertume, pas de joie!

La douleur est en outre notre professeur d'énergie. Le plaisir amollit. La joie, à la longue, nous épuise. La douleur fortifie. Elle agit souvent comme la douche qu'on administre aux neurasthéniques. Ils poussent des cris en la recevant. Ils en sortent pourtant rajeunis et régénérés.

C. — Préjugé de la Richesse

I. — La croyance au bonheur par l'argent ressemble à la tradition si répandue au moyen-âge, des caresses glaciales du diable. Toutes les femmes accusées de sorcellerie étaient unanimes dans leurs aveux. Les soirées passées avec Belzébuth manquaient de charme. Ses étreintes étaient mortellement froides. Ces plaintes reviennent chez toutes les maîtresses d'une nuit du diable. Il était beau et irrésistible, mais ses baisers glaçaient d'épouvante.

La richesse procure le bonheur, déclarent les âmes candides. On les croit de confiance. On répète cette affirmation comme l'évidence même. Tous en sont convaincus, comme les bien-aimées du diable sont convaincues de la froideur de ses baisers.

II. — La sagesse des peuples contient des trésors d'enseignements concernant la futilité des richesses. La pensée antique et les idées modernes sont là-dessus d'accord. Et les religions ne contredisent point les philosophes. Le même son de cloche nous parvient de partout : « Méfiez-vous des richesses! Méfiez-vous de la grande vie! »

Le plus pondéré et le plus brillant des rois, Salomon, expert royal en la matière, celui qui, de son propre aveu, s'était proposé d'étudier la valeur de toute chose sous le soleil, résume ainsi son expérience :

« J'ai ramassé de l'argent, de l'or, les tributs des rois et des provinces, j'ai eu des chanteurs et des cantatrices et tout ce qui fait les délices des hommes. Enfin j'ai dépassé en richesses tout ce que l'on avait vu avant Jérusalem. »

Et, après avoir pesé ce qu'il avait retiré de bonheur de ses richesses et des plaisirs, le grand Salomon s'est aperçu qu'il n'en a eu que l'affliction d'esprit (1).

La Nature, maîtresse incomparable, lorsqu'on écoute et suit ses commandements, nous apprend que les sommets des choses subissent plus facilement les vicissitudes du sort. Horace l'a traduit éloquemment dans ses vers. « Le chêne altier, dit-il, est plus souvent battu par l'orage; les hautes tours s'écrou-

---

(1) Ecclésiaste, chap. I et suiv.

lent avec plus de fracas. Et c'est la cime des monts que va frapper la foudre » (1).

Lorsque la littérature tient à chanter les gens heureux, elle les retire de la circulation, leur ôte les grandes richesses, les grands honneurs, les grandes fréquentations. Elle leur enlève même la gloire. L'idylle, le genre poétique qui monopolise pour lui le bonheur de ses héros, les peint dans des conditions bien modestes. La pauvreté va à ses biens-aimés comme les mouches de beauté à certains visages.

Les voix des philosophes, prophètes ou écrivains, d'où qu'elles viennent, du Nord ou du Midi, de l'Occident ou de l'Orient, résonnent avec la même monotonie exaspérante : « Homme, ne dépends que de toi-même. Néglige les richesses et goûte le seul royaume de ton propre moi. » Comment se fait-il que l'enseignement des prophètes, philosophes, poètes, écrivains et penseurs, ait glissé sur l'âme des humains comme l'eau sur la pierre ?

CE QU'ON VOIT

III. — La pauvreté et la vie modeste, nous dit-on, amènent le rétrécissement de la pen-

(1) *Feriuntque summos fulmina montes* (Horace. Odes, I, II, 10).

sée. Celle-ci s'étiole et diminue. Privée des horizons vastes, de la multitude d'hommes et des splendeurs de la vie, elle se meurt à l'instar des fleurs dans les jardins déserts.

CE QU'ON NE VOIT PAS

La vie dissipée, condition imposée par le monde, détruit les bons côtés de l'homme et fait triompher les mauvais. Son intelligence s'éclaire alors, il est vrai, de couleurs voyantes, mais son épanouissement n'est que factice. C'est comme ces fleurs doubles dont la beauté est produite par la transformation des étamines en pétales et qui deviennent infécondes.

IV. — Assis devant un guéridon, dont se servait Louis XIV en personne, dans des fauteuils classés comme les plus authentiques parmi les vieux Beauvais, entourés des tableaux de maîtres de la Renaissance, nous causâmes. Le salon qui nous abritait est considéré comme le plus beau et le plus riche de Paris. Il représente, à lui seul, la valeur d'une petite ville de province. Mon hôte, dont le nom passe pour être le synonyme du bonheur et de la richesse, sourit mélancoliquement, lorsqu'il entend ma question :

— Etes-vous heureux ?

— Même très heureux dans l'opinion des autres. Mais qu'est-ce que le bonheur ? Si c'est une suite de plaisirs et de satisfactions, je n'en éprouve presque jamais. Tout cède ou paraît céder devant la puissance de notre argent. Les déceptions nous causent du dépit, comme aux autres mortels, mais la réussite ne nous enchante point. L'augmentation de notre fortune, — car ne dit-on pas que nous l'augmentons sans cesse ? — nous laisse froids, car nous savons bien son rôle dans notre bonheur...

— Et les achats de ces objets d'art célèbres que tous les connaisseurs vous envient ?

— Ils procurent, sans doute, une joie immense à celui qui me les vend...

Et puis, après une courte hésitation, mon hôte continua :

— Il y a une joie rare que ne ressentent presque jamais les gens très riches. C'est celle d'un travail couronné de succès, d'un but atteint après des efforts de longues années. Il nous manque, en un mot, ce qui donne de la **valeur à la vie : ses peines, ses difficultés.** Je laisse de côté les amertumes dont nous comblent les dramaturges et les romanciers : l'impossibilité de trouver sur notre route des sentiments désintéressés...

— Votre cas n'est-il pas exceptionnel?

— Regardez autour de moi. Voyez les membres de ma famille généralement si enviés. Examinez leur vie incolore, leur mélancolie sans lendemain, l'abaissement de leur énergie et vous verrez l'envers d'une richesse séculaire...

J'ai eu la hardiesse de plaindre, ce jour-là, l'homme le plus opulent de Paris.

V. — La vie nous est chère. Qu'est-ce que la vie sans notre personnalité? Or, une des conditions essentielles de l'existence large, c'est le renoncement au trésor individuel.

Lorsque nous ne faisons plus dépendre notre bonheur de notre volonté propre, nous le faisons dépendre de celle des autres. La richesse donne beaucoup de plaisirs fictifs. Elle nous enlève, par contre, les seuls biens réels dont l'homme jouisse sur la terre : l'indépendance de la personnalité et la libre expansion de notre *Moi*.

La croyance générale admet juste le contraire. Simple illusion d'optique. Il faut distinguer entre la puissance abstraite de l'argent et l'exercice de la richesse. Ceux qui veulent jouir de leur fortune dépendent avant tout de la Société, où ils exercent leurs fonctions de riches. Leur seigneurie rappelle celle des députés constitutionnels. Maîtres passagers, leur domination est faite de la bonne volonté de ceux à qui ils commandent. Ils ne se maintiennent à la surface qu'en s'allégeant de tout ce qui fait la valeur réelle de l'homme. Ils sacrifient la royauté de leur conscience pour ne recevoir en retour que l'encens vicié des hommages. Et ceux-ci passent à côté de leur bonheur.

Les sensations que nous procure la vie intérieure, seule compatible avec la vie simple, sont d'une essence plus rare, car elle est plus pure.

De tous les sommets de la pensée humaine nous arrive le même amour de la vie retirée, vie modeste, vie de la conscience, vie allant presque jusqu'à la solitude.

Tous ceux, confesse Giordano Bruno, qui ont voulu goûter sur la terre la vie céleste, ont dit d'une voix : « Voici que je me suis éloigné en courant et je suis resté dans la solitude. » La Bruyère nous dira même que tout notre mal vient de ne pouvoir être seul.

Il y a telles petites tempêtes qui développent dans les âmes, dit Balzac (1), autant de passion qu'il en aurait fallu pour diriger les plus grands intérêts sociaux.

La vie d'Emilie Brontë, qui s'écoula dans un petit village isolé du monde, reflète plus de pensée, d'énergie, de passion et d'aventures, qu'il n'en aurait fallu pour animer et faire vivre une dizaine d'héroïnes d'Octave Feuillet ou de Paul Bourget.

On devrait aimer la solitude. On sentirait alors davantage le prix de l'individualité humaine. La richesse aurait moins de prise sur notre imagination. On comprendrait que les sacrifices souvent nécessaires pour la conquérir ne répondent point aux avantages qu'elle procure. On comprendrait également que la nature fait trop chèrement payer les bénéfices illusoires de la fortune. On regarderait avec moins d'envie la richesse et avec plus de sympathie ses bénéficiaires. Les dépossédés, débarrassés de l'envie, seraient aussi riches que les plus opulents de la terre.

VI. — Emancipés de leur long esclavage,

(1) *Le Curé de Tours*... « Les heures de l'abbé Troubert coulaient aussi enivrées, s'enfuyaient chargées de pensées aussi souriantes, étaient ridées par des espérances et des désespoirs aussi profonds que pouvaient l'être les heures cruelles de l'ambitieux, du joueur, de l'amant... »

les nègres versèrent des larmes de tendresse sur leurs chaînes d'autrefois.

Lorsqu'on parle de détruire le culte de la richesse, ceux-là même qui ont le plus à y gagner, lèvent leurs têtes, indignés! Je vois des économistes et des sociologues révoltés me traiter d'ignorant, voire même d'anarchiste. Or qui n'est pas économiste, de notre temps!

Pourtant certains sociologues bien pondérés n'ont pas craint de dénoncer les hommages prodigués à la richesse comme la source principale des malversations du commerce moderne.

Herbert Spencer accuse le public qui s'agenouille devant la richesse d'être coupable de tous les crimes commis par les marchands (1). « Vous auriez de la peine, dit-il, à trouver un homme qui ne traitât pas avec plus de civilité un fripon vêtu de drap fin qu'un fripon habillé de futaine. » Les choses s'aggravent. La société traite toujours avec plus de civilité un voleur très riche qu'un honnête homme très pauvre.

Une réaction est devenue nécessaire. Cette lutte contre le dieu Mammon présente des chances de succès. Il suffit de voir ce qu'a

---

(1) *Premiers principes : Mœurs commerciales.*

pu faire dans cette voie l'initiative d'une énergie isolée. Le président Roosevelt, en s'attaquant aux milliardaires malhonnêtes, dans un pays où la richesse tient lieu de rang, de traditions et de tous les autres honneurs, a montré combien leur culte est fragile. Lorsque les crimes des pauvres et des riches seront mis au même niveau; lorsque le vol et l'assassinat indirects, couverts souvent sous le nom de spéculation ou d'accaparement, seront assimilés aux crimes directs, la religion du dieu Million en recevra une humiliation dont elle se relèvera difficilement.

VII. — On ne possède plus l'argent à notre époque. C'est lui qui nous possède.

Son culte impie et dégradant n'a rien à voir avec le respect dû à son action bienfaisante. On doit se servir d'une force sans tomber dans une idolâtrie. L'argent redevenu un simple instrument, l'humanité en tirera tout ce qu'il est capable de donner.

Il ne s'agit point de mépriser l'argent. On ne méprise pas un instrument, mais on se passe de celui qui n'est pas à notre portée.

Dans cette lutte engagée entre le bonheur et la dignité humaine, d'un côté, et l'argent de l'autre, la victoire restera à la dignité de l'homme.

A mesure que celle-ci progressera, — et il serait difficile d'admettre qu'elle seule ne progressât point, — on comprendra combien il est déshonorant pour les hommes de les voir classer d'après le chiffre d'écus qu'on leur attribue.

Qu'est-ce que l'homme pauvre ? Qu'est-ce que l'homme riche ? Un milliardaire réduit à n'avoir que quelques millions serait sans doute bien pauvre. Un miséreux recevant du coup un billet de mille francs se considérerait comme riche. Tout dépend de l'angle où nous nous plaçons pour envisager la pauvreté ou son pôle opposé, la richesse.

Cette pensée est d'une banalité reconnue. On l'a dit et redit sur tous les tons. On prend même la peine de la rappeler aux amis en détresse. On manque pourtant de force d'âme pour l'appliquer à soi-même. On se consume dans le chagrin de ne pas avoir à sa disposition tout ce qu'ont les gens riches. On ajoute aux regrets l'envie, comme si l'on apaisait la soif en se nourrissant de sel. Mais quel est le bonheur des riches, quel est le bonheur des pauvres ? Nous admirons la richesse comme on admire souvent le feu de bengale. Aveuglés, nous n'attendons même pas l'agonie des étincelles et nous nous en allons avec l'illusion d'avoir vu un véritable feu de diamants.

Laissons pourtant le spectacle se dérouler jusqu'à la fin. Confrontons les riches. Pesons la somme de leur prétendu bonheur. Considérons-les en dehors de l'éclat aveuglant que dégage la richesse. Observons surtout les habitants qui vivent dans les pays de l'or et des pierres précieuses.

En quoi leur sort est-il meilleur?

Lucrèce se demandait déjà avec raison : « La fièvre brûlante quitte-t-elle plus vite tes membres quand ils se tordent sur des étoffes brodées et éclatantes de pourpre, que quand il faut dormir sur la couche grossière du peuple? » Et puisque ni les trésors, ni la noblesse, ni la gloire du diadème ne profitent au corps, il faut croire que ces biens superflus ne sont pas moins inutiles à l'âme.

Quel livre profond il reste encore à faire sous ce titre : *Les Misères de la Richesse!*

Le riche n'est ni plus intelligent, ni plus vertueux, ni plus sain que le pauvre. Sa chance de devenir célèbre n'est point plus grande que chez le pauvre. L'histoire est même là pour affirmer le contraire. Les hommes glorieux, les grands conquérants de la science, dans les lettres ou dans la politique, se recrutent surtout parmi les gens de condition modeste. Apulée dit avec raison que tous ceux qui par leur gloire commandent notre admiration, ont été dès le berceau, nourris par la pauvreté. « La pauvreté! nous dira-t-il, dans les siècles anciens, on l'a vue fonder les cités, inventer les arts, s'éloigner du vice, prodiguer la célébrité, mériter les éloges de tous les peuples; on l'a vue en Grèce devenir tour à tour justice dans Aristide, bonté dans Phocion, courage dans Epaminondas, sagesse dans Socrate, éloquence dans Homère; à Rome, c'est elle qui assiste aux origines de l'empire romain. »

La sérénité de l'esprit est la condition de notre bonheur. Or, à ce point de vue, « rien de plus misérable qu'un riche, dit Bacon. Il a peu à désirer et beaucoup à redouter. » La santé est le plus appréciable de nos biens. Or, « si le riche veut se bien porter, remarque Sir R. Temple, il doit vivre comme un pauvre ».

Partout et toujours la pauvreté fut la terre privilégiée où naissent les plus nobles et les plus sublimes plantes humaines. Poètes ou savants, artistes ou conducteurs de peuples, tous lui doivent les plus belles de leurs qualités morales, qui ont créé, soutenu et fait triompher leurs personnalités.

VIII. — Il faut distinguer la pauvreté de la misère. Cette dernière commence avec la privation des choses nécessaires à la vie, tandis que la première n'est, en somme, que la condition de la vie modeste.

La pauvreté, qui nous permet de vivre librement, n'a rien de commun avec le joug déprimant de la misère. Leur démarcation, théoriquement impossible, n'est que l'effet des circonstances concrètes de la vie. D'ordinaire, un homme qui peut nourrir et entretenir les siens et leur assurer la possibilité de se développer librement n'est point un miséreux. Au-dessous de cette limite, commence la misère, une des plus graves préoccupations de l'Etat moderne. L'égalité absolue devant la loi aura pour corollaire l'égalité mitigée dans la vie. Il faudra assurer aux lutteurs malheureux le pain nécessaire pour leur corps et la nourriture intellectuelle pour leurs âmes.

L'émancipation des miséreux s'impose et se poursuit dans tous les pays. On ne rendra pas tous les hommes riches. Les pauvres continueront à exister. Il y aura des pauvres, parce qu'il y aura des riches. Or l'on n'est pauvre que par comparaison aux gens qui possèdent plus que nous. Et l'égalité absolue n'existera peut-être jamais que dans les cerveaux des utopistes incorrigibles ou des démagogues se moquant de leur prochain.

Ce qui est plus sûr, c'est que dans la so

ciété future, avec les caisses obligatoires de vieillesse, de chômage et d'infirmes, avec les écoles gratuites et l'abolition des privilèges, il n'y aura sans doute plus de miséreux, dans le vrai sens du mot. Le cas des pauvres, c'est-à-dire des gens privés de fortune, quoiqu'ayant une existence assurée, s'y posera, sans doute. Mais celle-ci n'aura plus la même dureté. Elle n'aura surtout plus ce cachet d'infirmité organique qu'elle a de nos jours.

La définition du pauvre, si difficile au point de vue matériel, est facile au point de vue moral.

Est pauvre celui qui désire des choses pour lui inaccessibles; est riche celui qui a tout ce qu'il désire. L'homme le plus riche serait donc celui qui ne désire rien de ce qui lui manque. « Emilianus, s'écrie un écrivain romain, si tu veux me faire passer pour pauvre, il faut d'abord prouver ma cupidité. » Car, qu'est-ce que la cupidité? Le désir intense et multiple. Or, celui qui désire beaucoup, manque de beaucoup et devient par cela même bien pauvre et digne de compassion. Mais l'homme qui ne désire que ce qu'il peut obtenir, est d'une opulence rare.

Posséder des ressources inépuisables n'est rien. Ce qui importe, c'est de ne pas avoir des désirs qui dépassent nos ressources.

Un homme riche m'a parlé avec une tristesse désolante de sa santé délabrée qui ne lui permettait plus les jouissances de la table.

Il en était très affligé... « Pensez, lui dis-je, aux délices que procure un verre d'eau fraîche et pure. Mettez-vous souvent en état de soif extrême et comparez vos impressions. »

Je l'ai revu quelques mois après.

Il m'a avoué que l'eau des pauvres, lorsqu'on sait en jouir, vaut plus que toutes les boissons de choix des gens riches. Il en est de même de tous les objets de nos convoitises.

IX. — J'ai lu, un jour, ce récit qui m'a vivement impressionné : Cratès, renommé parmi les premiers citoyens de Thèbes, pour sa fortune et sa noblesse, fit don au peuple de ses richesses : il préféra un simple bâton à tous ses arbres fruitiers; il échangea les plus magnifiques maisons de campagne contre une besace. Cratès fit l'éloge de celle-ci dans des vers imités du passage où Homère célèbre l'île de Crète :

Au milieu de ce luxe et de ces monceaux d'or
Ma besace est ma ville et mon plus cher trésor...

Que de Cratès ne retrouvons-nous pas dans

l'histoire de tous les peuples? Une anthologie des gens sensés qui, après avoir ressenti le pénible fardeau de la richesse, l'aient consacrée au profit de leurs concitoyens, mériterait d'être publiée aux frais d'un ami de l'humanité.

Certaines vérités sont pourtant comme la température. Il faut s'y habituer. Autrement on les trouve trop au-dessus ou trop au-dessous de notre âme. Il y a des vérités morales qui paraissent presque inaccessibles à l'homme. Notre volonté les rejette, la raison les réprouve, notre cœur s'en détourne. Ainsi personne ne consentira à discuter l'antimonie qui sépare la richesse et le bonheur.

La possibilité d'une telle discussion offense notre bon sens. La faute en est aux suggestions erronées. Nous les subissons dès notre enfance.

X. — Le bonheur éclatant des riches rappelle l'aspect somptueux de certaines plantes. Couvertes à l'excès de feuilles, de tiges, de tubercules, de rejetons, elles attirent et charment nos regards. Un observateur superficiel s'arrête devant elles, ébloui. Son ignorance lui cache les tristesses de leur existence. Il ne sait pas qu'elles fleurissent rarement. Il ne sait pas non plus que, lorsqu'elles arrivent a fleurir, elles ne produisent point de graines.

Le culte de la richesse date probablement de la première modification survenue dans les moyens d'échange chez les hommes de l'âge de pierre. Toujours vénérée, presque jamais combattue, la richesse a, parmi ses zélateurs les plus fervents, maintes religions et leurs prêtres, le pouvoir civil et ses détenteurs, les guerriers, les philosophes et les écrivains.

Il y eut un temps, à Rome et dans l'ancienne Egypte, où les philosophes, à l'instar des femmes de chambre de nos jours, promenaient les petits chiens, après avoir enseigné à leurs maîtresses le mépris de la fortune... Leurs leçons n'ont sans doute pas changé la face des choses.

La religion de l'or est la plus ancienne des institutions de la terre. Son règne, très durable, en paraît plus solide. Tandis que toutes les croyances ont varié, le dogme de l'or salutaire est resté immuable. Arriverons-nous à le modifier jamais? J'en ai la certitude. Pour en douter, il faudrait admettre qu'il constitue un besoin organique de notre corps, ou de notre âme. Or, il ne s'agit que d'une simple superstition. Nous la nourrissons de notre mieux et lui prodiguons tout : force, vitalité et vertus mystérieuses. Cessons de l'alimenter et elle cessera de vivre.

Les chimistes ont longtemps confondu et étudié sous le même nom de didyme, deux corps différents, connus aujourd'hui sous le nom de néodyme et de praséodyme.

Le jour n'est peut-être pas très éloigné où l'on séparera d'une façon aussi tranchante la richesse et le bonheur.

Il en est des hommes nés et grandis dans l'opulence comme de maintes plantes poussées dans un sol riche. L'Agave (*vivipara*) cultivée dans un terrain trop fertile, ne produit que des bulbes, mais point de graines. Beaucoup de plantes périssent sous l'influence de cet avantage apparent. Il y a sans doute encore plus de gens riches qui souffrent du même sort.

XI. — Chacun de nous possède une source de richesse méconnue : l'habitude. Elle permet de s'accommoder de tout, y compris les besoins non satisfaits.

Or, l'opulence n'est point un besoin. Elle est, tout au plus, un désir irraisonné.

L'humanité met souvent beaucoup de siècles pour faire siennes les vérités essentielles. Mais sa conviction une fois faite, elle s'efforce de rattraper le temps perdu. L'égalité des hommes devant la loi n'est vieille que d'une centaine d'années et, pourtant, que n'a-t-on pas fait en son nom!

Il en sera de la richesse comme de la déclaration des droits de l'homme ou des excès de la guerre. Un jour viendra où les Etats feront autant d'efforts pour établir le règne de la paix qu'ils en ont fait pour entretenir la guerre. Alors, la paix triomphera. Un jour viendra également où l'on s'apercevra de tout le mal que font les institutions actuelles pour entretenir le culte de la richesse et son culte aura vécu.

Dans l'attente de ce doux moment, admirons les moyens de domination que nous prêtons à la richesse.

Dès notre première jeunesse, on s'efforce de plier nos genoux devant le veau d'or. Les maîtres montrent une sorte d'estime aux élèves riches. Les élèves pauvres n'ont qu'à les imiter. Les journaux et les livres vantent les hommes riches. Les romanciers leur confèrent la dignité de héros, comme l'Etat ses titres honorifiques. Les églises leur réservent des places privilégiées, places de bienfaiteurs, de demi-anges, sinon de demi-dieux. Les femmes, nourries de la même suggestion, subissent plus facilement leurs charmes dorés. La richesse encensée dégage à son tour une odeur enivrante. Sa lumière aveugle nous cache jusqu'à ses taches les plus grossières. En sa faveur, nous oublions jusqu'aux préceptes du Décalogue. Elle purifie même le vol et l'assassinat. La magie du million rend les riches invincibles, car elle brise toutes les résistances. Comme dans le conte de la *Chronique de Nuremberg*, nous semblons tous entraînés par la danse macabre. Et, tous, comme ces hommes et ces femmes impies du Darnstedt, nous sommes engloutis dans le gouffre que nous ouvrons par notre danse échevelée autour du dieu Million.

Les anciens Egyptiens donnaient à leurs dieux des têtes d'animaux.

Nos contemporains prêtent fréquemment aux animaux couverts d'or des attributions divines

XII. — La richesse n'est souvent qu'un mot. Il y a des gens dits riches qui ont, vis-à-vis de leurs trésors, la même situation qu'un mendiant français en regard de notre immense fortune nationale. Pour jouir de la vie, il faut avant tout vivre; pour être riche, il faut posséder de la richesse. Or, l'on est souvent l'esclave de la richesse; on est sa chose, mais la richesse n'est point la nôtre. Rares sont ceux qui la dominent, qui lui dictent leurs lois, leurs ordres, leurs désirs, en un mot, qui la possèdent.

Les plus intelligents d'entre eux rappellent souvent la splendeur du corps embaumé de saint Charles Borromée. Le saint repose, d'après Ruskin, au transept de la cathédrale de Milan. Il tient une crosse d'or et porte sur sa poitrine une croix d'émeraudes d'un prix inestimable. Or, saint Borromée est-il riche ? Non, nous répondra-t-on, car un corps mort ou une âme éteinte ne peut posséder des richesses. Combien de riches dont les âmes sont mortes et les **corps impuissants à jouir des richesses!**

XIII. — **Les maux provoqués par le culte de Mammon n'ont jamais été calculés, peut-être parce qu'ils sont incalculables.**

Dans cette divinisation de la richesse nous divinisons, comme certains païens, ces mêmes dieux qui nous comblent de leurs maux. A travers les deux mondes retentit actuellement une plainte générale contre la falsification des denrées. Les civilisés consomment les produits frelatés et prodiguent leur estime à ceux-là mêmes qui détraquent leur santé. Par l'accaparement des articles de première nécessité, une conspiration de spéculateurs tend à les rendre moins accessibles à la communauté. On en sent le danger, mais on ne cesse d'admirer les malfaiteurs.

Faut-il donc enseigner le mépris de la richesse ? Point. Il suffit d'abolir son culte excessif. On sauverait, par la même occasion, ses nombreux fidèles et surtout ses victimes innombrables. Celles-ci ne l'adorent et ne l'aiment que pour elle-même. Elles perdent leur vie à implorer ses grâces et en sont quittes pour lui avoir tout sacrifié et n'avoir souvent rien obtenu.

Si la richesse était une divinité consciente dans sa cruauté, elle n'agirait point autrement qu'elle ne fait. Elle prend à ses fidèles tout : efforts, temps, pensée, vie, et ne leur donne en revanche que désir immodéré et jamais assouvi.

Admettons une école utopique où l'on s'efforcerait d'imprégner les tout jeunes cerveaux non point du mépris, mais de la compréhension raisonnable de la richesse. On leur démontrerait que la richesse et le bonheur se rencontrent rarement sur la même ligne, de même que la gloire, la grandeur d'âme ou le mérite. On leur prouverait ensuite que la bonté, trésor inépuisable de l'âme, lui procure des satisfactions que la richesse n'est pas en état de donner.

On leur apprendrait également que la véritable richesse n'est que dans l'indépendance de l'âme. Celle-ci nous rend grands et forts. C'est la seule fortune qui nous mette au dessus des autres hommes. Une fois obtenue, elle n'est plus sujette aux vicissitudes de la richesse vulgaire. Avec elle, on domine les riches, et l'on n'est dominé par personne. Grâce à elle, on peut satisfaire tous ses désirs, car ceux-ci, subjugués, restent sous notre dépendance. Ils n'accourent qu'appelés par la voix de l'âme. Celle-ci trouve alors un plaisir céleste à les satisfaire.

La richesse nous fait descendre au niveau des esclaves. Elle ne nous satisfait jamais. Comme l'Océan, elle absorbe tout et ne rend rien. Elle crée l'inquiétude, le mécontentement, et donne à ses élus une soif qui n'est jamais éteinte.

Restons toujours dans l'utopie. Admettons que les parents, d'accord avec l'enseignement des maîtres, ne cessent de parler dans le même sens. Qui oserait douter que les jeunes êtres ainsi transformés, ne sauraient résister davantage aux influences fâcheuses de la vie?

Le culte de la richesse au bout d'une dizaine de générations, aguerries contre son influence dissolvante, cesserait de corrompre nos âmes

CHAPITRE V

Le Bonheur pour tous

A. — LE BONHEUR PAR LA BONTÉ

I. — Si un principe conscient avait présidé à la création de l'homme, il aurait dû tenir ce raisonnement :

« L'être faible qui, en évoluant, deviendra l'homme, sera exposé à tous les dangers. Il souffrira du contact de ses semblables. L'envie et la méchanceté lui causeront des douleurs sans nombre. Dans la lutte pour la vie, les faibles seront broyés par les forts. En proie à des découragements constants, il perdra la foi dans l'avenir. Il lui faudra un compagnon de route pour éclairer sa vie des rayons les plus doux. Il lui faudra un foyer de chaleur pour vivifier sa conscience déprimée. »

Et l'homme a reçu, à cette occasion, le don d'une force bienfaisante.

Compagne infatigable de ses joies et de ses tristesses, elle ne l'abandonne jamais. Enfant et adulte, homme mûr ou âgé, tous profitent de son action céleste. L'humanité lui doit la meilleure part de son passé et de son présent. Tout porte même à croire que l'avenir lui devra plus que les temps écoulés. Et pourtant on n'a jamais cessé de calomnier ses actes, de railler ses motifs, de ridiculiser ses efforts. Elle aurait pu quitter l'homme. En l'abandonnant à son sort, elle n'aurait fait qu'un acte de justice. Elle a cependant préféré rester avec lui, car elle est la *Bonté*.

II. — Nous ressemblons souvent à ces peuplades de l'Afrique centrale, qui s'enorgueillissent de posséder des morceaux de verre brisés, des flacons vides ou des objets de quincaillerie vulgaire. Ils ne font, par contre, aucun cas des morceaux d'ivoire inestimables ou des pierres précieuses.

Accessible à tous, la Bonté est en germe en tous. Comme le soleil, elle contient une énergie inépuisable. Comme le soleil, elle luit pour tout le monde.

Elle octroie la royauté à l'homme le plus

humble. Mise en action, elle embellit l'âme où elle naît. Elle fait plus : elle réchauffe celui qui l'attire.

Lorsque la bonté s'empare d'une conscience, elle en fait une reine des reines, mais sa souveraineté est discrète. Elle reste cachée comme l'est celle de tous les souverains d'élite. Il suffit cependant de s'asseoir à sa portée, pour sentir la grâce divine qui anime le champ où elle rayonne.

Au milieu d'une nuit glaciale, le voyageur fatigué aperçoit une maison modeste. La lumière qui vient de ses fenêtres, la chaleur qui se dégage de ce séjour des hommes remplit son cœur de délices. Une douceur descend dans son âme avant même qu'il ait pu approcher de la demeure éloignée.

Il soupçonne seulement voir devant lui le refuge de la bonté et un espoir joyeux s'empare de son cœur.

III. — Le génie descend chez des êtres rares. La richesse choisit souvent ses élus comme une pièce d'or qui tombe inopinément sur un fumier. La naissance prodigue ses privilèges avec la cécité du hasard.

Il n'y a que la Bonté qui tende ses bras

fraternels à tous les humains. Elle ne fait point de distinction entre les grands et les petits, entre les croyances, les sexes, les âges, les pauvres ou les riches, les hommes de talent ou de génie.

Tous peuvent pratiquer son culte. L'homme le plus miséreux ou le plus malheureux conserve le privilège d'être bon et d'exercer la bonté. Ses fidèles, d'où qu'ils lui viennent, lui sont également chers.

IV. — Miracle des miracles! On prodigue la bonté au dehors et elle grandit dans notre âme.

Assise dans notre conscience, la bonté la pénètre tout entière. L'âme dégage alors, à son tour, un parfum de qualité rare. L'aspect de la bonté rassérène les visages. Elle donne des forces aux faibles, l'espoir aux désespérés. Une petite dose de bonté suffit comme le bon pain de l'Evangile pour apaiser la souffrance d'une multitude.

La bonté agit comme la Providence. Elle tire beaucoup de rien. Les rayons semés par la bonté, en retournant à la source, lui apportent de la douceur cueillie en route. On crée ainsi le bien autour de soi et l'on remplit d'essence divine son propre moi.

V. — Le génie a besoin d'être admiré. Le talent a besoin d'être reconnu. La richesse demande à être enviée. Elle réclame aussi des hommages, seuls indices de sa valeur. La bonté n'exige rien de personne. Elle se suffit à elle-même. Elle trouve sa récompense dans sa propre royauté.

La question : « Comment être heureux ? » se réduit souvent à celle-ci : comment pratiquer la bonté ? Le réel bonheur, c'est la joie qu'apporte le bienfait, de retour dans la conscience du bienfaiteur.

La vraie bonté reste consciente d'elle-même. Comme l'éclair, si brusque soit-il, contient de la chaleur, un acte de bonté, le plus spontané, porte des parcelles de notre conscience. Celle-ci est son foyer naturel. C'est aussi la source qui l'ennoblit et la purifie. Elle lui donne la sanction de sa supériorité.

La bonté qui se tient en dehors de la conscience n'est qu'un acte de faiblesse irréfléchie et irraisonnée. Elle signale le désordre et non point l'harmonie de notre âme. Comme une arme bien réglée, la bonté n'éclate pas sans motif. Exercée d'une façon aveugle, elle peut créer quelque bien, mais son action crée aussi le malheur; elle peut aider les forts contre les faibles; elle abaisse les humbles et passe indifférente devant la souffrance et l'infortune.

Plutarque raconte que les habitants de l'Asie Mineure furent réduits à l'esclavage par cette unique raison qu'ils ne savaient pas dire : *Non*. Triste exemple des effets de la bonté par faiblesse. La bonté vraiment digne de ce nom est toujours raisonnée.

VI. — On dit la bonté innée, mais elle est surtout acquise. Elle grandit et périt dans nos consciences. De beauté divine, la bonté reste quand même humaine. Il faudrait l'introduire dans les âmes où elle fait défaut. Il faudrait aider à son épanouissement, là où elle n'est qu'en germe. Il faudrait la diriger vers les sujets dignes d'elle. Il faudrait aussi la détourner des choses qui lui feraient perdre sa dignité. Un cours de bonté dans les lycées à l'usage des jeunes cerveaux! L'idée paraît paradoxale. Le paradoxe n'est souvent qu'une vérité de demain. Souhaitons-lui de tromper. Souhaitons-lui surtout de trouver des maîtres convaincus et travaillant au salut des jeunes âmes par la bonté.

Un Pestalozzi de la Bonté! Cet être mystérieux grandit peut-être quelque part. Il guidera et développera la bonté enfantine comme certains maîtres circonspects savent diriger les fils des rois confiés à leurs soins, vers les destinées bienfaisantes.

On établira un jour des cours de bonté. Ses leçons auront des bases attrayantes. Entourée de charmes irrésistibles, la bonté fera passer les âmes enfantines par des chemins fleuris. Ce sera peut-être la plus adorable des sciences de la jeunesse. Elle sera aussi la plus utile pour son bonheur et celui de la communauté.

L'élève suivrait, grâce à elle, les sentiers les plus agréables de la vie. Lorsqu'on lui aura démontré leurs charmes dès l'âge tendre, il aimera à s'y promener dans l'âge avancé. Il cherchera et y trouvera les raisons les plus élevées de bonheur.

L'émulation dans le domaine de la bonté sera la plus noble et la plus fructueuse des rivalités.

Que de sujets à faire rentrer dans ces cours de bonté! Ils seront aussi variés qu'est la vie. L'art d'obliger son prochain en ferait la partie dominante. Que de nuances imperceptibles dans la façon de rendre service! La gratitude, à son tour, offre des aspects infinis. Les chaînes qui lient les hommes ont des anneaux multiples. Ces causeries sur la bonté en feraient ressortir l'unité, le charme et la beauté. En nous apprenant à les connaître, cette section de la Science du Bonheur les fera apprécier et aimer davantage.

VII. — La bonté mène derrière elle l'amour, comme le soleil le beau temps. On aime bien plus ceux à qui l'on a rendu service et l'on rend service à ceux qu'on aime.

L'amour est la fleur qui pousse sur la tige de la bonté.

Ces deux vertus pénètrent et se complètent. Leur approche réchauffe les petits coins et recoins de notre conscience. Les mauvaises graines qui s'y trouvent déposées par la vie et l'hérédité, se transforment sous leur influence. Toutes deux, en séjournant longtemps dans une âme, la rendent apte au sacrifice. Car qu'est-ce que le sacrifice, sinon l'expression de la bonté et de l'amour?

Sœurs intimes, la bonté et la tendresse s'accompagnent. Toutes deux forment une des conditions nécessaires du bonheur. Il s'ennoblit et grandit à leur contact. On dirait deux jardiniers soigneux, qui, en gardiens vigilants, chassent les mauvais oiseaux de l'enceinte de notre conscience. Ils aident ainsi à son épanouissement complet.

On rencontre souvent un bonheur d'essence vulgaire qui se passe de leur concours. On rencontre également des ronces et des orties qui croissent en dehors de tous soins. Mais quel est l'homme qui ne leur préférerait pas les jolies fleurs qui charment nos sens?...

La Bonté! l'Amour! le Bonheur! trinité adorable. Une fois réalisée, elle ne quitte plus la conscience. Les trois entités qui la composent, s'enchaînent avec un art parfait. L'une appelle l'autre et toutes les trois se soutiennent mutuellement.

VIII. — De tous temps l'amour a joui d'hommages royaux. Les mystiques lui érigent des autels et les sociologues voient en lui une des bases de la solidarité.

Très honoré, il est pourtant peu pratiqué. On le respecte à la façon de certaines divinités. On s'incline en prononçant leur nom, mais on se détourne de leurs préceptes.

Philosophes, savants, sociologues, prêtres ou politiciens, hommes de rêverie ou d'action, tous vantent les bienfaits de l'amour.

Catherine de Sienne a peut-être le mieux résumé la vertu d'aimer. Dans sa lettre au Seigneur de Milan, elle dit : « Aimez, aimez, et pensez que *vous avez été aimé avant d'aimer.* »

Tout entier à l'Evangile, Saint Augustin a même conclu au plaisir invincible que nous procure l'amour. « Nous aimons à aimer », s'écria-t-il dans son langage expressif. *Amabam amare.* Mais Saint Augustin vivait dans ses rêves et prenait ses visions pour des réalités.

Non, nous n'aimons pas à aimer, car nous manquons d'éducation d'amour. On a prêché le devoir d'aimer, et l'on a oublié de nous enseigner ses avantages moraux. On a oublié surtout sa répercussion sur le bonheur.

Car aimer, cela veut dire vivre une vie multiple. Nous sortons de nous-mêmes, mais nous y retournons bien vite plus riches qu'au moment du départ. Nous rentrons dans nos âmes escortés de compagnons délicieux. Les bonnes affections, de retour dans notre conscience, nous font un cortège royal. Notre moi se multiplie. Il tient par plus de fils à l'existence, et l'existence tient plus à lui.

Il y a des affections qui trahissent. Qu'importe! Les autres viennent les remplacer. Car la conscience, foyer d'amour, attire les affections, comme la ruche attire les abeilles. Nous ne sommes jamais victimes de l'amour et de la bonté, car personne ne peut nous enlever le plaisir d'avoir été bon ou celui d'avoir aimé.

IX. — Nous évoluons vers la Bonté, comme nous évoluons vers la véracité. Par un mirage singulier, nous croyons le contraire. Nous sommes presque tous convaincus que les peuples primitifs étaient plus réfractaires au mensonge et plus voués à la bonté.

Et pourtant l'histoire du mensonge, à travers les âges, plus facile à contrôler, dément sans cesse cette croyance. Elle démontre avant tout que la vérité légendaire des temps idylliques, n'est qu'une simple légende.

Les peuples primitifs ou sauvages, les tribus guerrières ou nomades, ont toujours eu une prédilection marquée pour la ruse.

Les Grecs, qu'on se plaît à considérer comme le type idéal des peuples, avaient un respect très mitigé pour la sincérité. Les dieux, trompent chez eux les hommes et, en outre, se trompent entre eux. Les principaux héros d'Homère mentent comme les prospectus financiers de nos jours. Le sage Ulysse est un menteur incorrigible. Pallas Athéné nous fait comprendre qu'elle l'affectionne même à cause de cela. Les autres divinités pratiquent la même morale. Les serments sont violés avec une insouciance rare. Les hommes tiennent peu à la probité, car les dieux eux-mêmes favorisent les menteurs...

Les Ecritures, sans doute sous l'influence de l'époque, n'ont point rompu avec le mensonge. Dans la *Genèse*, le Seigneur réserve un trésor d'indulgence pour le mensonge d'Isaac. Dans les *Rois*, Jéhovah a recours à un esprit trompeur pour ruiner Achab. Ailleurs le bon Dieu (*Ezechiel*) avoue ingénument qu'il va tromper les prophètes, qui ne seront pas selon son cœur.

Que dire enfin de Jérémie qui tourne ouvertement le dos à la vérité?

Plus tard, Saint Paul fera un aveu qui nous déconcerte. « Dieu, nous dit-il, a tiré gloire de son mensonge! »

Les Etats du moyen âge ne se maintenaient souvent que par le mensonge. D'après Salvien, les Francs regardaient le parjure comme une simple forme oratoire. La science diplomatique, jusqu'à ces derniers temps, ne cherchait ses forces et ses mérites que dans la ruse.

Le progrès qu'on renie, abaissa cependant, avec le cours des siècles, le règne du mensonge. Il le força même de faire amende honorable à la vérité. Celle-ci s'infiltre de plus en plus dans les relations de peuple à peuple. Méprisé, le mensonge se fait petit. Il se défend même d'être le mensonge.

La fameuse dépêche d'Ems, dont se serait glorifié un diplomate du XV⁰ ou XVI⁰ siècle, a fait monter le rouge au front d'un Bismarck. Et l'effort fait à cette occasion pour masquer le mensonge, n'est-ce pas l'hommage sublime rendu à la loyauté!

La vérité de plus en plus triomphante entraîne derrière elle la bonté. Les deux se

complètent et s'harmonisent, de même que
la ruse et le mensonge se complètent dans la
méchanceté. La vérité sociale n'est que la
bonté sociale. Le plus noble héros d'Homère
ne fait pas preuve d'autant de bonté prévoyante à l'égard des vieillards que la collectivité sociale de nos jours. Or la bonté individuelle et la bonté sociale s'enchaînent mutuellement. L'une, c'est la bonté immédiate;
l'autre, c'est la bonté à distance. Toutes les
deux se traduisent dans des actes concrets.
Toutes les deux grandissent également, grâce
à leur appui réciproque, dans l'atmosphère de
la vérité.

X. — L'affection rend le plus pauvre des
êtres égal aux souverains. Elle nous assure
une puissance sans limites. Nous pouvons aimer, même contre le gré de celui que nous
aimons. Le plaisir d'aimer est à nous, de même que ses bienfaits. Personne ne peut nous
les ôter car, inaliénables, ils sont cachés dans
les profondeurs de notre moi.

On serait mal venu à juger de la qualité
des vins sans les avoir goûtés. Quel est celui
qui a pratiqué assez de bonté pour en faire apprécier tous les avantages et tous les charmes?

La bonté et l'amour fournissent les remèdes les plus efficaces contre les ennuis de l'existence. Ils soufflent sur le pessimisme et le désenchantement et ceux-ci se transforment en raisons de vivre. Or, la raison de vivre est le salut de l'âme.

Sully Prudhomme fut un homme voué à la bonté. Malade pendant une vingtaine d'années et en proie à des douleurs surhumaines, il garda une douceur de caractère touchante. La souffrance creusa des sillons profonds sur son visage. Pourtant son regard reflétant le contenu de son âme triomphait de toutes les faiblesses de son corps. Ses yeux souriaient. Le grand poète qui m'honora de son amitié, m'entretenait souvent de la force vivifiante de la Bonté. Il en parlait ouvertement, en amoureux du principe, tout en cultivant secrètement et sans cesse ses vertus. Et comme il l'avait pratiquée, sans discernement, envers tous ceux qui l'approchaient, il en était souvent victime. Il avait rencontré des méchants et des ingrats. Mais il leur savait gré à tous de lui avoir procuré sa jouissance suprême. Il en fut tellement pénétré qu'il voyait partout la Bonté. Elle devint pour lui le Devoir et la Beauté. A semer autour de lui les trésors de son âme, sans espoir de récompense céleste, ni de reconnaissance sur terre, il ressentait une joie divine. La Bonté était devenue pour lui presque une volupté. Les délices qu'elle lui avait procurées avaient mis une empreinte céleste sur son visage ravagé par la douleur. Un jour on trouva le poète éteint, avec l'expression de bonheur d'un homme s'en allant sous la conduite de la Bonté...

Etre bon, veut dire sentir le besoin d'exercer la bonté. Aimer, c'est reporter sa bonté sur quelqu'un. On va ainsi vers l'action. La voix impérieuse qui nous commande le bien et l'amour nous pousse vers la vie qu'elle remplit et embellit à notre usage.

Aimez et soyez bons, devrait-on dire aux pessimistes, et revenez dans quelque temps...

XI. — **La science et la vie moderne prêchent avec force les bienfaits de la bonté, les vertus sociologiques de l'amour.**

Le salut des classes riches est dans une solidarité bien comprise. La prospérité des pauvres se trouve dans une évolution rationnelle de l'Etat. Il ne s'agit plus de commandements dictés par des sentiments de vague religiosité. Leurs principes, fatigués par un long usage, n'agissent plus. C'est notre bonheur bien compris qui prêche et ordonne de pratiquer sur une vaste échelle la bonté et l'amour social.

La guerre de tous contre tous sera, espérons-le, remplacée un jour par l'amour de tous pour tous. L'humanité s'y achemine, sans doute très lentement, mais elle y va infailliblement.

Tous les systèmes de morale contemporaine trouvent leur expression définitive dans le principe de la Bonté. Celle-ci englobe, entre autres, la solidarité et la perfectibilité humaines. En dehors de l'idéal de la Bonté, nous dira Fouillée (1), on ne trouve que de pauvres diminutifs ou succédanés de morale. Et le même philosophe en déduit ce prétexte de morale indépendante du temps et du milieu : « Sois bon, en vue de l'universelle bonté, qui ferait l'universel bonheur. »

On a beau railler la bonté comme base indispensable du progrès moral et du salut des humains, elle s'élargit et se développe sans cesse. Elle monte à nos yeux, comme elle a grandi à travers les siècles. Seulement, invisible, elle ne se fait voir que par la bonté elle-même. Il faut être bon pour apercevoir son évolution et ses bienfaits, comme il faut croire en Dieu pour voir son activité sur la terre.

XII. — Le maître de mon enfance. avec lequel j'aime à examiner les choses humaines,

(1) *Morale des idées forces.*

a remis soigneusement ses lunettes sur son bureau. Il m'a enveloppé de son doux sourire et continue :

Le bateau qui nous menait vers le Cap de Bonne-Espérance aborda près d'un îlot. Pendant qu'on déchargeait le bâtiment, je descendis à terre. L'aspect plaisant du pays me charma. Les habitants rencontrés sur la route avaient quelque chose de fraternel dans leurs saluts, quelque chose de tendre dans le regard. Tous accueillaient l'étranger d'un mot affectueux. Je m'arrêtai enfin devant une maison, où étaient réunis les notables du village. Leur conversation cessa un instant. Un ancien me souhaita la bienvenue. Je lui exprimai combien j'étais enchanté de me trouver parmi des gens satisfaits de leur sort.

Le vieillard acquiesça d'un signe de tête :

— Vous pouvez ajouter, me dit-il, et bien heureux! Nous vivons ainsi depuis des années, sous le règne d'un bon monarque que nous adorons tous. Nous lui devons la joie qui remplit nos âmes, car nous lui devons l'affection de notre sort, la bienveillance de nos relations. Eh! grands dieux, pourquoi ne l'aimerions-nous pas? Il a détruit chez nous l'envie. Il nous a révélé que la richesse se trouve en nous-mêmes. Il nous a appris aussi que l'amour est la source de jouissances dont la fortune ne dispose point. Nous sommes heureux, sans penser à notre bonheur. L'envie n'a point de prise sur nous. Nous ne nous attachons point à elle, et elle ne s'arrête point dans nos cœurs. Vous ne rencontrerez chez nous ni faux luxe, ni désir de dominer nos prochains. Et plus nous vivons sous le régime de ce monarque, plus nous adorons, aimons et pratiquons ses lois.

— Et quel est le nom de ce roi? demandai-je ravi.

— **La Bonté**, me dit l'aimable vieillard...

B. — Les Affections comme source de Bonheur

I. — LA FAMILLE

I. — Si déshérité que l'on soit dans la vie, on a toujours quelques doux liens qui nous rattachent à l'entourage. Liens inoubliables et inappréciables. Ils élargissent notre « moi ». Ils le font dépendre de l'existence des autres et le font participer aux joies et aux tristesses d'autrui. La vie de famille crée sans doute, avec ses délices, des devoirs. Source de joies multiples, elle est souvent une source de chagrins, de déceptions, de désespoirs. Mais quand on compare ce qu'on lui doit et ce qu'elle nous a coûté, on comprend aisément qu'elle est un des plus grand atouts dans la lutte pour le bonheur.

Elle nous couvre de sa protection bienfaisante, lorsque, tout petits, nous entrons désarmés dans la vie. Elle excite notre courage dans la lutte pour l'existence. Elle nous soutient dans nos malheurs et nous facilite l'accomplissement de notre devoir de vivre. La famille nous fournit aussi la première leçon de sociabilité et de solidarité. L'affection et l'indulgence qui lui servent de bases transforment et soutiennent notre « moi », dans la vie sociale, cet agrandissement de la vie de famille.

Aux douceurs familiales on oppose des chaînes qui empoisonnent l'existence. Une famille, dit-on, n'est souvent qu'un groupement de membres dont les intérêts se trouvent souvent opposés. L'évasion, toujours difficile, devient même souvent impossible. Les obstacles qui s'opposent au divorce rivent la femme à l'époux la vie durant. Les privilèges accordés aux parents mêmes indignes, empêchent bien des fois leurs enfants de s'émanciper, avant la majorité, de leur tutelle. Le père se trouve obligé de peiner pour une femme mauvaise. Il doit entretenir les enfants qui causent son malheur. Les pères souffrent par leurs fils; les filles souffrent par leurs mères. On pourrait multiplier ces exemples. On s'attarde à regarder ces ombres. Mais, soudain, un seul rayon de soleil venu du paradis familial les fait évanouir. Rien n'est parfait sous le ciel. Dans les choses de bonté on retrouve des traces de méchanceté comme dans une âme succombant sous les fautes, quelques vertus méconnues. Mais la demeure du juste reste quand même juste malgré les défaillances qui y éclatent. Il en est ainsi de la vie de famille. A côté de ses victimes, l'humanité envisagée en bloc y cherche et y trouve des trésors de félicité.

Et précisément parce qu'elle saisit de mieux en mieux les vertus bienfaisantes de la vie familiale, elle s'efforce de la perfectionner. Sous toutes les latitudes on entend le même cri : améliorons l'organisation familiale.

On réforme le mariage. On tâche de perfectionner les relations entre parents et enfants. On tient à établir des liens de plus en plus fraternels entre tous les membres de la famille, en y introduisant l'égalité et la liberté.

Là où la misère aurait pu corrompre et ruiner les affections familiales, survient l'Etat. Il prend les malades et les vieillards à sa charge. Il vient en aide aux grandes familles et étend sa protection sur les enfants trop nombreux. Les régimes, si opposés qu'ils soient, les monarchies, les autocraties et les démocraties rivalisent de zèle lorsqu'il s'agit de créer des caisses de vieillesse, d'infirmes ou l'instruction gratuite.

II. — Lorsque la sympathie réciproque et l'amour auront remplacé l'argent et les avantages sociaux comme bases principales de l'institution du mariage, lorsque les parents auront mis à profit les conquêtes de la psychologie enfantine, lorsque les tout petits auront été élevés dans le sanctuaire d'amour que doit être la famille de demain, ses inconvénients diminueront. Car dans la vie familiale, comme dans tant de domaines de notre activité sociale, les hommes font les plus grands efforts pour avoir le droit au malheur. C'est ainsi, par exemple, qu'on nourrit pendant des années les enfants de mensonges, et on leur demande ensuite d'être des hommes justes.

Quelle est jolie cette exclamation de Montaigne : « Il n'est rien si gentil que les petits enfants en France; mais ordinairement ils trompent l'espérance ». Et le grand moraliste, s'étant posé cette question, y répond avec une ingéniosité délicieuse : « J'ai ouy tenir à gens d'entendement que les collèges où on les envoye, dequoy ils ont foison, les abrutissent ainsi. ». Déjà! On comprend pourtant de plus en plus que les enfants ont droit à la vérité comme leurs pères à la liberté et à l'égalité.

Les joies que procurent au foyer les enfants, on tient à en faire bénéficier toutes les couches sociales. Car l'enfant est l'incarnation du bonheur. Il l'enseigne et le donne. « C'est la joie errante parmi nous », comme dit Victor Hugo. Un enfant, c'est l'augmentation de la vie des parents. Il élargit le présent et étend notre avenir.

Bonheur des parents, les enfants font aussi la force de l'Etat. Maintes nations ont péri par la diminution de la natalité. La concurrence active des Etats modernes et surtout leur militarisme outrancier, rendent ce problème plus grave que jamais, pour tous les peuples soucieux de leur avenir. On a remarqué pourtant que la natalité est en proportion inverse de la culture. Dans les limites d'un pays, les habitants plus ignorants et plus pauvres et surtout ceux qui sont rongés par l'alcoolisme, se multiplient le plus. Les intellectuels par contre ont peu d'enfants. Ce sont sans doute des faits bien observés, mais non point des lois inéluctables. La science n'a point constaté chez les intellectuels, chez les sobres ou les gens prévoyants, une moindre faculté de reproduction. D'autre part, lorsqu'on considère la force reproductrice de l'homme qui pourrait procédé jusqu'à 5.000 individus, tandis qu'on ne lui demande que d'en offrir à la communauté 3 ou 4, on voit que la diminution de la natalité n'est que voulue. Une femme normale peut mettre au monde sans altérer sa santé de 12 à 15 enfants. N'oublions pas en outre que « l'énergie saine et normale des femmes aspire à peupler la terre » d'après la formule si pittoresque d'Ellen Key. Quelle est donc la raison ou les raisons de la diminution de la natalité, si regrettable au point de vue du bonheur familial et de la prospérité de l'Etat?

Tantôt l'homme, tantôt la femme, tantôt tous les deux se refusent à l'accomplissement de ce devoir dont dépend souvent leur bonheur. Les causes en sont multiples. En légiférant pour la femme et l'enfant, l'Etat moderne a oublié le sort des parents. L'enfant et la femme furent jadis des sources de revenus pour le père de famille. Aujourd'hui, grâce aux lois limitant et réglementant leur travail, ils lui sont souvent à charge. On ne protégera sans doute jamais assez l'enfant et la femme, mais il faut songer aussi à celui qui supporte les frais de ces lois bienfaisantes. Une série de lois s'imposent en faveur des pères de nombreuses familles. Le dégrèvement d'impôts, les exemptions du service militaire, des subsides pécuniaires, l'école et l'habillement gratuits, les pensions accordées aux mères proportionnellement au nombre d'enfants qu'elles auraient mis au monde, et mille autres moyens doivent être et seront sans doute utilisés afin de créer une prime pour la famille nombreuse.

Les mères remplissent une fonction sociale plus utile que celle de maints fonctionnaires. Les récompenses et les encouragements qu'on devrait leur prodiguer ne seront que des actes de justice et de probité envers des êtres dont les charges permettent à l'Etat de réaliser ses fins. Une politique opposée devrait être appliquée aux riches. Les impôts sur les héritages devraient enlever toutes sortes de privilèges aux enfants uniques. L'Etat pourra prendre comme moyenne, la famille de quatre enfants et prélever le même impôt de succession sur toutes les familles.

On ne conçoit ces mesures que dans les pays comme la France où la diminution de la population menace d'éteindre les forces vitales de la nation.

La politique fiscale réformée permettra ainsi d'améliorer la vie de famille.

III. — Du haut en bas de l'échelle sociale, il n'y a aujourd'hui qu'un seul cri : rendons plus heureuse la vie de famille. La marche des idées et de la vie a fait sans doute craquer maintes de ses bases. Dans notre désir de tout perfectionner et de tout améliorer, on a brisé certains de ses ressorts par trop rouillés. Mais en se séparant des principes qui auraient fait mourir la vie de famille, on n'y a pas encore introduit tous ceux qui la feront vivre. Il suffit pourtant de scruter l'horizon social pour y apercevoir des messagers porteurs de bonnes nouvelles. Jamais, à aucune époque, on n'avait témoigné autant de sollicitude pour l'avenir de la famille. De partout, nous arrive l'appel à l'union et au bonheur par la famille. Ceux-là mêmes qu'on accuse de vouloir la ruiner ne tiennent en somme qu'à un autre mode de salut. Ils voudraient remplacer l'autocratie du père, basée sur le respect imposé, par une union basée sur l'amour. On tient à faire entrer en ligne de compte le respect de la personnalité humaine de tous les membres du groupement familial.

Que d'intérêts opposés! Espérons qu'ils se concilieront. Un jour viendra où les contradictions qui existent entre les intérêts de la famille et ceux de l'Etat, trouveront leur apaisement dans la plus grande élévation des caractères. La crise que traverse la vie familiale ne rend pas sa ruine inévitable. Bien au contraire. Elle est la meilleure preuve de l'intérêt capital qu'attache la société moderne aux moindres détails de ce problème complexe et vital.

Non. La famille ne se meurt pas. Elle évolue. Dans une forêt, au moment où l'on élague les arbres, les branches qui gisent à terre nous donnent la sensation du désordre de la fin. Mais les branches mortes ramassées, nous voyons peu de temps après les arbres reprendre leur vie avec une jeunesse et une vigueur nouvelles.

II. — L'AMITIÉ, LA PATRIE, L'HUMANITÉ

I. — A ceux qui n'ont plus de famille, car ils en ont tous eu, il reste l'amitié. On peut toujours s'attacher à quelqu'un, aimer quelqu'un, même contre son gré.

Le sentiment de l'amitié nous grandit moralement. L'amour sous toutes ses formes nous rend meilleurs. La conscience s'ennoblit dans l'aspiration vers autrui. On dirait même qu'elle s'élargit à mesure que l'amour ou l'amitié y font entrer des êtres nouveaux. Plus une conscience est élevée, plus elle est sensible aux services rendus et à l'affection répandue au dehors. Les esprits grincheux tiennent à verser du poison sur les joies si nobles de l'amitié et de l'amour. On oppose aux sentiments d'essence rare, les amitiés banales avec leur cortège de trahisons. On parle des sentiments exploités, des sentiments feints. On prononce même le mot de dupe, si dur pour notre amour-propre. Toutes ces récriminations pèchent par la base.

On oublie de faire entrer dans ces calculs la valeur des joies éprouvées. Dans l'amitié, de même que dans l'amour, ce qui importe, c'est la joie que nous avons tirée du sentiment éprouvé. On nous a trahi. Qu'importe! Personne ne pourra nous enlever les sensations dont nous avons joui. Le passé est à nous. On ne pourra plus l'arracher de notre âme.

Les efforts de notre bienveillance n'ont jamais été payés de réciprocité! Mais on perd de vue le plaisir ressenti au moment même où il nous a été possible d'obliger l'âme sœur. Voilà la récompense suprême de l'acte.

II. — Les anciens se rendaient compte de l'importance de l'amitié pour le fonctionnement supérieur de l'Etat. D'après Aristote, l'amitié serait même supérieure à la justice car, « supposez, nous dira-t-il, les hommes unis par l'amitié : ils n'auraient point besoin de la justice, mais en les supposant justes, ils auraient encore besoin de l'amitié ». Pour Horace rien n'est comparable pour le sage à un ami agréable. « Même l'ombre d'un ami, chantait Ménandre, rend l'homme heureux... »

Montaigne, dont l'amitié pour La Boétie fut des plus touchantes, s'écrie en parlant de celui qui lui était plus cher que sa **gloire** et sa vie : « Je me feusse certainement plus volontiers fié à luy de moy, qu'à moy. »

Ailleurs, Montaigne conte cette jolie anecdote sur l'amitié classique :

« Eudamidas, corinthien, avait deux amis, Charixenus et Areteus. Venant à mourir et étant pauvre, Eudamidas fait ainsi son testament :

« Je *lègue* à Areteus de nourrir ma mère et l'entretenir en sa vieillesse; à Charixenus de marier ma fille et lui donner la dot, la plus grande qu'il pourra, et en cas où l'un des deux viendrait à mourir, je substitue en sa part celui qui survivra. »

L'un des deux venant de mourir, Areteus réalisa les *legs* de l'ami défunt.

III. — Le calcul grossier, devenu la base de nos actes, exclut par cela même les joies plus élevées. Les déceptions qui surviennent ensuite sont d'autant plus douloureuses que nous en sommes les principaux coupables. Nous avons fait un sacrifice d'argent ou des démarches pénibles en vue d'un autre service qu'on ne nous a pas rendu. C'est comme si nous avions acheté une valeur de bourse en vue d'une hausse prochaine. La hausse n'a pas eu lieu. L'affaire elle-même a fait la cul-

lui. Le spéculateur maladroit n'a qu'à s'en prendre à lui-même. Mais quel rapport y a-t-il entre cette mauvaise opération et l'amitié ou l'amour qui cherchent et trouvent le profit dans leur propre existence? Ils réalisent au centuple le capital et les intérêts de leurs actes, au moment même où ils les accomplissent.

Telle est la situation des parents, des amis, des époux, des enfants, des amoureux à l'égard des services rendus aux êtres qui furent ou restent chers à leur conscience.

Les déceptions que cause l'amitié ou toute autre affection brisée sont sans doute pénibles, mais on oublie les délices éprouvées pendant leur durée.

IV. — L'admiration qu'on prodigue à ses prochains est également une source de joies supérieures. Il y a quelque chose d'infiniment doux dans l'essor de ce sentiment s'en allant vers des êtres que nous croyons au-dessus de nous. Nous vivons alors une vie double. Nous vivons surtout une vie supérieure. Elle nous emporte vers les sommets de l'idéal. On pourrait presque parler de la volupté d'admirer. Heureux ceux qui peuvent garder l'admiration dans toute sa plénitude. Ceux qui la ressentent ainsi sont souvent plus à envier que ses bénéficiaires. Un jour vient pourtant où notre admiration s'évanouit. Nous l'avons portée sur des êtres indignes. Consolons-nous. Personne ne pourra également nous enlever le bénéfice d'avoir admiré, comme personne ne pourra nous priver des joies emmagasinées au fond de notre âme...

V. — La patrie n'est que l'agrandissement de la famille. Ce qui donne à l'homme une situation privilégiée, c'est précisément cette faculté de sortir de lui-même, de dépasser sa vie étroite pour aller la porter vers les autres et se fondre dans la vie des autres. La nature bienveillante a entouré de tous ses soins l'exercice de ce privilège. Il est doux d'être aimé, mais il est aussi nécessaire d'aimer. L'homme ne peut pas vivre isolé. Obligé de s'appuyer sur les autres, il trouve dans cet appui le charme et la base de sa vie propre. Ce qu'est pour l'enfant la famille, la patrie le devient ensuite pour l'homme. C'est dans l'amour pour son pays que l'on retrouve les plaisirs supérieurs de l'existence.

On travaille pour son pays et on bénéficie de sa grandeur morale et intellectuelle. Nous profitons de sa langue, de ses institutions, de ses lois, de sa protection, de sa pensée.

« Celui qui se croirait indépendant des autres, dans ses affections, ses pensées et ses actes, ne pourrait même formuler un tel blasphème, nous dit Auguste Comte, sans une contradiction immédiate, puisque son langage ne lui appartient pas. » (1)

Il en est de même de toutes les notions élémentaires dans la science de la vie. Tout ce que l'homme possède, tout ce qui lui profite, vient des autres et il en jouit grâce à l'appui des autres.

Le patriotisme conscient de ses devoirs et de ses buts est de naissance récente. Mais à peine venu au monde, il a évolué. Son essence se modifie aussi brusquement que se modifie l'essence de la vie moderne. Haineux et exclusif, ne rêvant que plaies et bosses, ce patriotisme devient de plus en plus pacifique et soucieux de la dignité humaine. Le patriotisme des hommes d'esprit et de cœur convie fraternellement le patriotisme de ses voisins, tous les patriotismes, à rivaliser dans le domaine des conquêtes du travail et de la pensée. A la suite de guerres meurtrières, les peuples saisissent de mieux en mieux les horreurs de la guerre et les cruautés des conquêtes. Le respect qu'inspire le travail, de

(1) *Système de Philosophie positive.*

même que l'importance croissante des travailleurs, ne pourront que fortifier l'harmonie internationale. Les dirigeants des peuples et les peuples eux-mêmes, rendent publiquement hommage à la paix et se réclament de son règne. Le triomphe décisif de la paix approche mais n'est pas encore une réalité. Il y aura sans doute encore des guerres. Celles-ci nous guettent comme les dernières flammes du feu qui s'éteint. Comme ceux qui les provoqueront seront des barbares, en comparaison de ceux qui seront obligés de les subir et de se défendre, il importe d'être forts, afin de ne pas être submergés par cette nouvelle invasion des éléments anti-humains.

Le désarmement général est un idéal qu'on n'atteindra pas sans être encore pendant longtemps armés.

VI. — L'humanité est un échelon plus élevé que la patrie. Il faut avoir une âme bien haute pour qu'on puisse atteindre ses sommets. Mais dans l'état actuel de la société, on ne peut y arriver que par l'amour de la patrie. Lorsqu'on aime intelligemment et humainement son pays, on aime aussi la famille humaine. On comprend alors que le bonheur humain dépend de la grande solidarité des humains et tend vers l'unification de plus en plus étroite des peuples, des races et des croyances. Avant d'atteindre ce paradis, il nous reste un chemin long et pénible à parcourir. « Lâchez tout ! crient les impulsifs et les impatients, et allez vers ces régions célestes. » Cette précipitation comporte des dangers sans nombre. Il ne faut pas agir, comme si le but en vue était déjà atteint.

Dans cette marche en avant, les peuples ressemblent à une équipe de travailleurs devant abattre un arbre géant. Si les cordes sont lâchées avant le moment propice, l'arbre retombe de tout son poids et cause des blessures mortelles. On ne permet à un ballon de s'en aller vers les hauteurs que lorsqu'il est suffisamment gonflé et de force à se maintenir dans les airs. En agissant autrement, on provoquerait une catastrophe inévitable, entraînant avec la perte de l'aérostat, celle des voyageurs.

Il en est des parties comme de la propriété privée. Leur destruction peut figurer dans un rêve d'humanité future. Mais gare à ceux qui auraient voulu briser d'ores et déjà leurs forces bienfaisantes, nécessaires à la marche de l'humanité.

VII. — Le bonheur trouve ainsi des avantages sans nombre dans le vaste domaine des affections. Ses frontières, accessibles à tous, s'étendent très loin. Royaume vaste et béni, il offre un refuge doux et hospitalier à tous ceux qui veulent s'y réfugier. Tous les visiteurs y reçoivent le même accueil. Riches ou pauvres, souverains ou esclaves ne peuvent que tirer la même quantité de délices de leur tendresse familiale, de l'amitié ou de l'amour. Elle réserve sans doute des faveurs spéciales aux sensibilités raffinées. Mais à force de pratiquer les sentiments affectifs, nous arrivons tous au même degré de perfectionnement. L'âme simpliste d'un balayeur de rues peut s'élever à la hauteur d'aimer, inaccessible à un prince de l'esprit. Car on s'améliore en aimant et les sources d'amour se trouvent en nous tous.

C. — La Vie active et le Bonheur

I. — Il y a quelque chose d'essentiellement divin dans le travail. Il ennoblit et élève l'âme. Il fortifie le corps. Il répand comme une atmosphère de satisfaction et de sérénité autour de notre « moi ». L'action, incarnée dans le mouvement, préside à la destinée du monde et à la vie des êtres organisés. Ce qu'il y a de plus éternel et de plus durable dans l'Espace et dans le Temps, c'est précisément la vibration de l'atome qui pénètre le grand Univers.

Tous, nous en ressentons instinctivement les délices. Nous paraissons travailler pour un but plus ou moins proche, mais celui-ci atteint, nous en reculons les limites et continuons notre marche. Le travail est souvent comme la chasse. Peu importe le produit, l'essentiel c'est le mouvement qu'il nous impose. Source d'oubli pour les tourments de la vie, il donne naissance à la plupart de ses joies.

Le bonheur est incompréhensible sans le travail comme la vie sans le mouvement. Les formes du travail varient à l'infini, mais son principe constitue une nécessité vitale, comme le sommeil. Bien plus, comme ce dernier, il s'impose à tout le monde. Même les gens oisifs sont obligés d'avoir recours au travail, sous peine de voir dépérir leurs forces physiques ou intellectuelles. Pour Aristote (*Morale à Nicomaque*), les jouissances elles-mêmes ne résultent que de l'activité. Sans la mise en vigueur d'une force, sans l'activité, point de jouissance.

« Dieu, a dit Legouvé, nous a imposé de bien rudes épreuves sur cette terre, mais il a créé le travail, tout est compensé ». La vie et l'action paraissent même tout à fait identiques à Voltaire. « N'être point occupé et ne point exister, nous dit-il, revient au même. » Et le philosophe a raison. On végète dans l'inactivité, on vit dans l'action.

II. — On a trop insisté sur la nécessité du travail, mais pas assez sur les délices qu'il nous procure. « Tu travailleras à la sueur de ton front », reste comme une menace suspendue sur notre vie. Sa dureté nous effraie. Sous l'influence de cette suggestion attristante, on a pris le travail en horreur. On parle trop de ses inconvénients. C'est un peu comme une rose dont on n'aurait vu que les épines.

Non, le ciel ne nous a point donné le travail comme une punition. C'est plutôt un embellissement, un régal de la vie.

Fatigués par le travail, nous aspirons au repos. Mais ce repos, une fois gagné, nous cause des maux indicibles. La longévité, à laquelle sciemment ou inconsciemment nous aspirons tous, ne sourit qu'aux gens actifs. L'habitude de prendre sa retraite entre quarante et cinquante ans, est funeste pour la petite bourgeoisie française. Tous ces petits rentiers qui ne rêvent que le repos, en meurent d'ordinaire au bout d'un certain temps. Les maladies les rongent et les déciment. Leur intelligence s'affaiblit. La sénilité accourt vite avec le cortège de ses maux inséparables.

Il est bon, en vieillissant, de limiter son activité. Il n'est rien de plus nuisible que de l'abandonner complètement. Les grands hommes d'Etat anglais, dont le mode de vie nous est connu, nous offrent un exemple instructif. Jusqu'à l'âge le plus avancé, ils ne cessent de travailler physiquement et mentalement. L'octogénaire Gladstone, s'exerçant à commenter la Bible et à scier du bois, reste légendaire. Un de mes amis, ministre sous la reine Victoria, qui a dépassé 80 ans, vient de me communiquer ses premiers essais de traduction de Shelley en... français. C'est au prix de cette activité incessante que leur santé se maintient robuste jusqu'au départ fatal.

III. — Le travail est indispensable comme l'alimentation. Mais, comme celle-ci, il demande à être choisi et pratiqué avec soin. Son excès est funeste. Les conditions fâcheuses dans lesquelles il s'exerce provoque des conséquences néfastes. Toute l'agitation sociale des temps modernes ne tend en somme qu'à améliorer les conditions du travail, à le rendre plus équitable, mais non point à le faire disparaître de la terre. Ceux qui méconnaissent la nécessité du travail, ignorent les bases élémentaires du fonctionnement de notre organisme. Le but définitif des réformes sociales ne vise, en somme, que la réforme des conditions du travail. Notre bonheur individuel, de même que celui de la communauté, n'est qu'à ce prix. La société future, qui exigera le travail obligatoire pour tout le monde, rendra avant tout service aux nombreux riches, victimes infortunées de leur paresse.

En annulant, par l'impôt sur les successions, la possibilité de vivre du travail des pères, elle empêchera leurs fils de pourrir moralement et physiquement dans une oisiveté dégradante. Car le travail est un véritable don du ciel. Accessible à tous, il devient une source de jouissance pour tous. L'optimisme est actif, le pessimisme est passif. La joie de la vie est un fruit qui pousse sur le sol fortement labouré. Il faut plaindre les oisifs. C'est de leur inaction que découle leur mécontentement de la vie. Celui-ci s'exaspère, en outre, dans des maladies, résultant de la paresse. La société devrait traiter les oisifs comme Ulysse ses malheureux compagnons, mangeurs de lotus. « Il les ramena de force aux vaisseaux, malgré leurs larmes et les attacha au banc des rameurs... Et, assis en ordre, ils frappèrent de leurs rames la mer écumante... »

IV. — Le travail conduit à tout, à condition de ne jamais l'abandonner. Le talent n'est que le fruit de la persévérance. Tout le monde peut donc avoir du talent à condition de le vouloir énergiquement et intelligemment. D'après Buffon, le génie lui-même ne serait qu'une longue patience. Cette affirmation est sans doute erronée. Il y a quelque chose dans le génie qui échappe à nos efforts et à notre volonté. Consolons-nous pourtant en pensant que l'humanité doit bien plus au travail persévérant des grands et des petits talents qu'aux rares météores qui ont illuminé, pour des moments très courts, le ciel de son histoire. Après tout, bien des forces bienfaisantes que nous baptisons du nom de génies n'étaient que de grands talents. Mais les génies, de même que les talents, ne peuvent pas se passer de travail.

L'héritage littéraire laissé par Emile Zola est tout à fait prodigieux. Sa production annuelle allant souvent jusqu'à 1.000 ou 1.200 pages imprimées, causait l'étonnement de ses nombreux amis. Je lui demandai un jour le secret de sa création, si imposante.

— « J'écris seulement trois à quatre pages par jour, me dit-il, mais je les produis régulièrement. Multipliez-les par le nombre des jours dans l'année et les années de travail que nous sommes en état de fournir, et vous aurez le secret de ma production, qui paraît à tant de gens prodigieuse. »

V. — Mais il y a des degrés d'activité, comme il y a des degrés de bonheur. Il y a d'abord l'agitation vaine et stérile, qu'il ne faudrait pas confondre avec le travail sain et productif. Il y a le travail dont le poids excessif ou les conditions néfastes brisent l'individu et détruisent sa santé. Il y a le travail exclusivement physique ou exclusivement intellectuel. Tous les deux, pratiqués à l'excès, sont également nuisibles pour l'intégrité de notre vie normale. Ce qui importe, c'est que le travail soit le corollaire bienfaisant de notre vie, son régulateur suprême. Aux gens ne travaillant qu'avec leur cerveau, il faut de l'exercice physique; aux travailleurs manuels, un exercice intellectuel.

L'idéal de la vie active, devrait correspondre mieux à nos goûts intimes et aux besoins de notre santé. Le sort ne nous l'accorde pas souvent, de même qu'il ne nous procure pas la femme idéale pour épouse ou une fortune suffisante pour nos appétits.

C'est à l'homme pensant et agissant de corriger les erreurs du sort. Il n'y réussit pas toujours. Mais les efforts de sa volonté lui donnent souvent presque autant de bonheur que lui en procurerait son triomphe décisif. Sans la joie dans l'effort, sans les satisfactions multiples que donne le travail, sous sa forme éternelle de lutte pour la vie, nous serions encore à l'époque de la pierre éclatée par percussion.

VI. — L'action est un élément et une condition du bonheur. Il ne faudrait pas dire aux hommes, selon la célèbre exclamation d'Elisabeth Browning : « Le beau jour que celui où tous se reposeront!... » Non, le plus beau jour sera celui où tous travailleront d'une façon rationnelle, conformément à leurs goûts et aux exigences de leur santé. Le progrès social n'a en vue que de rendre le travail obligatoire pour les oisifs, de diminuer son fardeau pour les humbles et d'amener plus d'ordre dans le travail désordonné.

Le Bonheur des individus et de la collectivité ne pourra qu'y gagner.

D. — Le Bonheur accessible à tous

I. — On a toujours médit de la nature. Un dénigrement systématique cache à l'homme ses beautés et ses bienfaits. Tous, nous subissons un penchant invincible à calomnier ses buts, à dénaturer sa façon d'être. Certains systèmes de morale, qui devraient la glorifier, ne font que l'abaisser au niveau de la mauvaise humeur de l'humanité. Et cette dernière, oublieuse du rôle privilégié qu'on lui a fait jouer dans le progrès du monde, se montra de tout temps ingrate envers sa destinée. Au lieu de penser aux hasards de l'évolution qui l'a placée à la tête des êtres, elle ne fait que gémir sur son sort. Et pourtant tout ce que les dieux avaient en leur possession, ils s'en sont départis en faveur de l'homme. La Force et l'Intelligence, la domination et la compréhension du milieu ambiant, l'adaptation aux conditions extérieures, que de dons sublimes, y compris la pensée, où la divinité elle-même naît et disparaît! Mécontent, l'homme demande toujours davantage; il demande surtout l'impossible.

L'homme ne ressemble-t-il pas à ce joueur fortuné, qui après avoir dévalisé le contenu de la cagnotte, grogne ensuite devant la caisse vide!

II. — La Nature complaisante a permis aux hommes de s'approprier en particulier certains de ses éléments. On dirait pourtant que, soucieuse du bonheur de l'espèce, elle a réservé au profit de tous, ses biens essentiels. Inaliénables et jamais aliénés, ceux-ci servent au profit de tous les êtres humains, car tous sont également chers au principe éternel des choses.

Partout où se dirigent nos regards, nous retrouvons des éléments inépuisables du Bonheur. Nous n'avons qu'à vouloir et ils sont à nous.

Dans leur nombre se trouvent les Beautés de la Nature. Tâchons seulement de la comprendre. On n'a pour cela qu'à l'aimer. C'est tout ce qu'elle nous demande pour consoler, embellir et fortifier notre vie. Source de plaisirs élevés, elle les multiplie et les met à notre portée. Aux oisifs, elle fournit un passe-temps doux. Il suffit de la contempler et l'âme se remplit de charmes indicibles. Aux travailleurs et aux fatigués de la vie, elle fournit un repos réparateur, à tous la joie de vivre. Egalement tendre et bienveillante pour tout le monde, elle ne connaît ni les privilèges de la naissance, ni ceux de la fortune. Les plus abandonnés par le sort ont le même droit et la même possibilité de se réchauffer et de se rénover dans son sein. La montagne ou la mer, la plaine ou la forêt, toutes incarnent des aspects infinis de la Beauté, des causes de jouissances multiples.

Il serait difficile d'énumérer les sources de plaisirs que procure la contemplation de la nature. Elles sont innombrables. Le lever et le coucher du soleil, le beau temps et la pluie, la lune avec ses phases multiples, la mer et la montagne, la forêt ou la plaine, les fleuves ou les lacs, le ciel obscur ou étoilé, l'espace azuré ou impénétrable, la mélancolie de l'éternel écoulement des choses, qui pourra jamais donner l'expression intégrale de leurs aspects infinis, de leurs répercussions sur l'homme, mystérieuses, fugitives et insaisissables ?

Les montagnes, les vagues et le ciel ne sont-ils pas une partie de moi et de mon âme, comme chantait Manfred (1).

---

(1) Are not the mountains, waves and skies a part
   Of me and of my soul, as I of them ?... (Byron).

Car la terre est pleine de paradis. Insensé, l'homme s'obstine à le chercher là où il n'a point de chance de le trouver.

Lorsque, fatigués par les paysages terrestres, nous reportons nos yeux vers le ciel, quel tableau d'une richesse et d'une grandeur illimitées s'offre à notre admiration!

Les nuages chassés par le vent présentent une variété infinie des formes de la Beauté. Leur observation nous fournit des délices d'une intensité rare. Et quelle que soit la misère de notre vie, quelle que soit la latitude qui nous abrite, le spectacle du ciel s'offrira avec la même complaisance à tous et à toutes.

Nous admirons l'art, mais nous n'admirons pas assez la nature. Et pourtant y a-t-il un peintre capable de rendre les nuances innombrables de sa beauté? Il n'y en a point comme il n'y a pas d'architecte apte à imiter ses constructions d'une audace sans égale, d'une grandeur dépassant notre imagination, d'un art plus sublime que tous les arts vivants et disparus. Devant nous, à côté de nous, au-dessus et au-dessous de nous, il y a des mondes de beauté, plus vastes et plus riches que les musées les plus célèbres.

III. — L'humanité n'est qu'un théâtre offert

à la vue des humains. Chacun de nous y est à la fois acteur et spectateur.

Le rôle que nous y jouons ne dépend souvent pas de nous. Mais celui de regarder, de juger, de rire, d'applaudir, de siffler, de remplir notre âme d'extase ou d'amertume, de vibrer ou de souffrir avec les acteurs, constitue notre privilège indestructible. Le roi et le valet de ferme l'ont au même degré. Ils l'exercent selon la grandeur de leurs âmes. Celui qui s'habitue à regarder autour de lui, se crée des sources de plaisir indestructible. Les monarques eux-mêmes s'avouent également nos sujets. Sujets de notre raisonnement, de notre jugement. Nous les évoquons devant notre conscience, nous les admirons ou méprisons, nous les applaudissons ou les sifflons. Les autocrates les plus redoutés se changent de la sorte en prévenus devant notre tribunal. On a beau vouloir nous dominer, nous humilier, nous arrivons par notre raison à subjuguer à nos jugements nos maîtres les plus orgueilleux.

Après avoir pris un fauteuil à la représentation de la vie, nous avons le droit d'y choisir et d'écouter les plus beaux, les plus glorieux parmi les artistes. Nous les suivons dans les moindres détails de leur carrière. Au besoin, nous les abandonnons à leur sort, en préférant à notre gré des acteurs plus attrayants.

Spectacle délicieux que nous reprenons ou quittons en toute indépendance, spectacle changeant comme la couleur du ciel, jamais le même : enveloppant, impressionnant et passionnant. Il s'impose par tout ce qui s'y dit et tout ce qui s'y fait. Ne s'agit-il pas, en somme, d'êtres et d'idées qui nous touchent de près, que nous aimons et abhorrons, dont nous souhaitons ou redoutons le triomphe?

IV. — Les progrès de l'instruction et de la presse moderne ont singulièrement agrandi le théâtre de la vie. Les acteurs les plus rares, les plus exotiques, les plus variés se trouvent ainsi introduits dans le tableau offert à notre curiosité. Nos ancêtres lointains étaient enfermés dans une bâtisse étroite où ne pouvaient rentrer que les membres de leur tribu. Peu à peu la bâtisse élargie a servi de refuge aux acteurs appartenant aux groupements de plus en plus grands. Aujourd'hui, c'est le monde tout entier qui contribue à rendre plus intéressante notre propre vie.

Nous profitons de certaines délices, comme du sommeil, inconsciemment. Elles ont beau **embellir la vie et nous procurer des douceurs** imprévues, nous les ignorons, parce que nous n'y pensons point. Essayons pourtant de nous arrêter devant la vision observée dans une sorte de léthargie. Réfléchissons un instant sur les plaisirs multiples que nous procure, par exemple, la lecture d'un journal, publiant à notre usage les faits les plus curieux, cueillis dans tous les coins du monde. Bien plus : si un phénomène devient singulièrement intéressant, il mettra comme un point d'honneur à en donner les côtés les plus saillants, les plus dramatiques, les plus passionnants.

Assis dans un fauteuil, nous suivons toutes les péripéties du théâtre mondial. Des gens inconnus travaillent ainsi dans des pays éloignés à exciter, à entretenir et à satisfaire notre curiosité. Que de sensations multiples, que de joies intenses, que de pensées nobles et élevées jaillissent en nous au contact de cette vie de l'humanité s'offrant à travers un palais éblouissant de lumière! Notre plaisir augmente à mesure que nous saisissons le sens de ce spectacle complexe. Cette vie des autres, qui semble se réaliser pour nous-mêmes, quelle source de joies, de plaisirs et de pensées!

Pour jouir des douceurs du grand air, nous n'avons qu'à songer aux inconvénients de l'air vicié. Pour saisir sur le vif la valeur de cette intimité humaine que le progrès des communications et de l'imprimerie offre à la société moderne, replaçons-y de grands esprits disparus. Imaginons-nous Dante, Montaigne, ou Shakespeare vivant dans cette atmosphère des contacts incessants de l'humanité à travers l'espace, participant à des fêtes accessibles aux plus humbles d'entre nous, et nous comprendrons mieux la valeur et l'intérêt des choses qui nous entourent.

V. — Une fée rend visite à l'homme. Dans sa bonté, elle lui offre un remède contre l'isolement, la lassitude de l'esprit, les contrariétés de la vie.

« Chaque fois que tu te sentiras malheureux et que tu auras besoin d'un oubli de tes peines; quand, blessé par la vie, tu voudras un consolateur suprême; quand, excédé par la bêtise de ton entourage, tu aspireras à la société d'un être supérieur; quand tu voudras rire ou pleurer sur les misères d'ici-bas en compagnie d'un esprit frère, tu n'auras qu'à prendre ce talisman mystérieux et celui que tu appelleras viendra à ton appel. »

La fée, ayant parlé ainsi, a remis le livre à l'homme.

Le livre, devenu aussi accessible que le journal, grâce à ses prix modestes et aux bibliothèques de plus en plus abondantes, procure une source inépuisable pour augmenter l'intensité de notre vie! Ce n'est plus le livre d'un pays, c'est le livre de tous les pays, qui, répondant aux liens de plus en plus étroits enchaînant l'intelligence humaine, s'offre à nous. La pensée suprême de tous les esprits, se trouve ainsi prodiguée à chacun des hommes! Nous en jouissons comme nous jouissons des bienfaits de l'oxygène sans y prendre garde.

VI. — Les hommes sont peu intéressants. Ils se ressemblent, nous dit-on, comme deux feuilles du même arbre. Observez-les plus rigoureusement et vous apprendrez que ce que nous appelons similitude, n'est souvent que notre ignorance des choses.

Lorsqu'on pense que 15 personnes peuvent être assises autour d'une table de 1.350 milliards de façons différentes, il devient plus que paradoxal de parler de l'uniformité des hommes.

De ce que la cécité nous empêche de saisir le monde extérieur, il ne faudrait point en conclure que celui-ci a disparu.

Les hommes avec leurs variétés physiologiques et intellectuelles doivent présenter des myriades et des myriades d'êtres dissemblables.

Quoi de plus troublant qu'une vie humaine qui évolue à nos côtés?

Rien de plus dramatique que les groupements humains qui, au-dessus et au-dessous de nous, luttent contre leurs destinées!

VII. — Fatigués du spectacle des hommes, nous avons devant nous celui des bêtes. Quelle moisson de sensations vastes s'offre également dans ce domaine! Nous avons mûri. Dans notre compréhension élargie des êtres, nous savons l'unité de l'âme éparse dans la nature. Ce ne sont plus les savants ou les philosophes qui la proclament. Ce sont les poètes, les romanciers qui en sont imbus. Balzac nous dira que le Créateur s'est servi d'un seul et même patron pour tous les êtres organisés. Les bêtes font partie de l'esprit infini qui anime l'univers. En contemplant, en étudiant les parents inférieurs de l'homme, nous ressentons une volupté singulière qui nous fait descendre dans les bas-fonds de la formation de notre « moi ». Nous glissons ainsi jusqu'à la source éternellement jeune de l'humanité vieillie. Le chantre des *Poèmes Barbares* comprenait jusqu'au sanglot des chiens qui :

Devant la lune errante aux livides clartés,
Faisaient pleurer une âme en leurs formes immondes.

Que ce soient le chien, le cheval, le chat ou de simples insectes avec leurs variations infinies, leur observation procure des trésors de jouissances. Relisez les chapitres touchants que les amoureux des bêtes ont consacrés aux animaux, leurs amis, et vous verrez comment la vie d'un cheval, d'un chien, d'un chat, d'un oiseau, observé avec un cœur intelligent, se remplit de pensée, de devoir, de tristesse, de joie, d'amour, tous les apanages de la vie consciente de l'homme. Les pages de Romanes, Lubbock, Darwin ou celles de Magaud d'Aubusson nous dévoilent des animaux, des oiseaux, des insectes, riches d'attraits innombrables et d'intelligence pleine de charmes. L'homme découvre ainsi autour de lui une série de collectivités vivant pour son utilité, offrant des sensations rares pour son âme toujours à la recherche de la nouveauté, des vues harmonieuses qui projettent des rayons subtils sur la grande ombre où se perd notre avenir.

Le monde des fleurs et des plantes! Connaît-on une joie plus rare que celle que procurent de belles fleurs à celui qui a appris à les aimer? Qu'elle est juste cette réflexion de La Bruyère sur l'homme qui est content de sa journée parce qu'il a vu de belles tulipes, ou sur l'heureux mortel qui possède une rare espèce de prunes...

Ces fleurs, que nous regardons d'un œil distrait, portent en elles-mêmes des mystères sans nombre et sans fin. La petite rose fanée que nous jetons à tous les vents s'anime de problèmes d'une gravité énorme. Il y a des lois d'architecture florale plus précises et plus implacables que celles qui gouvernent nos bâtisses.

Dans l'ordre primaire, nous diront les spécialistes, la fleur échelonne les cinq pièces d'un verticille sur une spirale serrée, et cet arrangement se fait de telle façon que deux tours de spire reçoivent la série de cinq pièces. Les plantes évoluant sous l'influence des lois mathématiques, quel monde d'énigmes, inexistant pour nos devanciers!

Ajoutons qu'il ne leur a jamais été donné d'admirer autant d'espèces de plantes que nous en voyons de nos jours. Le moindre jardinet ouvrier en contient souvent plus de variétés, et surtout des variétés plus belles que les anciens jardins du château de Versailles. L'homme moderne en jouit plus facilement, il les aime plus et il les comprend aussi davantage. Les plantes se sont animées pour nous d'une vie nouvelle. Nous comprenons et admirons leur sensibilité presque égale à celle des animaux.

En observant le moindre végétal, nous le voyons agité par les soucis de l'existence. La plasmodie d'un champignon mucilagineux placé sur un papier humide, s'en retire immédiatement, si l'humidité vient à s'évaporer. Humectez le papier et le cryptogame reviendra. Il grimpera même sur une hauteur de quelques millimètres, si vous y placez une planchette couverte de gélatine. Mais mouillez un morceau de papier dans l'eau salée et le champignon le fuira comme un animal se détourne d'un aliment désagréable et dangereux. Lorsqu'on regarde les mimosas se défendre de la rapacité des animaux herbivores, en repliant leurs feuilles et en simulant un buisson desséché et mort, les papilles de la Drocère saisir en guise de nourriture l'insecte vivant; les feuilles de la Dionea (*muscipula*) se refermer, afin de digérer, aussitôt qu'on y met un morceau de viande ou d'œuf, et rester ouvertes dès qu'on y met un caillou ou un morceau de papier, on se sent pris d'une sorte d'attendrissement envers ces existences mystérieuses qui fleurissent ou se fanent autour de nous.

La science, faiseuse de miracles, a ranimé le monde des plantes. Dans leur beauté longtemps privée de la vie, elle a retrouvé l'âme des choses. D'après la physiologie végétale, les plantes sentent, agissent et vivent. Elles ont même de la mémoire. Prévoyantes, elles travaillent pour l'avenir. Observez une jeune plante, placée entre deux sources de lumière. Elle se tournera du côté de la plus intense, la plus brillante. Cette lumière qu'elle recherche, elle l'emmagasine, comme l'homme qui économise pour les jours de besoin.

La différence qui les sépare des hommes est souvent celle de degré, mais non point d'espèce. Certains botanistes les traitent avec une sollicitude tendre, en sœurs endormies dans l'enfance.

Soyons-leur doux et une douceur en rejaillira dans nos âmes.

On n'a pas besoin d'avoir un jardin ou des arbres à soi pour goûter les délices de la vie végétale. Il n'est aucunement nécessaire de posséder un morceau de ciel pour jouir de ses beautés.

VIII. — Faute d'amour ou d'intérêt pour nos semblables ou les humbles frères de notre vie, plongeons-nous en nous-mêmes.

Quelle perspective riche de sensations imprévues! En chacun de nous se cache un monde. Nous ne sommes pas un être seul et indivisible, comme le croyaient les anciens. Nous sommes des êtres multiples. L'homme varie, dit-on. Il serait plus juste de dire que les hommes se succèdent en nous-mêmes. En chacun de nous ont vécu et sont morts des personnages nombreux, au cours de notre existence. L'enfant qui est venu au monde ne ressemble point à l'être qu'il deviendra dans cinq ou six ans. Le jouvenceau se distinguera de l'enfant, comme l'adolescent du jouvenceau. L'homme d'âge mûr diffère de l'adulte, comme le vieillard de l'homme mûr.

Lorsqu'au seuil de la mort, nous jetons un coup d'œil en arrière, nous sommes étonnés de voir que notre vie morale et intellectuelle n'a été qu'un passage successif des êtres nés de nous-mêmes. Ils nous furent chers, car ils faisaient partie de notre moi successif. Le spectacle de la multiplicité simultanée de notre être nous frappe cependant moins. Devant les actes et les sensations cristallisés, nous oublions les causes qui les ont fait naître, comme nous négligeons, devant le nom d'une bataille, les héros obscurs qui l'avaient livrée. Et pourtant, notre conscience, voire même les idées directrices de notre vie, sont souvent le fruit d'une compétition entre les divers êtres qui constituent notre « moi ».

N'allons pas aussi loin que Claude Bernard. Ce savant était persuadé que chaque centre nerveux spinal était le siège du principe qui sent, comprend, s'émeut et veut. Notre *moi* serait par conséquent composé de millions d'individualités psychiques échelonnées depuis les ganglions encéphaliques et la moelle allongée jusqu'à l'extrémité inférieure de l'arbre spinal.

Contentons-nous de quelques sous-consciences qui gisent, pensent, souffrent et se réjouissent dans les profondeurs de notre *moi*.

IX. — Nous savons aujourd'hui qu'il y a au moins deux ou trois êtres psychiques en nous. Peu importe le nom souvent rébarbatif dont on les baptise, comme conscience subliminaire ou seconde. Ces êtres doubles, triples, ou même quadruples, comme l'admettent certains psychologues, vivent en nous, côte à côte. Il suffit de vouloir observer, et leur vie éclatera devant nos yeux, lumineuse dans sa clarté et troublante dans ses manifestations. En chacun de nous se coudoient de la sorte des êtres différents. Leur ensemble forme notre *moi*. Il ne faut qu'un choc de passions, un acte d'énergie mettant en jeu des motifs contradictoires, pour que nous voyions ces êtres multiples accourir et prendre part à la lutte. Plus les passions heurteront notre morale acquise, plus cette bataille intérieure prendra du relief. On dirait un duel entre des êtres en chair et en os qui se disputeraient un butin envié. Devant l'amour passionné que nous inspire la femme d'un ami cher à notre âme, notre second moi se réveille brusquement. Avec une éloquence généreuse dans son élan, il nous montrera le gouffre moral où notre conduite nous entraîne. Révolté et indigné devant les ruses de notre désir, il n'hésitera même pas à accabler son rival du mépris le plus profond. Qu'il soit vainqueur ou vaincu, il luttera et fera son devoir. Infatigable, il résistera pendant des mois à la passion envahissante. Souvent meurtri et brisé, il se tait. Mais il se rappellera à la mémoire par des remords qu'il ne cessera de prodiguer. Vainqueur, il aura la victoire douce. Il enveloppera de sa sollicitude nos hésitations morales. Il fera valoir les bienfaits du devoir triomphant et travaillera au perfectionnement intégral de l'être dont il n'est qu'une simple émanation.

Les anciens Guèbres voyaient les principes du bien et du mal, leur Ormuzd et Ahriman, au dehors. Nous les voyons multipliés et vivants au fond de nous-mêmes.

Essayez d'observer la naissance des actes décisifs de notre vie. Tâchez de surprendre vos passions en flagrant délit de lutte intérieure, et vous vous apercevrez aisément que derrière les faits qu'on voit, il y en de bien plus curieux qu'on ne voit pas.

Rares sont ceux qui sentent en eux-mêmes l'existence de ces êtres « subliminaires ». Mais combien sont-ils qui entendent la voix de leur conscience et suivent son appel ?

X. — Nous avons en nous des compagnons rêvés. Ils sont gais ou mélancoliques. Ils sont de nature médiocre ou élevée. Ils sont souvent conformes à nos goûts et à l'état de notre âme. Il suffit de les fréquenter, de causer avec eux. Nous nous améliorerons alors, tout en les perfectionnant. L'homme qui a appris à s'entretenir avec ces êtres sous-conscients aura à sa portée des jouissances que rarement la société des humains pourrait lui procurer.

Le retour sur soi-même, la contemplation de notre propre moi, semblent faire partie de la conscience moderne. Suivez le développement de la littérature de nos jours. Jamais, aucune époque, notre vie intérieure n'y a je

n rôle analogue. Que ce soit le roman psycho-
gique, analytique, romanesque ou même his-
rique, l'auteur tâchera toujours de descendre
ans l'âme de ses héros. Ce qui nous frappe
ez les auteurs classiques, c'est l'action im-
lacable et violente qui entraîne comme dans
ne danse folle la fatalité et ses victimes. Nos
mans et romanciers modernes raisonnent.
e progrès s'accentue insensiblement dans
utes les expressions de l'art.

L'analyse, si chère à notre mentalité mo-
rne, tient à conquérir des terrains de plus
plus vastes sur l'inconscience.

Le journal intime et les mémoires font pri-
e. Qu'est-ce qui fait leur intérêt, sinon les
nêtres qu'ils nous ouvrent sur l'âme et les
ies ?...

A voir avec quelle curiosité avide nous sui-
ons la vie des autres et fuyons notre propre
moi », cela fait penser à l'homme qui aban-
nnerait ses propres enfants pour s'intéresser
sort de ceux qui lui sont étrangers.

XI. — Le monde déborde de plaintes sur la
échanceté de l'homme. L'ironie et la mé-
nce blessent notre sensibilité aiguisée, sou-
nt même maladive. Contre les blessures de

l'amour-propre, quelle cuirasse plus efficace que celle de notre vie intérieure?

En chacun de nous, il y a ce que les psychologues appellent nos sous-consciences. La négligence humaine ne leur accorde même pas de noms spéciaux qui faciliteraient l'orientation de notre « moi ». On lui apprendrait de la sorte à s'en servir. En cas d'angoisse morale, l'appui de l'être de choix, de la sous-conscience la plus propice pour apaiser nos douleurs, calmerait plus facilement nos appréhensions. Faute de terme technique, disons simplement conscience n° 1, n° 2, ou n° 3. Le nom est peu de chose (1).

Lorsque je pense aux colloques intérieurs entre ces sous-consciences, une sorte d'attendrissement me gagne. Je revois la formation des principes directeurs de ma vie, sous l'influence de ces batailles silencieuses de deux, souvent trois entités également chères à mon être. Vous souriez, mon ami. Riez, si vous voulez, aux éclats, mais essayez, quand même,

(1) On s'est accoutumé à admettre sans trop de difficultés les variations successives de la personnalité. Il faudra, croyons-nous, reculer plus encore la marche véritable de la personne métaphysique et considérer l'idée même de l'unité personnelle comme une apparence... (Voir Pierre Janet, L'automatisme psychologique). En un mot, à côté des existences psychologiques successives, il faut admettre les existences psychologiques simultanées que l'expérience constate, mais ne crée point...

de cette méthode. Rentrez en vous-même. Tâchez d'y assister en spectateur impassible à une lutte engagée entre les appels passionnés de la vie, et vos principes moraux ou religieux. Ecoutez la voix des uns, et les réponses des autres. Marquez au besoin leur raisonnement successif. Refaites ensuite la même expérience dix, quinze, vingt fois. Un jour viendra où, charmé à votre tour, vous vous passionnerez également pour les scènes éblouissantes de la vie qui s'allument ou s'éteignent dans le foyer de votre « moi ».

XII. — Arrêté devant sa conscience, se regarder vivre, penser, sentir, jouir, souffrir, n'est-ce pas augmenter l'intensité ou l'étendue de notre existence?

Pour les amoureux de la vie qui se plaignent de sa courte durée, il y a là un moyen attrayant de calmer leur peine.

Notre vie tout en dehors, trop adonnée au culte de l'argent, trouverait peut-être son équilibre dans ce pèlerinage intérieur. L'âme et la pensée adouciraient tout ce qu'il y a d'acerbe dans la vie extérieure dirigée et inspirée par des désirs et des instincts dont nous rougissons souvent et que nous subissons toujours.

Nous passons à côté des richesses semées en nous et autour de nous par la force première des choses. Nous en avons plus dans l'enceinte de notre âme que hors de nous. Le tout est de vouloir en user. Mais nous ressemblons dans beaucoup de cas à ce chercheur d'or qui abandonne les meilleurs filons pour s'engager à la recherche de diamants introuvables. La mission de l'éducation et des gens renseignés serait d'arrêter l'infortuné dans son entreprise folle. On devrait indiquer à l'homme les trésors méconnus se trouvant à ses pieds. On devrait surtout ouvrir les yeux à ceux qui, tout en les fermant, pleurent de ne rien voir devant eux ou autour d'eux.

XIII. — Platon avait constaté déjà que la contemplation de la beauté pure donne du prix à la vie. Léonard de Vinci y cherchait la consolation pour l'âme d'être emprisonnée dans un corps. Kant observe que « le beau nous prépare à aimer quelque chose ». Les êtres d'élite ont puisé de tout temps, dans son spectacle, un état de bonheur idéal.

L'éducation moderne devrait rendre ce bonheur accessible à tous. Il faudrait que du haut en bas de l'échelle humaine tous puissent goûter la musique divine qui remplit le monde.

On a appris à l'homme beaucoup de choses fastidieuses. Pourquoi ne lui a-t-on pas appris à regarder autour de soi? Pourquoi ne pas lui apprendre surtout à regarder en lui-même?

Rendre cette émotion accessible à tous, c'est apporter à tous un morceau de ce firmament céleste qui charme et attire. Laissons la vie s'en pénétrer et elle deviendra une œuvre d'art. On sera tenté d'établir une harmonie entre nos actes et d'harmoniser nos actes avec la vie. La beauté et le bonheur y trouveront également leur compte.

Le culte du beau dans la nature nous suggère le culte du bien. L'âme rehaussée et purifiée par le spectacle du beau devient meilleure. Elle devient surtout réfractaire aux petitesses et aux vilenies de la vie. Des moralistes, et non des moindres, comme Guyau, ont voulu baser la morale sur le beau. L'art devrait former, d'après eux, comme une partie intégrale de l'existence. Nos joies devraient être des joies de beauté. La passion du beau les a entraînés sans doute trop loin. Les impressions de beauté n'étant que le résultat des sensations individuelles, on ne voit pas bien comment on pourrait en déduire une conduite de la vie ou un devoir obligatoire pour tous. Et pourtant, il est hors de doute que si le beau régnait en maître du monde, le bien deviendrait le codirigeant des existences humaines.

Apprenons également à l'homme à jouir des beautés cachées dans les profondeurs de lui-même. Il faudrait habituer les jeunes gens à faire des pèlerinages intérieurs, comme on les mène à des spectacles du dehors. Aucun de nous ne sait encore, car on ne l'a enseigné à aucun de nous dans notre jeunesse, dit avec raison Ruskin, quels palais de fées nous pouvons bâtir avec de belles pensées, maisons construites sans nos mains pour être la demeure de nos âmes.

Qu'est-ce que la poésie? Ce n'est point l'art de chanter au clair de lune, la main tremblotante sur un instrument à plusieurs cordes. Ce n'est pas non plus l'art de faire rimer des mots étranges ou harmonieux. La poésie, c'est la force de notre âme de s'élever au-dessus de la vie et de la faire communier avec le génie invisible ou les beautés visibles de la nature. Cette poésie, tout le monde devrait en jouir, car tout le monde pourrait la ressentir. On naît avec le talent d'habiller de beauté, avec la plume ou le pinceau, des choses attrayantes ou laides. Mais tout le monde peut jouir de la joie et de la beauté répandues dans la nature. Tout le monde poète!

C'est à faciliter cette ascension que travaillera la pédagogie de demain.

Elle travaillera surtout à faire les fils dissemblables de leurs pères.

E. — Religion et Religiosité

(*Le Bonheur par la Foi*)

1. — La foi est un suprême bienfait pour les âmes. Sans elle, la vie devient incolore, sinon triste, et son intérêt s'évanouit. L'indifférence et l'ennui envahissent notre conscience. Peu à peu elles préparent un terrain propice où grandit le mécontentement. La vie nous devient à charge. Nous nous sentons malheureux comme le serait un homme condamné à séjourner dans l'obscurité. C'est la foi qui triomphe de nos misères, de nos découragements, de nos faiblesses. C'est elle qui embellit la vie, en lui donnant un idéal; c'est elle qui la fortifie, en lui assignant un but; c'est elle aussi qui nous permet de vivre toute notre vie, en promettant aux existences les plus moroses des récompenses joyeuses, comme cou-

ronnement de leurs efforts. Quel que soit son objet : Dieu, patrie, famille, science ou humanité, elle donne un parfum enivrant à la vie. Une conscience sans la foi est une demeure froide et ténébreuse. Elle précipite la perte de celui qui s'y trouve enfermé.

Le sort de la foi fortement atteinte désole et rend mornes nos contemporains. On a tenu à la proscrire comme opposée aux intérêts de la vie réelle. On a tenu à l'attaquer sous prétexte qu'elle n'est point conforme aux méthodes scientifiques en vigueur. Enfin, en l'identifiant avec la religion, on a su en détacher ceux qui ne se résignent pas à marcher dans les ornières tracées par les Églises.

Conspuée, humiliée ou abandonnée, la foi déserte nos âmes, et avec elle s'évanouissent tous les enthousiasmes qui embellissent et fortifient la vie. Les religions, elles-mêmes, en souffrent, car au lieu de vrais croyants, animés par la foi, elles n'ont plus souvent que des calculateurs qui les acceptent comme des nécessités sociales ou des moyens politiques.

Or la foi est une des sources les plus vives et les plus éblouissantes du bonheur. C'est en son nom qu'il faut l'émanciper de la tutelle de ses ennemis.

Sans elle, la vie deviendrait impossible. Car qu'est-ce que le devoir lui même, qui soutient les individus, les patries et l'humanité, les hommes religieux et surtout ceux qui ne le sont point, sinon un article de foi mystérieux, insaisissable, qui se passe de toute raison et de tous les arguments? On a beau décomposer le devoir, on a beau l'expliquer : au-dessus de toutes ces explications plane, souveraine, la foi qui l'illumine de ses vertus. C'est elle qui lui procure le cachet de nécessité inévitable. Le devoir s'évanouit, si la foi cesse de lui tenir compagnie.

II. — On a tort de ne pas voir dans la foi, sous toutes ses formes, un pendant de la religion. Toutes deux s'enchaînent et s'identifient. La religion est impossible sans la foi, tandis que toute foi sincère équivaut à une religion. Leurs objets peuvent varier, mais leur essence est la même. Envisagées à ce point de vue, la religion et la foi deviennent des attributs de l'homme conscient. Leurs formes multiples subissent des modifications radicales, mais leur principe élémentaire surnage toujours. Nous ne concevons pas une humanité future sans la foi, comme on ne conçoit pas celle d'aujourd'hui sans la religion. La religion et les religions, à mesure qu'elles évoluent, se dissolvent dans une sorte de religiosité, domaine de foi vague où les dogmes perdent leurs contours nets et prennent la forme des aspirations indéfinies. La foi et la religiosité ont existé de tout temps; les religions sont de création plus récente. Ce n'est qu'à la suite de Bouddha, Confucius, Zarathoustra, Moïse, Jésus-Christ ou Mahomet, que les religions dogmatiques apparaissent. Les prétendues religions de la Grèce n'avaient point de sacerdoce organisé. Elles n'avaient pas non plus de dogmes obligatoires. Elles ne connaissaient et n'imposaient aux citoyens que des rites extérieurs. La divinité suprême des philosophes grecs n'était que la raison. Aristote mettait la nature elle-même bien au-dessous de la raison, qu'elle ne pouvait égaler.

Plusieurs conditions manquaient aux Grecs pour transformer leur mythologie en religion : un révélateur, un livre sacré et un système théologique. Pas un Grec n'avait osé se mettre entre l'Olympe et les simples mortels, en qualité d'intermédiaire; pas un aussi n'avait rédigé des livres sous la dictée des dieux. La Grèce n'avait pas non plus une théologie spéciale, codifiant le sacerdoce et les façons de célébrer les dieux. La volonté et le caprice des individus ne cessaient de régler les cérémonies. La religion des Grecs n'était qu'une imagerie des poètes. Leur génie en avait fourni la base et les ornements. Les tentatives des pythagoriciens de fournir à la foi grecque un cachet plus stable des religions révélées n'ont jamais abouti. La crédulité grecque, libre dans ses mouvements, n'a fait que peupler de variantes infinies les cadres des poèmes légués par les aïeux.

Fions-nous à l'âme humaine. Elle est plus vaste que toutes les religions et plus profonde que toutes les écoles philosophiques. Elle les abrite et les crée. Toutes se résolvent en elle et naissent en elle. La faillite d'une religion ou d'un système philosophique ne veut point dire la faillite de notre âme. Dans sa marche vers les étoiles, celle-ci a surmonté toutes les crises passagères des religions et de la raison.

L'histoire des relations de la science et de la religion n'est qu'un grand cimetière où se trouvent enterrées les conceptions les plus opposées. La raison qui incarnait la science, et l'émotion religieuse qui prenait la forme de religions diverses, se trouvaient tantôt fondues en un seul bloc, tantôt séparées sous un régime de dépendance et d'égalité, ou bien en lutte ouverte et finalement enfermées dans des pays aux frontières nettement limitées. Que de doctrines disparates! Que de religions dissemblables!

III. — Dans la lutte de la pensée libre contre les dogmes, les chances de la victoire ne sont point du côté de ces derniers. Les conquêtes de la science, vulgarisées par l'instruction laïque rendue obligatoire, minent de plus en plus les dogmes religieux. Tout le monde avoue que les religions perdent du terrain. Personne n'ose pourtant concevoir leur retour offensif. Cela paraîtrait illogique, comme le serait un mouvement en arrière. Les religions, pour subsister, doivent pactiser avec la pensée indépendante. Or celle-ci, en s'infiltrant dans le domaine religieux, détruit toutes ses bases principales. La croyance au paradis ou à l'enfer, principe essentiel de toute religion dogmatique, s'évanouit à mesure que la science fait reculer les limites des cieux et augmente le nombre des mondes. L'homme d'aujourd'hui sait que les diverses espèces animales vivant autour de nous dépassent deux millions et que les espèces de plantes, enregistrées par les botanistes, atteignent environ trois cent cinquante mille. La science a infligé des blessures mortelles à l'orgueil enfantin de l'homme. Il n'ose plus se croire le seul privilégié au milieu des myriades de mondes et d'êtres dont la plus grande partie échappe encore à sa compréhension. Convaincu que la terre n'est qu'une goutte de boue dans la vaste économie de l'Univers, l'homme moderne ne se pose plus en enfant unique d'une combinaison divine. Son ambition démesurée se détourne du ciel qui l'humilie. Il cherche un apaisement de ses inquiétudes sur la terre, qui lui sourit davantage. Ce mouvement s'accentue. Les religions, qui comprennent les bénéfices de l'opportunité, ouvrent les portes à leur adversaire séculaire. Le modernisme sous toutes ses formes pénètre l'Eglise et les églises. Prises entre deux feux, l'invasion du dehors et la révolution du dedans, les religions jettent du lest. Elles se débarrassent des éléments qui, après les avoir fait vivre pendant des siècles, ne pourraient aujourd'hui que les faire mourir. Elles se spiritualisent, et approchent ainsi de la religiosité qui est et sera de tous les temps.

IV. — On a créé une confusion regrettable entre la religion et la religiosité. Or, la première reste incompréhensible en dehors d'un culte, d'un ensemble de dogmes formant une religion positive. La religiosité n'est qu'une qualité particulière de notre conscience. Elle vise les sentiments de l'au-delà, en dehors de tout culte, de tout dogme. Un homme qui ne professe aucune religion peut avoir de la *religiosité*. On a beau ne pas être catholique, musulman ou juif, on peut quand même croire à la Raison divine des choses, dont l'humanité n'est qu'une simple manifestation. Les savants les plus sagaces font souvent bon marché de cette différence. Dans leur égarement, ils vont jusqu'à demander à la science de devenir religieuse, et à la religion de devenir scientifique.

C'est ainsi que Huxley nous dira que: « la vraie science et la vraie religion sont des sœurs jumelles et leur séparation serait la mort certaine des deux. La science prospère autant qu'elle est religieuse et la religion fleurit en proportion exacte de la profondeur et de la solidité de la base scientifique. » — « La vraie science, prétend Herbert Spencer, est essentiellement religieuse. »

La religion étant basée sur l'autorité, et la science sur le libre examen et l'expérience, on ne conçoit pas facilement la possibilité et les avantages de leur accouplement. Comment réconcilier ces deux extrêmes? Comment surtout réconcilier ces deux principes, qui paraissent s'exclure mutuellement? A force d'avoir mal choisi le terrain d'entente, on risque de brouiller davantage les deux adversaires. Pourquoi ne pas les abandonner à la logique de leur sort? Leur antagonisme se réduit au caractère de l'esprit qui les anime. Il y a un esprit scientifique. Il y a, en outre, un esprit religieux. Tous les deux régnant dans des domaines divers, peuvent continuer à y agir, sans se troubler mutuellement. Toute la question est là, selon la belle remarque de E. Boutroux : l'esprit scientifique qui, chez certains de ses représentants, se donne pour la négation de l'esprit religieux, l'exclut-il en effet, ou en laisse-t-il substituer la possibilité ?

Si l'on admet que l'esprit religieux n'est, dans son expression élevée, que la religiosité qui se perd dans l'empire sans bornes des mystères éternels et insolubles, allant de la complexité des mondes et des choses vers l'au-delà qui nous trouble et nous attire depuis le séjour de l'homme sur la terre, la réponse ne peut pas être douteuse. Oui, il y aura toujours une zone vaste et neutre. La philosophie des religions y rencontrera la philosophie des sciences. La pensée religieuse pourra y fraterniser avec la pensée scientifique dans une émotion sublime de l'Inconnu, en marche vers l'Inconnu.

Car l'évolution religieuse qui embrasse toutes les croyances, sous l'influence de la mentalité moderne, dégage de plus en plus les principes moraux et ruine les dogmes cultuels et les rites. Elle fait plus : elle enlève aux dogmes leur cachet d'absolu et les force à se mettre d'accord avec la pensée indépendante.

Les cultes et les dogmes, en se modifiant, s'achemineront vers cette religiosité (1) dans laquelle communiera l'humanité de demain. Elle sèmera sur sa route les erreurs et superstitions qui divisent les âmes, pour ne garder que les vérités qui les rapprochent.

V. — La civilisation et le progrès social démontrent la nécessité et les bienfaits de l'union des humains. Les croisements des peuples et des races augmentent tous les jours. La science et les littératures deviennent communes. Les lois internationales élargissent leur domaine. Comme le timbre de l'union postale, il y a une pensée qui domine toutes les divergences d'idées et d'intérêts. Les religions doivent, comme toutes les institutions humaines, se conformer à la loi des vivants. Il faut qu'elles se soumettent, en premier lieu, aux conditions d'existence du milieu ambiant. Elles ne subsisteront qu'en restant d'accord avec la pensée et les sentiments humains. Loin de travailler pour la division des consciences, elles tendront vers leur rapprochement.

(1) Faute d'un mot plus propre, nous nous servons du vieux terme : *religiosité*, dont le sens a été souvent dénaturé et violé. Il aurait peut-être mieux valu inventer un mot nouveau, mais le risque d'être tout à fait incompris était quand même plus grand que celui d'être insuffisamment compris.

Les religions pourront ainsi coexister longtemps, les unes à côté des autres, en présence de la religiosité, propre à tous les hommes. Les patries subsistent de même à côté de l'humanité, patrimoine commun de tous les êtres conscients. Un jour viendra sans doute où les diverses alluvions des rites et des dogmes qui obscurcissent la conscience humaine disparaîtront à leur tour. Alors éclatera dans toute sa beauté l'essence divine de toutes les religions, la *religiosité*, principe universel et indéracinable. Source éternelle, elle a donné naissance à toutes les religions. Elles pourront expirer à leur tour, dans l'endroit même où elles avaient pris naissance...

Ainsi s'en iront les cultes et les dogmes, cédant leur place à la religiosité, domaine d'aspirations indicibles, communes à tous les hommes.

Il serait quand même injuste de considérer toutes les religions dogmatiques comme des ennemies de notre bonheur. Lorsqu'elles n'abaissent pas la conscience des croyants par un fanatisme dégradant et des articles de foi indignes, elles exercent une influence bienfaisante. Pour comprendre cette réserve, il suffit de rappeler l'état de sauvagerie créé dans le passé par certaines religions. Le présent, du reste, n'en est point exempt. Ne voyons-nous pas encore aujourd'hui la plupart des religions régler la conduite de leurs fidèles sur les bases d'une comptabilité double avec le Seigneur? Avec une irrévérence rare, on réduit la Divinité à n'être qu'un homme médiocrement juste. Nos actions sont tarifées. On les récompense ou on nous les fait payer. On achète les bonnes grâces du Seigneur par des offrandes et de bonnes œuvres. Après avoir longuement péché, on se réconcilie avec lui à l'aide de formules magiques ou grâce à l'intervention de ses ministres favoris. Tout en y croyant, le fidèle rougit pourtant lorsqu'on le lui fait observer. C'est déjà beaucoup.

Les spectacles les plus cruels que nous offrent les religions sont ceux des persécutions au nom de la foi. Mais il suffit que l'esprit de tolérance et de compréhension humaine pénètre dans le domaine religieux pour en faire un facteur de sérénité et de bonheur.

Les amoureux de la pensée libre et indépendante ne devraient point l'oublier: En voulant persécuter la religion et les croyants, elle deviendrait encore plus odieuse que ne l'est le fanatisme religieux. Car les religions ont des excuses qui manquent à la libre-pensée.

Croyances mensongères, dira t-on. Rien ne les justifie. Rejetons-les au nom de la vérité! Or, c'est précisément la **vérité philosophique** qui nous enseigne la circonspection suprême. Nous savons les erreurs de notre connaissance. Son étendue et sa profondeur n'enlèvent rien à la fragilité de ses principes. La science ne cesse de progresser, mais les routes par où elle nous mène ne sont pas toujours infaillibles. Si dans chaque vérité, il y a une parcelle de mensonge, dans chaque mensonge, il y a une parcelle de vérité. Au point de vue scientifique, rien n'autorise la logique de l'esprit sectaire rejetant avec violence tout ce qui n'est pas conforme à sa compréhension.

VI. — Nous oublions les avantages qu'offre souvent l'illusion. Qui oserait assumer la cruauté monstrueuse de dire à un père qui adore son enfant, que cet enfant est le fruit de l'adultère ? On a beau en détenir une preuve incontestable, on se tait quand même. Entre la vérité qui aurait brisé le cœur de l'homme trompé et le mensonge salutaire, le doute n'est pas possible. L'homme le plus juste s'incline alors devant le mensonge. Il fera même le nécessaire pour boucher les fissures par où la vérité pourrait s'échapper.

L'illusion n'est souvent, il est vrai, qu'une simple chimère, mais comme chante le poète :

*Elle est aussi la sœur et c'est parfois la mère,
Oui, la mère et la sœur, ami, c'est bien cela
Au pays fabuleux où l'esprit s'exila,
Tantôt c'est la plus douce et tantôt la meilleure :
La sœur quand on sourit; la mère, quand on pleure!*

Après tout, pourquoi enlever à l'homme la possibilité de voir les choses telles que son bonheur l'exige? Rappelons-nous l'exemple de Marc-Aurèle, le plus vertueux des Romains. Faustine le trompe indignement. Ses amours sont multiples. L'impératrice choisit surtout dans les professions méprisées. Des bruits scandaleux courent sur sa honte et ses trahisons. Les comédiens nomment en public les amants de Faustine. Sur la scène, on désigne Marc-Aurèle comme le mari le plus trompé. L'empereur ne veut pourtant rien voir, rien entendre. Pour lui, Faustine reste toujours la bonne et fidèle épouse. Il ferme les yeux bénévolement. Peu à peu, la certitude rentre dans son âme. Il ne doute même plus de son honneur conjugal, car il croit foncièrement à la vertu de celle que tout Rome accable de reproches.

Elle est délicieuse, cette prière de Marc-Aurèle que l'empereur adresse sur les bords du Gran aux dieux immortels! Il les remercie, dans la sincérité de son âme, de lui avoir donné une femme bonne, fidèle et affectueuse...

Que l'exemple de cet homme de bien reste troublant! Pourquoi déchirer le voile qui couvre le bonheur si, détrôné, il devait céder la place à l'infortune? On n'a que le bonheur qu'on sent, qu'on comprend, et surtout le bonheur qu'on veut avoir. Pourquoi violenter le rêveur lorsque son rêve, sans nuire à personne, lui procure une douceur visible? La vérité est d'essence divine. Raison de plus pour ne pas faire souffrir en son nom. Raison de plus pour ne pas s'en attribuer la possession exclusive.

Oui, des âmes chères à notre conscience vivent d'illusions. Pourquoi les leur enlever? La science peut continuer son chemin librement, sans s'efforcer de briser les choses qui n'entravent point sa route. Elle n'a besoin ni de persécution ni de prosélytisme. Ses conquêtes envahissent la mentalité contemporaine. Par la force naturelle des choses, elles y élimineront tout ce qui n'est pas conforme à ses vérités précises. Or la philosophie spiritualiste n'est point incompatible avec la méthode scientifique. Témoins Pasteur, Darwin et tant d'autres savants si pénétrés « de religiosité ».

VII. — Les religions dogmatiques ont également tort de vouloir lutter contre la morale laïque. Celle-ci se substitue à la morale religieuse quand l'autre faiblit ou disparaît. L'harmonie sociale exige leur respect réciproque. L'humanité ne peut subsister que sur des bases morales. A quoi bon discréditer celles de la science et de l'expérience, si une partie de la nation doit vivre de ces dernières? De même, il devient dangereux de vouloir détruire la morale religieuse, si le terrain n'est pas propice pour accueillir les semences de l'autre. Toutes les deux ont de quoi se respecter mutuellement. « Le faux, l'absurde même a toujours joué un si grand rôle dans les affaires humaines, dit avec raison Guyau, qu'il serait assurément dangereux de l'exclure du jour au lendemain. »

D'autre part, la morale libre et indépendante, n'est en somme, qu'une morale basée sur les intérêts sociaux et moraux de l'homme. Son but est celui du bonheur de l'individu et de la colectivité. Comment alors ne pas se sentir désarmés devant ses tâtonnements, tendant à notre profit, à notre bonheur?

Les religions n'ont qu'à considérer l'océan de larmes où elles ont failli noyer l'humanité pour être indulgentes envers la morale de la pensée libre qui essaie à son tour de guider la destinée de l'homme. Quoi que nous fassions, rien n'empêchera l'avènement d'une morale de plus en plus rationnelle, d'une foi de plus en plus expurgée des données simplistes ou barbares, si au-dessous de l'homme de nos jours. L'essentiel c'est que l'évolution se fasse sans occasionner de souffrances inutiles.

VIII. — L'histoire n'est qu'une transition incessante. On passe de certaines conditions de l'existence morale et matérielle à d'autres conditions morales et matérielles. Ce changement constitue l'essence du progrès. On s'y accomode facilement, lorsque le passage se fait d'une façon imperceptible.

Mais il y a aussi des crises aiguës. Sous une poussée interne des événements on se précipite, en toute hâte, vers des quartiers nouveaux. Ce changement effraie les âmes paisibles.

Le misonéisme, ou la haine du nouveau, dort insoupçonné dans la conscience humaine. Réveillé, il se défend par tous les moyens se trouvant à sa portée. On s'enferme dans de vieux logis. On en replâtre les murs, on rebouche même les trous, par où la lumière **nouvelle menace de filtrer.** Des habitants plus conciliants tâchent par contre de repeindre leurs maisons, conformément au goût du jour.

Ce sont des époques de grands et petits bouleversements. Les consciences s'obscurcissent. Elles cherchent vainement leur chemin. La bataille aigrit les esprits et les rend haineux et implacables. Peu à peu, la lumière éclate, car la vérité est une force de pénétration sans pareille. C'est ainsi que les monarchies acceptent l'intervention du peuple dans le gouvernement, et les religions celle de la raison dans les dogmes...

Faut-il entraîner de force les esprits récalcitrants vers la nouvelle demeure? A quoi bon, si la maison irrémédiablement condamnée doit les obliger tôt ou tard à la quitter. Une lutte à outrance ne pourrait qu'augmenter la douleur. Laissons les consciences travailler librement et le progrès s'opérer par la force de la vérité.

Prêchons le calme et la réconciliation, car les passions humaines font et feront quand même leur œuvre. Elles précipitent la victoire imminente des idées par la souffrance. C'est aux esprits nobles d'en diminuer l'étendue et l'amertume, car la tolérance, cette patience raisonnée, est la vertu exclusive des sages.

IX. — Tout porte à croire que ces luttes se feront, de plus en plus, dans des conditions d'estime réciproque. L'indulgence, fruit naturel de la compréhension, adoucira tout ce qu'il y aura d'excessif dans l'ardeur des combattants. Elle consolera les vaincus et enseignera la bonté compréhensive aux vainqueurs. Les esprits les plus représentatifs de la pensée libre nous ont offert eux-mêmes l'exemple de la modération. Kant n'a point osé placer son « impératif catégorique » en dehors de la vie future. « Comme un simple vicaire savoyard, observe Paul Stapfer, il concluait que l'accord de la vertu et du bonheur, n'étant point réalisé ici bas, doit s'offrir dans le ciel à notre espérance. » Ernest Renan raillait les illusions de la morale indépendante. « A force de chimères, nous dira-t-il, on avait réussi à obtenir du bon gorille un effort moral surprenant. » Mais il ne voyait pas comment « sans les anciens rêves, on réussirait à rebâtir les assises d'une vie noble et heureuse ». — « Il faut maintenir, nous dira-t-il ailleurs, à côté de la patrie et de la famille, une institution où l'on reçoive la nourriture de l'âme, la consolation, les conseils, où l'on trouve des maîtres spirituels, un directeur, cela s'appelle l'Eglise. »

Le virus du séminaire parle probablement par la bouche de Renan. Son imagination, nourrie par les charmes enivrants de l'Eglise, ne concevait point la vie sans son concours. Sans elle, prétendait-il « la vie deviendrait d'une sécheresse désespérante, surtout pour les femmes ». Herbert Spencer cherchait le salut dans la réconciliation de la religion et de la science. « C'est de leur mariage harmonieux, enseignait-il, que pourrait naître une vie spirituelle de demain. »

L'illusion de Spencer est celle de la grande majorité des penseurs de toutes les époques. On se l'explique facilement. Notons d'abord que l'origine de la science et de la religion paraît être la même. Toutes deux doivent leur naissance à la réaction du monde sur notre pensée, notre âme : toutes deux ont pour objet des principes incompréhensibles, inconnaissables et impensables. La religion a l'absolu; la science a, entre autres, l'espace et le temps.

L'histoire de la philosophie n'est qu'une série d'essais tendant à réaliser l'accord entre la science et la religion. Depuis les Grecs qui croyaient apercevoir la même raison divine opérer dans les deux domaines, en passant par les doctrines scholastiques, qui prônaient l'identité de leurs buts et de leurs méthodes, et en finissant par les philosophes de nos jours, qui croient à l'harmonie inévitable entre la science, produit de l'intelligence, complétant la religion, produit du sentiment, que d'écoles et de penseurs travaillant à préparer, à expliquer et à réaliser l'entente amicale entre la science et la religion! Et pourtant cette entente est loin de se conclure.

L'effort d'Auguste Comte est sans doute un des plus caractéristiques. En voulant faire de la religion la couronne de la science, et ériger son royaume fier et puissant, en regard de celui de la science, il n'a fait que rétrécir les limites des deux. La religion et la science en sortent singulièrement défigurées et étriquées. Leurs frontières se trouvent violées et limitées par l'arbitraire. La science se voit livrée à la domination du sentiment et tombe au niveau d'une province conquise par la religion.

Quant à la religion, elle devient à son tour victime sinon esclave de l'humanité, qui est pour Comte la mesure et la fin de tout. Pauvre ombre errante, elle s'en va de l'utile au réel et du réel à l'utile, ce ciel et cette terre promise de la philosophie positiviste.

X. — Plus près de nous, W. James, avec sa doctrine pragmatiste ou de l'expérience religieuse, a essayé également de réaliser cet accord. Il est allé plus loin que ses devanciers. Ne revendique-t-il pas pour les religions, le caractère d'une science? La connaissance, dictée par le cœur a pour lui le même poids que la connaissance résultant de l'expérience. Après tout, la religion est aussi une expérience. Aidé par une dialectique chaude et ingénieuse, James s'efforce d'identifier le sentiment, principe subjectif des religions, avec l'expérience scientifique, d'où la personnalité est bannie.

Les mathématiciens n'étudient-ils pas les mêmes faits par la voie du calcul infinitésimal et celle de la géométrie analytique? Pourquoi ne pourrait-on pas étudier, se demande James, les phénomènes qui nous entourent par la méthode scientifique et la méthode religieuse?

Le philosophe américain oublie qu'une démonstration scientifique veut dire la démonstration d'une vérité visible et saisissable par tout le monde, placé dans les mêmes conditions. Une expérience ou une vérité religieuse reste toujours *personnelle*. En admettant leur objectivité, il faudrait en même temps bannir les principes sacrés de la tolérance. La vérité religieuse devenue impersonnelle, devenue une vérité objective, il faudrait l'imposer à tout le monde. On n'aurait pas, en tout cas, le droit de respecter la prétendue vérité ou le mensonge des autres.

Or ce qui sauve l'expérience religieuse, si expérience il y a, c'est précisément que, produit du sentiment ou de la sensation individuelle, elle n'est point démontrable. Elle lie celui qui la voit d'une certaine façon, sans troubler le repos de ses voisins.

James croit pourtant lui avoir trouvé une base scientifique réelle. En s'appuyant sur le moi subliminal, cette seconde conscience que comporterait, d'après Myers, chaque âme humaine (le double), il prétend que l'homme, grâce à cette conscience supplémentaire, se trouve en relations avec un autre monde et d'autres êtres supérieurs à ceux que nous avons sous les yeux. Et cette sphère d'action basée ainsi sur un fait positif (?) serait réservée à la religion.

On voit combien cette science est peu scientifique. Les phénomènes décrits par Myers accusent d'ailleurs souvent et bien nettement les caractères de troubles pathologiques. Les plus significatifs cités par l'auteur de la *Personnalité humaine* rentrent dans la catégorie des faits observés par des psychologues, sous le nom d'*automatisme psychologique*. Cet automatisme ne crée point de synthèses nouvelles, autrement dit : il n'est que le résultat d'une activité psychique qui avait *déjà* existé et qui l'accompagne presque toujours. Maints phénomènes qui enflamment l'imagination de James ont été enregistrés et étudiés par les aliénistes. Nous les connaissons encore assez mal et, en tout cas, pas assez pour leur confier la direction de l'empire religieux (1).

William James continue néanmoins à troubler les modernistes et une grande partie de la jeunesse intellectuelle des deux mondes. Sa doctrine prêche aux âmes la beauté et la vérité de la vie intégrale, dont est assoiffée la conscience moderne. Il attire par son vernis quasi-scientifique et désarme par son désir ardent de faire découler la paix et le bonheur de la religion.

Mais le pragmatisme cessera bientôt d'agir, semblable à une musique enivrante, qui, après

(1) Rappelons ce fait constaté maintes fois. Tandis que les savants et les philosophes comme Richet, Lombroso ou Myers partaient du spiritisme à la recherche du « moi multiple », les psychologues y arrivaient également en droite ligne, en étudiant le somnambulisme naturel ou artificiel; les médecins en examinant les névropathes et les hystériques, et les aliénistes la désagrégation de la personnalité. Le morbide et le mystère qui l'accompagnent envahissent ainsi le champ de la conscience subliminale. Il devient hasardeux au point de vue scientifique, et inconvenant au point de vue religieux, de vouloir ériger une religion scientifique sur un terrain aussi incertain...

avoir profondément agité notre conscience, s'évanouit sans laisser de souvenir.

XI. — Et plus on réfléchit sur tant de tentatives avortées, plus on s'aperçoit de l'inutilité de ces efforts. On a voulu réconcilier des choses irréconciliables. Les religions, en somme, nées d'un besoin éternel de l'âme, restent inattaquables, tant qu'elles s'y trouvent enfermées. Les religions à l'état de religiosité n'ont rien à craindre et rien à attendre de la science. Transformées en religions dogmatiques, elles subissent forcément les hasards de l'évolution religieuse. Après avoir grandi pendant des siècles et avoir erré à travers le monde, les religions dogmatiques, allégées de dogmes et de rites, reviendront vers leur berceau. Elles se résoudront, tôt ou tard, dans la religiosité qui leur a donné naissance. La science n'aura alors qu'à s'incliner devant les principes qui les animent et le domaine qui lui reste naturellement fermé. La concorde n'aura pas besoin d'être prêchée. Elle se fera d'elle-même et rien ne pourra la troubler.

D'ici là, les religions dogmatiques et la science peuvent vivre dans une union de raison et d'intérêt, en dehors de toute tentative théorique de réconciliation de leurs principes irréconciliables.

XII. — Lorsqu'un esprit avisé s'arrête devant toutes ces hésitations, il comprend combien il serait injuste de persécuter les vieux dogmes. Si erronés qu'ils soient, ils ont été les compagnons séculaires de l'homme. Ils lui ont coûté beaucoup de souffrances, mais ils lui ont procuré maintes joies. Ils ont fait peut-être plus : ils lui ont valu les vérités dont il est si fier. Semblables aux vieux parents que l'âge avancé a rendus déments ou ramollis, ils ont quand même droit à notre respect. Nous n'écoutons plus leurs conseils, nous nous émancipons de leurs sanctions, mais il serait injuste de les maltraiter ou de les rejeter avec mépris.

Après tout, la mort est leur sort et leur droit. Lorsque le fruit atteint son degré de maturité, rien ne peut l'empêcher de se séparer de l'arbre, qu'il importune par sa présence. La sève montante de la science et du bon sens évite ainsi la nécessité de torturer les branches se pliant sous le poids de l'absurde.

Soyons indulgents pour les vieux préjugés ou les dogmes mourants et ouvrons nos âmes aux vérités nouvelles.

Soyons respectueux pour les religions qui s'en vont et confiants dans la religiosité, qui pourra les remplacer un jour. Les temps sont proches où l'humanité, unie dans le religiosité, y puisera des raisons de paix et de bonheur. Car les religions dogmatiques se désagrègent. Pour voir jusqu'où elles peuvent aller, il suffit d'observer l'esprit de rénovation qui les anime. Il faut escompter le progrès moral non par unité d'années, mais par unité de générations. Lorsqu'on pense aux aspirations qui remuent les entrailles de toutes les confessions organisées, depuis le premier Congrès des Religions, on se croit autorisé à faire les suppositions les plus hardies. Oui, les religions perdent de plus en plus, sur la route de leur évolution, les dogmes et les rites qui les séparent. Elles se purifient et se divinisent, en s'acheminant vers la religiosité, domaine commun de tous les hommes qui ne peuvent et ne pourront se dispenser de questionner la nature sur des choses que la science n'éclaircira probablement jamais.

XIII. — Résumons-nous.

Qu'est-ce que la religiosité ? Elle se réduit aux rapports indéfinis de notre moi avec l'infini. La religiosité est forcément individualiste. Ne pouvant pas être enchaînée d'avance dans des dogmes, ni dans des rites, la religiosité ne comporte ni église, ni doctrine, ni sa-

cerdoce. Dans son sein vaste, comme l'est celui
de l'univers, peuvent se rencontrer, dans le
respect réciproque, toutes les âmes conscientes
du mystère éternel et en rapports avec l'Infini.
Le contenu de ces rapports n'est rien, le fait
primordial de leur existence est tout.

La religiosité se trouve en harmonie avec
toutes les religions sincères qui insensiblement se résolvent en elle. La religiosité est
dans chaque religion. On peut remuer les pieds
sans courir, mais on ne peut courir sans remuer les pieds. Il est impossible d'être vraiment religieux, sans avoir de la religiosité;
mais on peut avoir la religiosité sans être
affilié à aucune religion. Ainsi comprise, la
religiosité contribuera au bonheur de l'humanité pensante de demain, comme elle le procure d'ores et déjà aux hommes qui pensent
de nos jours.

Nous avons quelque peine à concevoir notre
avenir sous cet aspect. Une humanité dont les
membres ne se feront pas mutuellement souffrir et saigner à cause de la divergence de
leurs sentiments religieux, nous paraît inimaginable. Ce serait sans doute marcher vers
un véritable âge d'or. Cela nous étonne, d'autant plus que nous croyons à tort que l'âge
d'or est derrière nous, mais non pas devant
nous. Les efforts humains seraient pourtant

inconcevables, sinon stupides, si nous ne devions pas aller vers un bonheur de plus en plus vaste et intense. Or, nos malheurs, nos luttes et nos souffrances préparent la naissance d'un homme nouveau. Comme le bronze qui s'exprime en beauté, au milieu des flammes et scories de la fonte, la religiosité, nous n'en doutons point, se dégagera, pure et majestueuse, des griffes séculaires des dogmes et des religions.

XIV. — Les religions pourront ainsi s'affaiblir. Elles pourront même disparaître, mais la religiosité, c'est-à-dire l'aspiration vers les choses qui ne sont pas toujours de ce monde, restera le *compagnon éternel de l'être pensant*. La soif de l'idéal est inhérente à l'homme. Et une âme normale ne peut s'en passer, de même qu'un corps normal ne peut vivre en dehors d'une certaine quantité d'oxygène.

Le matérialisme philosophique lui-même est devenu idéaliste. La matière n'est point concevable sans l'esprit, pas plus que le corps sans l'âme vivante. Nous comprenons de plus en plus que le royaume divin est en nous. Comme toutes les sources réelles du bonheur, il est à la disposition de tout le monde. La conscience humaine agrandie et approfondie nous ouvre le paradis si longtemps rêvé. Nous saisissons de mieux en mieux que tous nous détenons en nous la divinité, comme la divinité nous détient tous. Les poissons qui nagent dans la mer ont la mer en eux-mêmes. Nous vivons dans la divinité et un dieu intérieur est en nous tous.

Il y a des âmes qui végètent ou dorment, et ce dieu reste également endormi au fond de leurs consciences. Mais il suffit d'avoir une âme pensante pour y voir séjourner un dieu. Respectons-le chez les autres afin qu'on respecte celui qui est en nous. C'est la condition essentielle de l'évolution paisible vers le bonheur par la religiosité, abri commun et naturel de toutes les consciences humaines.

CHAPITRE VI

Sommes-nous meilleurs qu'autrefois ?

Le Bonheur étant surtout d'essence morale, son progrès dépend en premier lieu du perfectionnement de l'humanité.

Plus celle-ci aura acquis de vertus au cours des siècles, plus le Bonheur a de chances de s'asseoir d'une façon stable sur notre terre. La conquête d'une certitude du progrès moral ouvre, par cela même, une perspective grandiose devant nos descendants. Le but de la civilisation et de nos efforts s'éclaire en même temps et prend un aspect rassurant et réconfortant.

Nous tendons de la sorte vers la réalisation de plus en plus grande du but avoué et caché qui guide et fait agir tous les êtres conscients allant vers le souverain bien qui constitue la souveraine vertu.

Dans l'impossibilité où nous nous trouvons de calomnier la nature, nous calomnions son plus bel ornement : l'homme.

On le présente comme ingrat et méchant, lâche et égoïste, et surtout impuissant à monter au sommet de l'idéal que lui tracent les religions et les morales. Bien plus : on l'accuse d'être voué à une décadence progressive avec le temps et à une chute irrémédiable.

Les sociologues et les philosophes, avec un accord parfois touchant, démontrent sa déchéance. A les écouter, le progrès matériel aurait pour corollaire la diminution, sinon la disparition de toutes les vertus évangéliques.

Notre désir ardent d'atteindre les sommets nous fait méconnaître les efforts du voyageur infatigable qu'est l'humanité en marche.

Mais à mesure que nous avançons, l'horizon s'élargit. Nous rêvons toujours plus grand et tout ce qui s'agite autour de nous paraît fuir de plus en plus l'étoile qui brille au loin.

En dehors de l'illusion de la vue, il y a aussi une source réelle d'où découlent nos impatiences, nos tristesses et notre scepticisme. Hypnotisés par les changements matériels, par les inventions et les découvertes, qui ont tranformé la surface de la terre, nous nous désolons de n'avoir pu opérer la même révolution dans l'ordre moral et dans le fonctionnement de nos âmes. Allez au fond de toutes ces récriminations contre le progrès, et vous y retrouverez, souvent déguisé, mais toujours vivant, ce malentendu curieux qui fait assimiler les choses radicalement dissemblables : le domaine matériel et moral; la vie au dehors et la vie intérieure.

Pourtant la foi dans le perfectionnement de nos êtres nous est plus nécessaire que celle dans l'amélioration des choses. A quoi bon peiner et souffrir, si l'homme ne doit avoir pour toute récompense qu'un peu plus de confort, une nourriture plus succulente ou des dépôts de plus en plus considérables dans les banques ou dans les caisses d'épargne?...

L'immobilité ou le recul de nos consciences ne serait autre chose qu'une faillite de l'humanité. Et non seulement notre vie à nous ne vaudrait pas la peine d'être vécue, mais aussi celle qui nous remplacera sur la terre.

Heureusement pour nous et nos efforts, l'ennoblissement de nos âmes est aussi réel que l'augmentation de notre bien-être.

Pour le démontrer, nous n'aurons qu'à comparer l'idéal du passé à l'état moral de nos jours. Nous mettrons, en outre, en regard les meilleurs parmi les humains d'autrefois et ceux choisis dans la foule obscure de nos jours. Et une conclusion rassurante en sortira : nous pensons et agissons mieux.

A. — Progrès des choses et progrès des âmes

Plus on étudie et exalte le progrès matériel, plus on se trouve enclin à médire ensuite de notre décadence ou plutôt de notre immobilité morale. Les esprits les plus avisés n'échappent point à cette contradiction. Un exemple entre mille. En dressant le bilan des perfectionnements réalisés dans le *siècle miraculeux*, comme Alfred Russel Wallace appelle celui qui nous a précédés, il nous dira que les découvertes au point de vue mécanique avaient dépassé la valeur de tout ce qu'on a fait pendant l'époque qui nous sépare de Jésus-Christ. Mais lorsque quelques années plus tard, le même auteur se mettra à parler de l'évolution morale et intellectuelle, il se couvrira de cendres et clamera l'immobilité séculaire de nos vices et même celle de notre intelligence. « Je considère comme incontestable, enseigne Wallace, qu'un Danois ou un Saxon d'il y a mille ans, valait bien, au point de vue intellectuel, un Anglais de nos jours. » Puis après avoir envisagé toute la sélection à rebours qui s'est opérée dans l'humanité à la suite de l'inquisition, du célibat catholique ou des persécutions religieuses, il affirmera même que nous sommes aujourd'hui, selon toute probabilité, mentalement et moralement inférieurs à nos ancêtres demi-barbares (1). Cette affirmation venant d'un évolutionniste ardent et convaincu, a de quoi nous surprendre. Que dire enfin de tous ceux, qui, philosophes, savants ou sociologues, adversaires ou partisans moins convaincus de la doctrine du progrès, ne se gênent point pour médire de l'homme et de ses destinées. Pour ceux-là, et ils sont nombreux, le progrès moral est à la fois inexistant et impossible (2). En identifiant les quelques créateurs des religions du passé avec les foules qui les ont reniés ou crucifiés, ils nous diront que leurs doctrines morales ont fourni à l'humanité la limite de l'idéal accessible. Depuis, l'humanité

(1) Voir son ouvrage *Wonderful Century* et ensuite son article retentissant dans la *Fortnightly Review*, sous le titre *Evolution and Character*, où nous lisons entre autres, ceci : « We are to day in all probability, mentally and morally, inferior to our semi-barbaric ancestors. »

(2) Un philosophe-biologiste comme M. Le Dantec prévoit même l'abâtardissement inévitable de l'humanité. Il ne recule pas devant la disparition de la société et se demande : « Au nom de quel principe, on pourrait empêcher un tel événement !... »

n'aurait fait que reculer. On pourrait remplir plusieurs volumes avec les boutades et les récriminations dirigées contre le progrès de la conscience humaine.

Ce pessimisme nous paraît foncièrement illogique. Il manque aussi de base scientifique. Car, si elle était fondée, cette doctrine nous précipiterait dans un véritable néant.

N'y a t-il pas là une erreur de calcul jointe à celle de l'observation ?

Notons, avant tout, que l'amélioration du sort des masses humaines n'agit que d'une façon indirecte sur le perfectionnement de leurs âmes. La morale et le bien-être matériel forment deux domaines séparés, quoique souvent contigus. L'instruction en forme un troisième. Tous les trois aident à l'éclosion de la morale, mais ne la créent point. Une pluie bienfaisante à elle seule n'engendre point de plantes. Il faut un sol pour les faire germer, de même qu'il faut une éducation morale, qui sert de base à la moralité. L'instruction et le bien-être, en grandissant, élargissent nos cerveaux. En fournissant des soutiens d'activité et de vie plus douce, ils aident à leur tour au progrès moral. Mais il faut cultiver la morale pour elle-même, sans compter sur les facteurs qui favorisent son évolution. Dans sa marche vertigineuse, vers le bien-être matériel, l'humanité ne cesse d'oublier que le progrès des choses ne remplace point celui des âmes. D'autre part, l'augmentation du confort et des richesses n'a souvent rien de commun avec l'augmentation de notre bonheur. Nos besoins se multiplient, en outre, d'une façon géométrique, tandis que les moyens pour les satisfaire ne nous sont octroyés que dans une progression arithmétique. Mais les besoins provoquent d'autres besoins. Ils s'enchaînent et subissent une continuité presque fatale. Nous vivons et évoluons sous leur influence, qui provoque, active et alimente le progrès.

Seulement, il ne faut pas oublier qu'au-dessus de tous ces besoins multiples et disparates, il y a un besoin d'essence éternelle, et c'est celui de notre conscience, de monter de plus en plus haut, de franchir les limites du devenir, et de communier avec le mystère qui nous pénètre et nous entoure. Noyé dans nos préoccupations ou nos intérêts mesquins, il se tait et disparaît en apparence. Mais aussitôt dégagé des contingences passagères ou futiles, il renaît plus vivant que jamais. Il crie son existence et se manifeste d'une façon banale ou divine, d'après le contenu de nos âmes.

L'homme est produit pour l'infinité, comme dit Pascal. Il faut lui ouvrir les moyens de s'étendre au-delà de ses besoins purement matériels pour donner la mesure de son moi, condition essentielle du progrès moral et du bonheur. L'augmentation de la richesse et du progrès matériel n'étant qu'un des éléments favorables pour l'éclosion de la moralité, il faut surtout penser à l'amélioration de nos consciences qui seule pourrait lui fournir une assise profonde et durable.

Mais ce progrès moral est-il possible ?

Il nous semble que le meilleur moyen de prouver sa possibilité, c'est de démontrer sa réalité.

B. — Dans le royaume de la conscience

Un malentendu, qui a l'âge de la culture humaine, persiste entre le progrès matériel et le progrès moral. De tous temps, on a voulu identifier ce dernier avec les manifestations extérieures et facilement saisissables. Or, les formes perceptibles du progrès n'en constituent qu'une partie insignifiante. On compare ainsi la vie des peuples qui jouissent des chemins de fer, des téléphones et des télégraphes, avec ceux qui en sont privés, de même qu'on pèse et compare le bonheur des gens voyageant en automobile et de ceux qui marchent à pied. Et naturellement, rien ne vient plaider en faveur du bonheur devant résulter d'un plus grand confort ou d'une vie plus raffinée.

Mais il faut élever le débat plus haut et envisager l'évolution parallèle de nos autres sentiments et sensations, l'ampleur de notre existence, l'agrandissement de la sympathie qui nous anime et de l'altruisme de plus en plus large et profond qui remplit l'humanité moderne.

Il ne faut pas identifier la morale avec la religion. La première embrasse les relations de l'homme avec ses semblables : individu, famille, concitoyens, patrie, humanité. La religion n'a en vue que nos relations avec l'Inconnu : les forces mystérieuses qui nous entourent, l'au-delà avant et après notre existence sur terre.

Les deux domaines peuvent prospérer séparément et gagnent peut-être aussi à être séparés. Leur confusion étouffe souvent la plus belle fleur qui devrait orner nos âmes, la tolérance. Mais la morale greffée sur la religion ou évoluant d'une façon autonome trouve sa fin dans les relations que crée la vie entre nous et nos prochains. L'idéal social d'un individu ou d'une collectivité exprime le mieux leur idéal moral : la réalité de leur vie, leur moralité réelle.

On pourrait ergoter à l'infini sur le progrès religieux, sur la profondeur et la qualité de la foi moderne, un croyant et un libre-penseur ou athée parlant souvent deux langues distinctes et totalement incompréhensibles. Mais une entente au point de vue du progrès moral qui s'affirme souvent en actes positifs est par cela même possible, sinon facile.

L'ensemble de notre vie moderne s'y prête du reste avec une complaisance non déguisée.

Oui, la rapidité de nos communications n'est rien, considérée en elle-même. Mais elle établit des liens de plus en plus rapprochés entre les peuples du globe. Elle les rend de plus en plus solidaires de leurs destinées. L'amour du prochain se développe ainsi plus largement. Notre cœur, trouvant en lui des sentiments nouveaux et ignorés, y puise des douceurs inconnues. Nous sympathisons avec bien plus de peuples et de gens. Une immense croix couvre pour nous la terre. Nous voyons, d'après l'expression du poète, saigner aux quatre coins du monde les quatre clous de Jésus. Notre vie intérieure élargie contribue à son tour à rendre à nos sentiments une étendue et une force inaccoutumées.

C. — L'Homme d'aujourd'hui et de jadis

L'homme moderne a son attention fixée sur tous les points du globe. Un Européen civilisé prend part aux malheurs survenus en Chine ou en Australasie ; son cœur bat à l'unisson avec ses semblables, dispersés à travers le globe quelle que soit la forme de leurs croyances ou la couleur de leur peau. Et il devient par cela même meilleur! Il rêve à la paix universelle, à l'amitié internationale et s'achemine vers ce régime d'amour à travers les dernières convulsions de l'état barbare qui ne voyait dans les hommes que des fauves animés du désir de l'extinction réciproque.

Il en est de même de tant d'autres découvertes ou inventions. Considérées en elles-mêmes, celles-ci ne font sans doute rien pour nos consciences.

Mais il suffit de les rattacher à l'expansion de notre vie morale pour saisir mieux leur importance et leur valeur.

Le progrès purement matériel nous aveugle souvent. Nous oublions dans sa poursuite fiévreuse et agitée que celui-ci doit avoir pour corollaire indispensable le progrès moral, basé sur notre éducation adéquate.

Notre mentalité et notre moralité restent

souvent au-dessous des progrès réalisés dans le domaine des choses. Et pourtant nous avançons quand même, quoique plus lentement, dans le domaine moral. Eblouis par la lumière éclatante qui se dégage des conquêtes faciles à constater, nous oublions ou n'apercevons point celles réalisées dans le royaume de nos âmes.

Pourtant l'ensemble de notre vie sociale et internationale démontre que l'homme de nos jours, pris comme entité abstraite, vaut bien plus que ses aïeux d'il y a quelques dizaines de siècles.

Notre civilisation dégage un parfum singulièrement réconfortant. Tous nous sommes pénétrés de l'idée de la dignité et du respect de la vie et de la pensée humaines. De cette source inépuisable découlent la tolérance, la solidarité et la bonté compréhensive. L'homme moderne aime plus, mais il aime aussi plus intelligemment, plus humainement. Sa pensée animant sa bonté lui fait gravir des hauteurs qui étaient inaccessibles pour ses devanciers des époques éteintes.

Un être moyen de nos jours dépasse souvent sous ce rapport les génies ou les surhommes du bien d'autrefois. Le principe essentiel de toutes les morales et de toutes les religions « aime ton prochain comme toi-même » a pris une extension inusitée et inconnue dans le passé, car elle agit et se fait sentir par-dessus les océans, les civilisations, les patries, les distinctions religieuses ou sociales.

En croyant le contraire, nous nous laissons impressionner plutôt par notre contemplation d'un idéal grandiose, dont nous oublions les parties réalisées, pour ne penser qu'à celles qui restent encore dans l'ombre.

XII. — A l'instar des religions, les sciences sociales nient notre progrès moral. Les religions et les sciences se trompent également. Tandis que les premières identifient à tort la pitié ou la crédulité avec la bonté, les secondes se laissent trop influencer par les statistiques illusoires des crimes. Observons, par contre, l'édifice grandissant de la solidarité. Elle est faite surtout des efforts de la collectivité aimante et aimée. De partout s'élève le même cri : sacrifions à l'humanité plus heureuse et meilleure. Le nombre de ceux qui meurent pour elle ne cesse d'augmenter. Et ils se dévouent, non point dans l'intérêt égoïste d'une récompense céleste, mais au nom du principe impersonnel de l'humanité de demain.

Les médecins qui affrontent la mort pour enrichir la science d'un microbe inédit; les aéronautes qui s'exposent aux accidents les plus terribles; les révolutionnaires qui donnent leur vie à la Société future; les ouvriers qui s'inclinent, sans aucune nécessité immédiate, devant la grève — tous ne travaillent, en somme, que pour le bien des générations qui n'existeront peut-être que dans leur imagination. Et cette solidarité, qui provoque les plus grands sacrifices, qu'est-ce, sinon la bonté idéale, la bonté intense, émancipée des liens étroits de l'unité du sang ou des intérêts visibles? Que valent le patriotisme et la vertu, souvent purement théâtrale, des grands héros de la Grèce, bataillant presque toujours pour la galerie, à côté des martyrs de la révolution russe, qui meurent obscurs pour la cité future? La bonté qui anime ces derniers est d'une essence supérieure. Leur mort, nous dit-on, est souvent stérile. Qu'importe! L'inutilité du sacrifice n'ôte rien à sa vertu divine.

Les institutions sociales tendent de plus en plus à diminuer la misère des humiliés. Elles tendent aussi à semer sur terre le bonheur de tous par tous. La bonté s'empare des humains. Consciente chez les uns, instinctive chez les autres, elle agit quand même. Riches ou pauvres appliquent ses principes sous forme d'impôts forcés ou de cotisations volontaires. Ses effets tendent à rendre la terre plus attrayante et les hommes parfaits. La bonté a monté en grade. Elle est plus complexe et par cela même plus méconnue. Sous forme de faiblesse d'âme ou de mouvements instinctifs, elle nous attendrissait. Raisonnée et à l'état de devoir social, elle reste insaisissable. Cela ne l'empêche pas de grandir. Le jour n'est pas éloigné où l'on comprendra que l'être le meilleur en soi est celui qui est le meilleur pour sa communauté.

Notre impatience nous rend injustes. Nous nous exaspérons devant la réalité qui se trouve en contradiction avec nos aspirations, nos désirs. Le mécontentement des choses existantes étant une des plus fortes impulsions du progrès, bénissons le mécontentement. Mais celui-ci ne devrait point aller jusqu'au découragement, sentiment dissolvant et qui nous rend inaptes à l'action.

Il est donc nécessaire de dresser de temps en temps un bilan de nos conquêtes morales.

La tâche, quoique difficile, n'est point impossible. Seulement, au lieu de vouloir l'assimiler à une récapitulation des progrès matériels, il faut surtout saisir les progrès moraux dans leurs indices ondoyants et vagues. Leur concordance est non seulement significative, mais convaincante et persuasive. Et, de même que pour les rapports des collectivités nous trouverons dans ceux entre les individus, plus de compassion et plus de justice, partant plus de vertus et de solidarité humaine.

D. — Les meilleurs hommes de la Bible

Les meilleurs parmi les êtres bibliques, si vénérés pendant une série de siècles, ne sont pour nous souvent que des êtres cruels, amoraux, sinon profondément immoraux.

L'archiprêtre de Jéhovah, le vénérable Samuel, donne au roi Saül l'ordre de tuer tous les Amalécites, « jusqu'à leurs femmes et les petits enfants à la mamelle, ainsi que les bœufs, les brebis, le chameau et l'âne ». Et Saül ayant seulement épargné le roi Agag, subit pour ce fait une condamnation en règle. Samuel, pour amadouer le Seigneur, coupe même le roi Agag en morceaux. (I, *Samuel*, XV.)

Le roi David livre les sept descendants de Saül aux Gabaonites, qui les tuent « devant la face de Jéhovah ».

Les massacres incessants des pauvres idolâtres ou de ceux qui ont désobéi au Seigneur; les enfants et les femmes égorgés par l'ordre d'hommes comme Moïse lui-même; les prières d'Elie et d'Elisée qui obtiennent que les quarante-deux enfants de Béthel soient consumés par le feu du ciel; le plus sublime des psaumes qui s'extasie devant le meurtre des petits enfants de Babylone, « qui seront brisés comme la pierre », les quatre cent cinquante prophètes de Baal, égorgés par Elie, que de lueurs sinistres qui se trouvent projetées ainsi sur la mentalité et la moralité du peuple choisi par Dieu!

Le Dieu biblique lui-même, dont les psaumes chantent la générosité et la bonté, attriste et déconcerte l'âme moderne. Ses accès de colère, son manque de scrupules, sa soif de vengeance, son intolérance qui ne reculent devant aucune cruauté le mettent souvent au-dessous d'une conscience choisie au hasard, parmi nos concitoyens.

Tantôt, il commande le vol aux Hébreux qui quittent l'Egypte; aux affamés dans le désert, il envoie des cailles et tue ensuite ses fidèles par milliers; la façon dont il s'y prend pour exterminer ses ennemis; sa méthode de traiter les vierges comme du simple bétail qu'il livre à ses fidèles; ses protégés d'une moralité douteuse qui le trompent avec d'autres dieux ou se livrent à des crimes répugnants, — que d'exemples navrants pour nos cœurs assoiffés d'idéal!

David ayant procédé au recensement de son

peuple, Jéhovah décide de le punir. Dans sa générosité, il offre à son serviteur le choix entre trois châtiments : « Ou votre pays sera affligé de la famine pendant sept années, ou vous fuirez pendant trois mois devant vos ennemis, ou la peste sera dans vos Etats pendant trois jours. » Et le bon roi David, ne voulant pas fuir devant ses ennemis, choisit la peste qui lui enleva 70,000 parmi ses sujets innocents... (II, *Samuel*, XXIV.)

Qu'on ne se méprenne point sur la portée de nos paroles. En démontrant l'infériorité de l'idéal moral d'autrefois, nous n'avons point l'intention de mettre en doute tout ce que la conscience purifiée de nos jours doit aux religions et aux morales qui se sont succédé et se succèdent sur la terre. Il serait aussi irraisonné de médire d'elles que de vouloir mépriser les fondements d'une maison qui nous abrite.

La Bible, ce livre du berceau religieux d'une grande partie de l'humanité, poème qui dépasse en beauté épique, tous les chefs-d'œuvre de la littérature humaine, mérite quand même notre admiration, malgré ses défaillances morales.

Du reste, notre foi évolutionniste nous commande le plus grand respect pour les choses qui ne sont plus, de même que nous respectons les aïeux disparus auxquels nous devons les raisons de notre vie.

Mais le culte le plus tendre du passé ne nous oblige point à fermer les yeux devant ses péchés ou ses défauts. Il ne doit pas, surtout, nous empêcher de relever et d'inventorier les progrès en vue ou déjà réalisés.

Délivrés d'un mépris ou d'un culte immodéré du passé, tous deux également indignes d'un esprit indépendant, nous apercevrons alors un spectacle des plus encourageants pour les âmes en proie aux doutes.

B. — L'Opposition des Saintetés

Nous sommes dans l'empire du vague sublime. Comment mesurer le degré de vertu chez les êtres parfaits qui nous remplissent d'un respect et d'une tendresse sans bornes? Pourtant cette confrontation s'impose. Il faut mettre la sainteté d'autrefois en regard de celle de nos jours. La chose est relativement facile en ce qui concerne le passé. Toute une littérature pieuse est là pour s'imposer à notre édification. Les « vies des saints » abondent. Dûment contrôlées et purifiées, ayant passé par les cribles des examens et des procédures contradictoires, elles s'offrent en exemple à l'humanité de tous les temps. Puisons, sans le moindre esprit de malice, dans ce vaste réservoir de vertus. Arrêtons-nous, au hasard de la plume, devant les saints les plus vénérés.

Voici saint Siméon le Stylite. Dieu l'a élevé sur une colonne « pour que les anges et les hommes pussent contempler en lui le spectacle d'une vertu plus qu'humaine ». Théodoret l'appelle « le prodige de l'univers ». Ses actes sublimes sont plutôt troublants. Il apprit tout le psautier par cœur. Il passa des années entières dans une « extrême austérité et dans une admirable innocence ». Sa vie, dans la solitude de Thélède, près du mont Coryphée, auprès de saint Héliodore, vieillard d'une vertu consommée, est pleine d'édification. Siméon, se considérant comme le serviteur de tous, trouvait sa joie à remplir les offices les plus vils de la maison. Il demeurait parfois une semaine entière sans prendre aucune nourriture. Ayant trouvé une corde tissée de myrte sauvage, il l'enroula sur sa chair nue, depuis les reins jusqu'au cou, et la serra si fortement qu'elle déchira tous ses membres, y fit de grandes plaies et y causa à la fin de la pourriture. Les vers en tombaient, le sang en coulait avec abondance et la puanteur s'en exhalait... Il ne voulait pas qu'on le pansât, afin de porter continuellement en son corps, disait-il, la mortification de Jésus-Christ.

Plus tard, près du bourg de Télanèse, il jeûna quarante jours et quarante nuits, et étant ensuite monté sur la croupe de la montagne, il s'attacha au milieu par une chaîne longue de vingt coudées, dont un bout était rivé à une grosse pierre et l'autre à son pied droit. Et, lorsqu'on le débarrassa de cette chaîne, sur les instances de Mélèce, le saint évêque d'Antioche, on découvrit à sa place un grand nombre de grosses punaises dont le saint homme avait souffert la puanteur et les morsures avec une patience invincible. Incommodé par les nombreux pèlerins qui accouraient vers lui, d'une façon si prodigieuse, que, d'après l'expression de Théodoret, les routes menant vers son ermitage ressemblaient à de grands fleuves qui se déchargent sur une mer, saint Siméon s'établit sur une colonne, haute de trente-six coudées, et là, sans chambre et sans toit, exposé aux ardeurs du soleil et à toutes les injures de l'air, il se tenait ou debout ou le visage prosterné contre terre pour prier... Ainsi vécut cet homme céleste, nous diront ses biographes, qui était mort à la volonté et à son jugement, et lorsque l'heure de sa fin arriva, il rendit à Dieu son âme bienheureuse. Elle fut transportée par les anges dans le lieu du repos éternel.

Saint Macaire (1) enseigne à ses moines qu'ils devraient ressembler aux cadavres qui ne s'attristent point des injures qu'on leur adresse et ne s'enorgueillissent point des louanges qu'on leur décerne, qu'ils devraient passer la vie dans leurs cellules et y pleurer sur leurs péchés. L'autre saint Macaire, celui d'Alexandrie, passe sept ans sans aucun autre aliment que des herbes et des légumes crus et enfin il parvient à ne plus manger, à certaines époques, qu'une fois par semaine. Ses veilles n'étaient pas moins prodigieuses. Il reste souvent jusqu'à vingt jours et vingt nuits sans se coucher et sans dormir.

Le démon de l'impureté l'ayant attaqué, un jour, il lui oppose une discipline étrange. Il se soumet pendant six mois dans un marais de Sceté aux piqûres d'une infinité de gros moucherons. Le saint souffre un martyre incroyable. Tout couvert de sang et d'ulcères, il devient méconnaissable, même pour ses amis, mais il tua ainsi toutes les tentations de la volupté.

Une autre fois, l'esprit de vaine gloire l'ayant tourmenté, en le poussant à aller à Rome, il

---

(1) Voir entre autres, *La Vie des Saints*, revue par l'abbé Body, avec l'approbation de Mgr Déchelette.

se coucha de toute sa longueur sur le seuil de sa porte et dit au démon : « Entraîne-moi, si tu peux; pour moi, je n'irai pas de mes pieds. »

Saint Jean le Silenciaire se retire pour une soixantaine d'années dans un désert, et il les passe dans un silence absolu. Il converse avec Dieu pendant cette longue période. Il se nourrit d'herbes et de racines et ne fait que vanter « la fonction glorieuse des esprits célestes qui sont sans cesse occupés à bénir et à aimer le Seigneur ».

Saint Pacôme recherchait avidement la souffrance. Il se blesse les mains et les pieds, en touchant aux épines longues et pointues, de cette même épine sainte qui servit pour tresser la couronne du Sauveur. Tout en souffrant, il songeait aux clous qui traversèrent les mains et les pieds de Jésus sur la croix... Sur son lit de mort, son corps était décharné et sans défense, mais une joie céleste brillait sur son visage.

La sainte d'entre les saintes, la Bienheureuse Julienne, qui institua la solennité du Très Saint-Sacrement, ne pouvait se mettre en prière sans que devant ses yeux n'apparût aussitôt le disque de la lune, avec une ligne noire la traversant par le milieu. Elle se soutenait aussi presque exclusivement par le pain des anges. Unie à son divin époux, elle refusait toute nourriture. Pendant les trente dernières années de sa vie, par suite de ses pénitences sévères, elle devint si faible qu'elle dut renoncer à soigner les malades. Son innocence fut telle qu'elle semblait n'avoir jamais péché en Adam. Elle avoua un jour « qu'elle n'avait jamais été plus tentée de se livrer à des plaisirs charnels que de manger des ossements de morts ». Sa sainte vie arrache ce cri d'enthousiasme à l'un de ses historiens :

« Tu as mérité d'entendre de la bouche de l'Epoux céleste cette parole de nos livres saints : Que vous êtes belle, mon amie, que vous êtes belle ! »

Nous pourrions allonger nos citations à l'infini. Des centaines de saints nous fourniraient des exemples d'édification aussi touchants. Que le ciel nous préserve du moindre mot irrespectueux ou impie à l'égard de cette armée innombrable d'un devoir autrement conçu, mais combien héroïquement accompli.

Après avoir payé le tribut d'hommage et d'admiration dû à toutes ces vies éteintes dans l'auréole de sainteté, nous nous sentons pourtant singulièrement émus devant les leçons qu'elles offrent à la conscience moderne.

Le pourquoi de ces souffrances inutiles, de cette fuite devant les véritables devoirs humains, obsède notre pensée.

Le salut personnel de l'âme, cette affaire unique de toute leur vie, nous paraît plutôt le résultat d'un égoïsme irréfléchi. L'acte de s'enfermer dans un désert pendant des années, celui d'abandonner ses semblables en proie à toutes les tentations et à toutes les souffrances, afin de gagner pour soi-même la grâce et la miséricorde divines, nous fait l'effet d'une simple trahison des devoirs de l'homme. La mortification et le martyre du corps reste pour nous sans but appréciable. Profondément troublés devant tant de souffrances endurées en vue d'une fin idéale, nous nous laissons envahir par un sentiment de compassion indicible pour tant d'efforts stériles. La désertion des devoirs qu'impose la famille, la patrie, l'humanité, par tant d'êtres sublimes, nous laisse rêveurs. On s'incline devant leur sainteté, tout en se consolant que celle-ci n'est plus de notre temps.

F. — Le Jésus de la conscience moderne

Et puis, réfugiés dans les annales des saints de nos jours, nous y goûtons un air autrement pur. Nous y apercevons des souffrances d'une autre beauté et des spectacles imposants d'énergie et de dévouement... Ceux-ci transportent également au ciel nos âmes. Mais nos pensées et notre raison leur tiennent compagnie. La Divinité elle-même, avec laquelle nous restons en contact, a évolué à son tour. Notre conscience embellie et élargie reflète un Dieu essentiellement bon et généreux.

Le simple démiurge qui se plaît dans les sacrifices de sang et dans les tortures innommables des vivants, se trouve transformé en un être de bonté et de solidarité.

Il nous impose bien plus de devoirs envers les autres qu'envers lui-même. Il demande moins de prières pour soi, mais plus d'actes en faveur de nos semblables. Il ne nous cache même plus que la mortification à outrance du corps n'est point de son goût et qu'il la punit de toutes sortes d'obsessions et d'infirmités spirituelles. Il n'aime pas non plus nous voir dévorés par la vermine, inutilement exposés aux ardeurs du soleil et aux souffrances du froid.

L'âme d'un croyant moderne s'accommode mal de certaines duretés des dogmes. Chrétiens, juifs, bouddhistes ou mahométans se trouvent logés à la même enseigne. Une doctrine comme celle de saint Fulgence, vouant à l'enfer tous les enfants ayant trépassé avant le baptême, y compris même les mort-nés ou veus avant terme, jusqu'aux fœtus au sein de leur mère, remplit de doute les plus ardents parmi les fidèles.

Notre âme, loin de se délecter, frémit d'indignation devant le drame du feu cher à un Tertullien, où doivent brûler éternellement les damnés, où les sages qui ont nié la résurrection devraient souffrir sans trêve à côté des pochers et des esthètes qui ont tourné en dérision « le fils du charpentier ».

Lorsque saint Thomas d'Aquin enseigne que, pour obéir à Dieu, on peut, sans injustice, ôter la vie à un homme, « qu'il soit coupable ou innocent », et que, « la même chose s'applique au vol et à l'adultère », notre conscience angoissée cherche plutôt des excuses pour l'égarement du saint au lieu des inspirations pour le suivre (1).

De toutes les religions, les cruautés, ces réminiscences d'un passé de luttes ou de révélations mal comprises, s'envolent, cédant leur place à des sentiments de douceur et de miséricorde. En glissant sur la pente de la tolérance, toutes les grandes religions s'acheminent à leur tour vers la concorde des âmes dans une émotion commune de foi suprême.

Le Jésus de la conscience moderne se pen-

(1) Similiter etiam adulterium id est concubitus cum uxore aliena... eadem ratio est de furto... (Sum. theol.).

che ainsi avec douceur sur notre vie de tous les jours. Il la considère comme son œuvre, et, par cela même, divine, dans son essence. Il l'illumine par les espérances qui l'entourent et nous ordonne de la rendre de plus en plus belle et digne de lui. On aspire même vainement au royaume des cieux si l'on ne travaille pas d'abord pour celui de la terre. Le paradis de nos âmes, récompense de nos efforts en faveur du prochain, est la seule route qui mène désormais vers le Royaume de l'au-delà. On n'adore plus la lettre de la Loi religieuse, mais l'esprit et la vérité. L'homme moderne a définitivement compris cette parole de Jésus : que le Sabbat est fait pour l'homme et non l'homme pour le Sabbat.

Bien plus : ce Dieu qui est en nous se révolte contre l'injustice, l'égoïsme et le désordre qu'il veut extirper de cette terre. Il nous aide dans cette lutte et nous dote d'énergies toujours renouvelées et de moyens de plus en plus ingénieux.

G. — Les saints de nos jours

La parabole biblique au sujet de la destruction de Sodome reste toujours vraie, lorsqu'il s'agit de mesurer la valeur morale des pays et des cités. On se rappelle le marchandage naïf d'Abraham avec le Seigneur. Il s'agissait d'obtenir la grâce pour les impies en faveur des justes. Qu'importe le nombre de pécheurs, s'il y a assez d'hommes vertueux pour racheter leurs fautes!

Car le nombre des criminels qui grandit, nous dit-on, avec la civilisation, ne prouve rien. Notons d'abord l'impossibilité de toute comparaison entre l'antiquité, le moyen âge et l'époque moderne. Une statistique, même boiteuse, nous fait complètement défaut. La conception du crime a, en outre, radicalement changé. Envisagés au point de vue moderne, l'esclavage, le servage, l'exploitation des humbles et des faibles, la persécution des consciences, signes caractéristiques des temps écoulés, ne forment qu'un crime incessant, *quoique impunissable.*

D'autre part, le contact des humains, de plus en plus intense, et se produisant sous des formes de plus en plus multiples, devait nécessairement provoquer plus de méfaits aux aspects de plus en plus variés. Les petites communes sont d'ordinaire moins exposées aux crimes que les grands centres. Et l'antiquité et le moyen âge, considérés sous l'angle de l'intensité de leur existence, ne sont que de tout petits villages à l'égard de nos fourmilières modernes.

Donc, au lieu de nous perdre dans un verbiage creux ou des montagnes de chiffres contradictoires, comparons plutôt la vertu moderne à celle des époques écoulées, au lieu d'opposer leurs vices respectifs.

La parabole du patriarche est en ce sens d'une vérité éternelle :

« Vous ne confondrez pas les bons avec les méchants », dit Abraham au Seigneur... Et s'il y a cinquante justes dans cette ville ?

Le Seigneur répond : Si je trouve dans tout Sodome cinquante justes, je pardonnerai, à cause d'eux, à toute la ville...

Quoique « n'étant que poudre et cendre » devant son Seigneur, Abraham insiste. Et s'il n'y avait que quarante-cinq, quarante, trente, vingt, dix ?...

Et le Seigneur de lui dire : qu'il fera grâce, même s'il trouve dix justes dans toute la ville...

Quel en serait le pourcentage dans notre vie moderne ? Il me semble que le Seigneur aurait arrêté Abraham au premier mot, car il aurait aperçu plus de justes qu'il ne lui en faudrait pour renoncer à l'extermination de nos cités.

Les éclairs inattendus qui illuminent de temps en temps les bas-fonds de la conscience moderne en démontrent la grandeur et la beauté. Une catastrophe comme celle du *Titanic* prouve que l'humanité de nos jours abrite des héros incalculables du devoir.

Dans ce vaisseau tragique, se trouvaient réunis, pêle-mêle, par un pur hasard, tous les échantillons des vivants, d'ordinaire divisés comme race, religion et situation sociale. Et cette humanité en raccourci fut sublime devant les angoisses de la mort redoublées par une longue attente de l'issue finale, et les horreurs d'une fin lente, cruelle et implacable. Ce bateau contenait assez de surhommes pour en peupler les plus beaux livres héroïques de l'antiquité.

« Le jour de la mort est le maistre jour », dit Montaigne. Il est surtout l'épreuve suprême de notre conscience, de notre morale, de notre vie. La majesté sereine avec laquelle ces centaines de voyageurs ont quitté le monde est un des témoignages les plus éclatants et les plus réconfortants en faveur du genre humain. Son idéal n'est plus un vain mot. Réalisable, car, réalisé, il élargit nos espérances et facilite notre ascension.

Voici un pauvre petit télégraphiste qui, le corps déjà dans l'eau, continue ses appels de détresse; un vieux couple, qui, ayant traversé ensemble la vie, tient à être uni dans la mort;

un milliardaire, ce prétendu maître du monde moderne, qui se résigne à abandonner sa jeune femme et à mourir « dans le nombre », comme un simple petit matelot; enfin des centaines de consciences obscures qui acceptent avec une douceur angélique de se sacrifier pour sauver les femmes et les enfants.

J'ai perdu dans ce naufrage un de mes plus chers amis, W. T. Stead. Lorsque les premières nouvelles du désastre me furent parvenues, mon cœur en deuil ne me laissait plus aucun espoir. Dès le moment où il y a eu des victimes, Stead ne pouvait pas être parmi les vivants. Ma consolation fut grande lorsqu'il m'a été donné d'apprendre par un des survivants que l'illustre disparu a réalisé en ce moment décisif l'idéal de toute sa vie : la fidélité au devoir.

En vain lui avait-on proposé de se sauver. Tous les sophismes tenant à prouver que sa vie valait plus que celles des inconnus qui se débattaient à côté de lui n'avaient point prise sur son âme. Après avoir aidé à débarquer les femmes et les enfants, il s'adressa au capitaine pour lui demander :

— Avez-vous encore besoin de moi?

— Non, monsieur Stead, lui a répondu gravement cet autre maître de la mort...

Et W. T. Stead, ayant mis son habit de fête, attendit en « stoïcien moderne », la délivrance divine.

Car Stead n'est point seul de son espèce. Notre vie par trop agitée nous empêche de relever les héros nombreux et glorieux qui savent, non seulement bien mourir, mais aussi bien vivre. Il a fallu une catastrophe mondiale comme celle du *Titanic* pour attirer l'attention sur les trésors moraux dont débordent nos contemporains. Tous les jours et dans toutes les parties du globe s'affirment des dévouements sans nombre et des héroïsmes innombrables.

On retrouve de nombreux pendants du *Titanic* lorsqu'on se donne la peine de les chercher. Presque au même moment un télégraphiste français, Baclen, qui continue à télégraphier de Fez au milieu des massacres, afin de faire son devoir, même devant la mort, ressemble à ce Philips qui enthousiasma le monde. Cherchez autour de vous, ne vous laissez pas tromper par les fausses apparences et étourdir par les vacarmes qui entourent nos existences, et les Philips, les Baclen ou les autres héros se multiplieront devant vous à vue d'œil. Ils deviendront des légions, des armées d'êtres doux, énergiques, altruistes, jusqu'à l'excès, souvent animés d'un sacrifice surhumain et remplissant leur vie d'actes de bonté divine.

H. — Les âmes folles de bonté

Je ne connais dans cet ordre d'idées rien de plus efficace contre la misanthropie que les éloges de la vertu prononcés aux séances publiques et annuelles de l'Académie française. Tous les ans, à la même époque, on y fait sortir des dossiers bien contrôlés et soigneusement examinés une foule d'êtres exceptionnels, de véritables héros qui, après avoir accompli des actes de beauté sublime, rentrent dans l'ombre et dans l'oubli. Récapitulez leur nombre pendant dix ou vingt ans et vous aurez un millier de surhommes du sacrifice et du devoir. Or, derrière les noms proclamés se cache le nombre encore plus considérable de ceux qui ont réussi à se dissimuler ou de ceux encore dont les noms, faute de prix, ont été passés sous silence. D'après la volonté des créateurs des récompenses, il ne faut couronner que les petits, recrutés dans les classes pauvres. Pourtant ces « petits », choisis dans un seul pays, et cela parmi les Français de

France, fournissent tous les ans une procession édifiante de saints et de saintes. Ceux de nos jours se rehaussent au niveau des meilleurs êtres de tous les temps et souvent les dépassent, comme la vérité reste supérieure à la légende. Ils sont surtout de beaucoup plus nombreux. Un croyant comme Melchior de Vogué, chargé de dépouiller en 1909 les dossiers de l'Académie, n'a pu s'empêcher de constater que « la matière canonisable au début du XXe siècle, en France, est aussi abondante qu'elle put être aux époques légendaires ».

Ces âmes folles de dévouement et de bonté, ces grands premiers rôles du sacrifice et de l'amour du prochain reviennent périodiquement tous les ans et arrachent des cris d'admiration à tous ces intellectuels blasés et sceptiques, obligés, par une singulière ironie du sort, de sanctifier ces héros humbles et obscurs. Dans cette galerie déconcertante des surhommes, on rencontre des représentants de toutes les professions, de tous les âges : des marins, des bergers, des domestiques, des hommes religieux et des laïques, des soldats et des artisans, des veuves et des orphelines.

Tous apportent l'exemple sublime de l'immolation totale ou partielle de soi au bonheur des autres.

Notre société moderne, qui a l'oubli trop facile à l'égard des héros du devoir, offre, par contre, tous les moyens de publicité dont elle dispose à l'armée du vice. Déjà Diderot exprimait ses regrets (lettre à Mme Voland), « qu'on ne publie pas au son de trompe les bonnes actions, comme en Chine, car, ajoute-t-il, il ne faudrait guère de châtiments pour les crimes, s'il y avait des prix pour la vertu ».

L'optimisme de Diderot est sans doute excessif. Pourtant qui oserait douter que l'affichage du bien créerait à son tour beaucoup de bien. La vertu n'est-elle pas aussi contagieuse que le vice. Et s'il y a eu un Monthyon pour récompenser les actes de vertu, il nous en faudrait un autre pour répandre à travers le monde les exploits de l'armée toujours grandissante des serviteurs et des servantes du devoir.

Leur exemple contient de bonnes semences. Il répand comme un arome fortifiant une foi dans l'avenir moral des humains.

Profitons ainsi d'une toute petite fenêtre qu'ouvrent sur la vertu en marche les séances annuelles de l'Académie française.

Prenons au hasard une seule année (1909) et arrêtons-nous devant quelques-uns de ses saints ou saintes, tirés de l'oubli.

Laurentine Armenjou, petite **Savoyarde**, est

la huitième d'une famille de quinze enfants. Le plus jeune se trouve enlevé subitement par des bohémiens. La mère, à la veille d'accoucher du seizième enfant, devient folle. Le père, qui s'épuise dans ses travaux des champs, afin de nourrir sa nombreuse nichée, reste absent du foyer. La petite Laurentine prend, à neuf ans, les charges de la maison. Durant six ans, elle soigne, habille, nourrit et élève les quatorze mioches, ses aînés et ses cadets. Tout cela ne l'empêche point de se charger, en outre, de la garde de sa pauvre mère impotente et démente.

Julie Françon, « la bonne Julie », comme l'appellent les habitants de Bourg-Argental, signataires de la pétition, avait dépassé l'âge de 70 ans. Dans sa jeunesse, elle entourait de soins ses parents infirmes, une sœur couverte de plaies et une nièce valétudinaire. Plus tard, elle veille sur les malades et les infirmes de toute la commune. Durant sa longue vie, consacrée aux autres, la pauvre vieille n'a jamais connu une seule joie détachée du dévouement et du sacrifice.

Voici trois petites Bretonnes, qui s'en vont servir d'infirmières aux lépreux de Mangarewa. Dans cet îlot lointain de la Polynésie, les nouvelles de la patrie ne parviennent que tous les six mois. Ces petites créatures chétives ont à endurer, en outre un voyage en goélette de quarante jours, de Tahiti à Mangarewa. Elles ont à supporter quelque chose de plus : la folie, la lèpre et la mort, qui, avec le cortège des souffrances ne cessent de s'abattre sur les pauvres sœurs qui ne manquent jamais à l'appel...

Antoinette Dussier, simple ouvrière, a élevé avec son salaire quotidien de trente sous trois sœurs en bas âge, et soutenu son frère impotent; Marie-Louise Michel, pauvre cévenole, élève neuf petits enfants; Maria Bouillon, à l'âge de neuf ans, se substitue à sa mère devenue aveugle et veille sur ses six frères et sœurs. Arrivée à l'âge de vingt-deux ans, toute préoccupée de la garde d'une vieille aveugle et de l'éducation de ses cadets, elle estime qu'elle ne s'est pas encore assez prodiguée. Elle recueille et instruit les enfants du village.

Derrière cette énumération sèche se cachent des actes innombrables de bonté réfléchie, d'énergie surhumaine et d'amour sans bornes pour nos semblables.

Il me faudrait des pages entières pour énumérer les autres élus de cette seule année. Or les moissons de vertu restent périodiquement aussi riches et abondantes. On se croirait transporté dans un petit Paradis où l'on goûte les émotions d'une noblesse rare devant des dévouements et des sacrifices déployés par des hommes devenus de véritables demi-dieux. Les institutions de sauvetage et les œuvres philanthropiques de toutes sortes ne feraient que décupler cette éclosion de vertus. Et pourquoi exclure de ce domaine les riches et les grands; les savants, les écrivains, les médecins et toutes sortes de travailleurs, qui se dévouent à leur idéal...

Mais la France n'a point le monopole de la vertu. Lorsqu'on parcourt les annales dorées des autres pays, on y constate le même phénomène réconfortant pour l'avenir de l'humanité.. De partout nous parviennent des échos des actions glorieuses en l'honneur de la cité ou des dévouements héroïques en faveur des particuliers.

Le monde d'aujourd'hui en est rempli. Fascinés par le passé, nous restons impassibles ou inattentifs devant leurs manifestations incessantes. Les Grecs ou Romains vertueux pâlissent singulièrement auprès des hommes de devoir de nos jours. Un esprit indépendant, dégagé des préjugés du bon vieux temps, ne peut que sourire devant la grandiloquence des méridionaux antiques qui savaient donner un prix excessif aux « favoris des dieux » et à leurs moindres paroles et actes.

Nos vertus calmes réalisées en outre par des hommes normaux, valent, d'autre part, souvent plus que celles des saints professionnels, pratiquées dans l'ardeur ou l'hystérie de la foi. La complaisance avec laquelle les poètes, les historiens ou les hagiographes du passé ont relevé et couvert de leur tendresse certains actes ou exploits qui nous paraissent aujourd'hui insignifiants, démontre mieux que tout autre raisonnement les progrès réalisés par la conscience humaine.

I. — Les hommes plus près de la divinité

Le monde moral est plus riche et plus varié que le monde physique. Il prend co   e notre pensée des aspects infinis. Notre idéal rehaussé et ennobli a changé d'essence. Les trésors de sagesse, de concorde, de sympathie et de bonté qui forment ce que nous appelons la « solidarité sociale », offrent un spectacle inconnu dans l'histoire de l'humanité. En commençant par les assurances contre le chômage, la vieillesse, les accidents du travail, les lois qui protègent la femme avant, pendant et après l'accouchement, ou veillent sur le développement et le travail des enfants ou les logements insalubres, et finissant par les lois fiscales qui tendent à adoucir le sort des humbles et les exonérant de tout impôt, que d'exemples de l'amour du prochain, intelligent, raisonné et prévoyant !

Et que de sollicitude et de bonté à l'égard de nos frères inférieurs, les animaux. L'altruisme, qui renie souvent la forme vieillotte de la charité, redevient une compréhension affective. Sous l'aspect grave de la solidarité, l'âme humaine se montre plus compatissante et plus riche. « Quand tu fais un repas, invite les pauvres, les infirmes, les boiteux, les aveugles... et le tout te sera rendu dans la résurrection des justes. » (Luc, XIV, 13.) L'idéal entrevu par Jésus tend ainsi vers sa réalisation. L'humanité a même mis une grande coquetterie à le dépasser.

Notre morale, à force de devenir plus humaine, est par cela même plus divine. Elle n'est plus une renonciation à la terre. Imprégnée de la solidarité des êtres, elle s'en nourrit, et en vit.

Nous faisons de plus en plus notre métier d'hommes, tel que l'ont envisagé les meilleurs parmi les dieux. Victimes d'un mirage moral, nous prodiguons pourtant notre admiration aux saints qui ont déserté la vie au lieu de la concentrer sur ceux qui la servent.

Notre morale purifiée a rehaussé Dieu à son

tour. Il ne réclame plus la mortification de nos corps et le mépris des devoirs envers la patrie et la famille. Celui de jadis a pu trouver de son goût ses serviteurs, oubliant leurs devoirs civiques. Le Dieu moderne s'en montrerait singulièrement attristé. Radicalement guéris de l'incommensurable orgueil qui nous faisait voir dans la terre, le centre, et dans l'homme, le Roi de l'univers, nous avons compris que ni Dieu ni son royaume ne sont notre propriété exclusive. Nous savons, en outre, que la terre fait *déjà* partie du ciel, objet de nos rêves et de nos extases, et que le paradis est, pendant notre séjour ici-bas, en nous et à côté de nous.

Solidement établi dans le devenir, l'homme tend à le rendre meilleur, plus juste et plus heureux. Il tient surtout à travailler, à l'instar de Dieu, avant de disparaître en Dieu. Et c'est pourquoi il veut réaliser l'amour sur la terre. Une fraternité grandiose et nouvelle éclate de partout. Sur son autel, on immole de plus en plus les préjugés cruels et injustes des races, des sexes ou des croyances.

Un habitant de Hardanger reste impassible devant la beauté de son fjord, de même qu'un Savoyard devant la beauté de ses montagnes.

Un poisson qui nage dans l'Océan n'en conçoit ni la profondeur ni l'étendue. Nous restons ainsi insensibles devant les révolutions morales qui se font en nous et autour de nous.

Le pacifisme, si raillé et ridiculisé, en fournit un exemple éclatant. Il nous a déjà épargné une vingtaine de guerres, malgré sa date récente, et nous ne cessons de lui reprocher qu'il n'a pas réussi à transformer en agneaux les hommes qui avaient vécu en loups depuis quelques milliers de siècles!

Nos livres, nos lois, nos discours, nos aspirations elles-mêmes trahissent le même désir, la même inquiétude de réaliser le paradis sur la terre par tous et en faveur de tous.

J. — Morale de la mort et morale de la vie

Remontons un peu plus haut au-dessus de nos radotages et de nos querelles passagères et embrassons l'horizon de fraternité humaine qui s'étend devant nous avec une splendeur insoupçonnée...

Je viens de lire ce matin même un projet législatif devant assurer à l'ouvrier français la participation dans les bénéfices et dans l'administration des usines! Conçoit-on ce qu'il y a d'amour et de justice dans l'accomplissement de ces quelques mots?

Et cette loi qui dépasse l'altruisme d'un Platon ou d'un Aristote est considérée comme équitable et nécessaire par un Français moyen de nos jours!

Le changement qui s'est opéré dans nos relations avec les bêtes prend l'aspect d'une véritable révolution. Tous, nous comprenons aujourd'hui que la différence entre l'âme, ou, si l'on préfère, entre l'intelligence des hommes et des bêtes, n'est qu'une différence de degré et non point celle d'essence. Une petite ouvrière parisienne de nos jours a, sous ce rapport, les idées d'un Montaigne, d'un Bayle ou d'un Leibniz. Et nous agissons en conséquence. Dans tous les pays civilisés, on légifère en faveur des bêtes. Une sollicitude touchante se manifeste autant à l'égard de leur travail que de leurs souffrances. Notre sympathie et notre compassion, devenues presque instinctives, se manifestent sous des formes variées, preuves évidentes de l'augmentation potentielle de notre bonté et de notre générosité.

Notre morale est-elle meilleure et nous-mêmes sommes-nous meilleurs?

Les Pharisiens, qui sont de tous les temps, trouveront de quoi nous accabler. Oui, notre morale ne consiste plus dans les spasmes de l'extase, dans des prières ou des offrandes (et encore!), dans l'hystérie des communions avec la divinité, dans la paralysie de notre être se confondant avec l'irréel... L'homme moderne ne se sauve plus devant le devoir envers ses prochains, l'Empereur des devoirs. Il veut rendre la vie divine pour soi et pour les autres. Rejetant les formules mortes, il remplace l'automatisme par la création et l'intuition incessante d'un amour élargi et approfondi.

Et il réalise, de la sorte, l'esprit des pensées sublimes de l'Evangile qui avait apporté une joie et une espérance divines à la terre en larmes.

K. — Les progrès des concepts moraux

Sortons du domaine concret des faits et rentrons dans celui des abstractions; abandonnons la pratique pour la doctrine et la théorie morale. Nous y apercevrons également des preuves incontestables du progrès. Prenons comme comparaison les plus notables doctrines morales des Grecs et des Romains et opposons-les à celles de nos jours. Et voici un spectacle déconcertant qui nous frappe.

Tous nous concevons aujourd'hui la morale comme la science du devoir. Or, la morale ancienne ne connaît point ce concept. On ne trouve même pas un mot équivalent, ni dans la langue grecque, ni dans celle des Romains. Le regretté Victor Brochard (1), dit avec raison « qu'il n'y a point dans la morale grecque un impératif », mais un « optatif », cette morale se présentant toujours comme une « parénétique »... Elle ne peut nous offrir que des conseils, toute obligation en étant principalement exclue. Comme le but de la morale n'était que le souverain bien s'identifiant avec le bonheur, il eût été illogique d'ériger en obligation ou devoir, sa recherche et sa pratique. L'idée du devoir faisant défaut, celle de la conscience y brille également par son absence. Chose plus grave : l'introspection des âmes, la vie et l'examen intérieur des motifs de nos actes et partant les conditions essentielles de l'amélioration de nos âmes et consciences, n'ont point de raison d'être dans la morale classique. La responsabilité morale n'y existe pas non plus à l'état de terme consacré. Il en est de même de l'immortalité de l'âme. Sous ses formes complexes et variées, elle ne se retrouve point chez la plupart des moralistes grecs (2).

(1) Le terme νομος ne signifie que « coutume » ou « usage ». *Etudes de philosophie ancienne et moderne.*

(2) Elle est presque étrangère à Aristote, et Platon, tout en la préconisant, s'en passe totalement dans ses doctrines étatistes et morales.

Donc, pas de conception de devoir, de conscience, de responsabilité morale et d'immortalité ! C'est beaucoup, et c'est même beaucoup trop. Sans doute, cette absence des principales forces motrices de la vie morale de nos jours, n'a point empêché l'antiquité d'avoir ses héros du devoir et de la vertu. Mais il s'agit d'une élite infinitésimale conservée et embellie par l'imagination des historiens et le recul du temps.

On objectera peut-être qu'à côté des doctrines morales, il y avait des religions. Ces recueils des croyances vagues et flottantes n'avaient rien de commun avec la foi des religions révélées. Le Dieu moderne a, du reste, lui-même avancé en grade comparé à celui de l'antiquité et de la Bible et des Évangiles. Zeus et Jupiter n'étaient que des demiurges supérieurs, sorte de rois autocratiques qui avaient à côté d'eux le Fatum implacable, fonctionnant à l'instar des peuples que la volonté déchaînée rend quand même tout-puissants. Platon et Aristote limitent la Divinité dans son essence. Elle ne s'émancipe qu'avec le néoplatonisme de la tutelle de l'Intelligence, de l'Inintelligence et de tant d'autres principes où sa volonté se trouve emmaillotée.

Dieu conçu comme un Etre influi et

mité, s'identifiant avec les causes et les fins de l'Univers terriblement agrandi, n'est qu'une conquête des temps récents. Les athées qui le rejettent, l'honorent quand même. Ils l'identifient avec les volontés implacables, définitives et éternelles de la Nature. Ils ne prononcent pas son nom, mais ils exaltent ses lois.

L. — Plus de morale et plus de bonheur

La sainteté se démocratise à son tour. Elle ne nous frappe presque plus. D'exceptionnelle elle est devenue presque banale, et cette banalité même est signe de sa généralité. Il nous faut une vertu d'essence de plus en plus rare, noble et élevée.

Un petit bourgeois de nos jours a souvent des sentiments qui dépassent en noblesse et en générosité ceux d'un saint d'autrefois. Nous ne voyons pas un paisible Parisien changeant la pauvre femme de Loth en statue de sel parce qu'elle a eu la curiosité de regarder derrière elle; faire lapider un homme ou une femme qui aurait « un esprit de Python ou un esprit de divination »; tuer celui qui ne serait point affligé le premier jour du septième mois, « ou assassiner celui qui aura blasphémé le **nom** du Seigneur... »

Le gouffre moral qui sépare souvent Jéhovah, les divinités grecques ou romaines et les armées des saints du passé, d'un mortel de notre temps plaide la cause du progrès réalisé dans nos consciences.

La comparaison entre la pensée morale de simples braves gens du xxe siècle et celle des dieux de l'Olympe, ou maintes affirmations ou conceptions d'un Bouddha, de Confucius ou de Mahomet, serait, soyons-en sûrs, en faveur des aspirations de notre temps.

On ne conçoit pas un Jacques de Voragine pouvant renfermer dans quelques livres les exploits des saints qui nous entourent. Son ouvrage prendrait vite la forme d'une vaste encyclopédie britannique. L'humanité contemporaine attend encore un historiographe de sa vertu et de sa beauté morale. Sa compassion et sa bonté qui s'exerce à travers les océans; la solidarité humaine dépassant les mesquines frontières politiques et administratives; la charité et le respect humain qui embrassent l'ensemble de l'espèce; la dignité de l'homme qui triomphe sous forme de lois égalitaires des préjugés de naissance, des professions et des divisions sociales, autant d'abîmes qui nous séparent de la moralité classique ou moyenâgeuse.

Souvenons-nous de Ceadmon, ce bouvier

northumbrien, si touchant dans sa simplicité, à qui la Croix radieuse, entourée d'anges, parle d'une façon divine. Il adore la Croix et la fait gémir et pleurer, car elle est dans son cœur. On communie avec tout ce qu'on aime. Et la Croix parle à Ceadmon comme Durandal, « la belle et sanctissime », est devenue une compagne bénie de Roland.

Il en est ainsi de notre existence ici-bas. Tâchons de la comprendre et elle deviendra aimante et fidèle; recherchons ses beautés et celles-ci charmeront et rassureront nos yeux.

Quelques taches du cristal suffisent cependant pour ternir la clarté des rayons solaires. Or, le soleil n'y est pour rien. Il brille et réchauffe, mais le petit carreau défectueux nous en cache la splendeur.

Evitons de même les préjugés qui encombrent notre vision, car nos regards nous renvoient leur image fausse et trouble.

Il y a un progrès moral, comme il y a plus de bonheur sur la terre. Mais il faut observer la vie et aimer ses semblables pour n'en point douter.

CHAPITRE VII

Quelques Catéchismes du Bonheur

1. — La réunion était des plus brillantes. Autour de la maîtresse de maison, célèbre pour recevoir dans ses salons tout ce que Paris compte de glorieux dans le domaine des lettres et des arts, il y avait ce jour-là, quelques hommes d'esprit très réputés. On causait du ciel et de la terre, en passant par le paradis. Ce fut un véritable concert de reparties vives, de bons mots, de remarques fines. Une méchanceté douce, sous un vernis d'indulgence, présidait à ce tournoi...

Un jeune homme, s'efforçant d'attirer l'attention sur lui, lança quelques saillies spirituelles. Sa voix mélodieuse, ses observations piquantes lui valurent des approbations unanimes.

— D'où est-il? Que fait-il?

Il venait de recevoir en plein visage la flatterie la plus expressive, parce que muette. Son désir de briller, de sortir de l'obscurité, s'en exaspéra. Son éloquence, fouettée par ses premiers succès, lui fit franchir des sauts vertigineux. Il ne remarqua point la lassitude de l'assistance, les visages égayés de ses rivaux. Peu à peu, revenu à lui, il comprit que la partie était perdue. Il essaya encore par quelques détours nouveaux de regagner la bataille. Mais le charme était rompu. Un quart d'heure plus tard, les esprits brillants se portèrent dans un autre coin du salon. On sentait dans l'atmosphère ambiante la douleur d'une destinée sur le point de sombrer. Une réputation naissante venait d'être enterrée...

Devant nous s'était déroulé un de ces nombreux petits drames de salon. Ils ont leur mélancolie profonde et leur tristesse grave. Les esprits pondérés hausseront les épaules devant un incident indigne d'émouvoir leur sensibilité. Rien n'est pourtant grand ou petit en soi. Tout dépend de notre propre conception des choses. Aux yeux de tout ce petit monde, il s'agissait d'une catastrophe irrémédiable. La victime en souffrait. Son visage était crispé par la douleur et ses yeux étaient voilés d'un nuage épais...

Nous quittâmes la réunion ensemble. Le malheureux marchait, la tête baissée. Il était humilié et anéanti, tel un joueur qui aurait perdu sa dernière mise.

— Que votre esprit est étincelant! lui dis-je...

Il me regarda désappointé. Avait-il affaire à un méchant ironiste ou à un connaisseur bienveillant? On est toujours connaisseur, lorsqu'on sait apprécier nos dons, nos talents...

Je lui tendis la main :

— Oui, lui dis-je, vous avez infiniment d'esprit. Mais votre esprit a un tort. Il paraît ignorer l'éloquence du silence. Si, après avoir ravi l'auditoire, vous aviez su écouter et admirer les autres, votre triomphe eût été assuré. Le vrai causeur est celui qui sait écouter. Lorsqu'il y ajoute le don de pouvoir dire quelques mots sensés, il devient irrésistible.

Des mois et des mois s'écoulèrent. Un beau matin, je reçus ce petit billet :

« J'ai mis à profit, Monsieur, votre conseil. Je bénis la force du silence. Je ne fais plus d'efforts inutiles. Je suis patiemment le bavardage des autres. On m'en sait un gré infini. Je parle peu. Cela me permet de peser mes paroles et m'attire les louanges de tous ceux que j'écoute. »

En effet, X... passe aujourd'hui pour un des esprits les plus brillants de la capitale.

J'ai beaucoup réfléchi sur la portée de ce menu incident. Que de fois n'avons-nous pas assisté au spectacle de gens ruinant avec ardeur leurs propres intérêts? Les bavards forment partout la majorité écrasante. Tous contribuent de leur mieux à rendre la société d'hommes peu enviables. Pourtant ce n'est pas toujours une nécessité physiologique de parler qui cause les multiples tourments des hommes. Le plus souvent, c'est le besoin invincible de plaire. Pourquoi ne nous a-t-on pas appris les avantages du silence?

II. — On cueille avec piété, sur l'arbre de nos connaissances, les fruits les plus insignifiants de l'expérience. Pourquoi, dans le domaine moral, laisse-t-on inutilisés les malheurs et les déceptions de nos pères? Ces enseignements, cristallisés sous forme brève, placés constamment devant nos yeux, finiraient peut-être par changer notre nature. Magie sublime des mots! Ils pourraient en tout cas nous épargner beaucoup d'erreurs et beaucoup de larmes.

Les religions avaient de tout temps réduit leur sagesse en miettes. Mais les formules religieuses, trop éloignées de la vie, touchaient surtout ceux qui s'en sont retirés. Pour l'humanité prochaine, il faut le miel de la vie réelle, qu'elle pourrait et devrait utiliser dans toutes les circonstances.

III. — On tient à faire fructifier le sang des soldats tombés sur les champs de bataille. On tient à faire rembourser les dépenses occasionnées par la guerre. Qu'est-ce que la vie, sinon la lutte continuelle des hommes contre le sort? Bataille éternelle. Commencée il y a quelques centaines de milliers d'années, elle ne finira qu'à la disparition du dernier des humains. Faisons parler les vainqueurs. Ecoutons les gémissements des mourants et des blessés. Dans le vaste cimetière du passé reposent les secrets du bonheur de demain.

Car l'expérience coûte toujours trop cher. On aurait tort de vouloir y enfermer notre vie. C'est comme si on voulait faire acquérir aux commerçants les secrets du succès, au prix de grandes pertes et de faillites successives. Un capitaine de vaisseau n'apprend point son métier dans une série de naufrages. Certaines expériences nous coûtent jusqu'à la possibilité d'en profiter.

Il n'est pas toujours très facile de faire intervenir les disparus. Ecoutons aussi les vivants. Tirons de leurs larmes et de leurs sourires, de leurs déceptions et de leurs triomphes, quelques idées directrices. Ne laissons pas surtout se perdre nos propres joies. A travers les cendres et la rouille, dont les circonstances couvrent notre âme, laissons-les parler. Arrêtés devant les flots qui l'emportent, écoutons la voix de la vie. Grave et harmonieuse, elle nous indique comment éviter les routes tortueuses et décevantes. Elle nous indiquera peut-être aussi l'ascension la plus facile vers la réussite.

Le catéchisme ou plutôt les catéchismes de la vie! Catéchisme de la santé physique! Catéchisme de la santé intellectuelle et morale! Catéchisme du succès! Catéchisme du bonheur! Fruits de la sagesse et de la pensée des autres, ils nous permettraient d'utiliser les larmes et les joies de nos prochains, au bénéfice de notre propre avenir.

Que de fleurs cueillies dans le grand jardin de notre existence! Nous avons tort de les laisser périr et se faner. Il serait pourtant si facile de jouir de leurs parfums enivrants. Ils se dégagent sous l'action de la destinée, comme ceux des fleurs sous la brise des nuits.

IV. — On connaît la jolie réponse d'un théologien médiéval. On lui avait demandé de définir l'essence de la religion, pendant qu'il resterait debout sur un pied.

— Aimez votre prochain comme vous-mêmes, répondit-il.

Certaines sciences de la vie pourraient également être condensées, sinon en quelques lignes, au moins en quelques pages. Leur forme lapidaire rebutera beaucoup d'incrédules. Nous demandons aux chemins du bonheur, comme à ceux qui mènent au ciel, d'être très longs et surtout très complexes. Il y a pourtant des âmes candides qui s'y acheminent par les voies les plus simples. Et leur route est la meilleure.

Essayons de les imiter en cueillant sur les arbres de la vie quelques fruits pleins de saveur. Leur qualité ne sera pas toujours de premier choix. Il y en aura même d'amers et de tout à fait mauvais. Car il faut avoir un don rare pour pouvoir les bien choisir et je n'aurai point la prétention ridicule de me l'attribuer. Mais en réfléchissant à leur avantage, on s'apercevra de la possibilité de les avoir plus beaux et plus nutritifs. On constatera aussi combien il serait profitable de ne pas

les laisser inutilisés. Et alors des jardiniers
plus experts leur procureront plus de saveur
et surtout des formes plus alléchantes... Voici
quelques articles d'un catéchisme du bonheur.
Commençons par celui de notre existence morale. Nous procéderons par une présentation
en quelques mots, sorte de formule brève,
d'une expérience de la vie et nous en dirons,
en guise de commentaire, les attraits et les
profits.

Pour être heureux, il faut vouloir l'être

Le bonheur est l'enfant de notre volonté.
Plus celle-ci est forte, plus son produit est
beau. Il y a des gens heureux, grâce au simple hasard. C'est un bonheur éphémère. La
moindre brise le couche par terre; la moindre
adversité le déracine et le détruit. Il n'y a
que l'effort de notre volonté pour le conso-
lider. Lorsqu'on veut être heureux à tout prix,
lorsqu'on plie la vie à l'exigence de notre
bonheur, celui-ci se lève triomphant et ma-
jestueux envers et contre tous. La pensée sub-
juguée par notre désir d'être heureux souffle sur les grimaces de la fortune et elles se
changent en sourires. Alors on rit même de la
fatalité. Celle-ci peut sans doute beaucoup,

mais elle ne peut rien contre l'impossible. Le malheur ne peut se glisser dans notre conscience, lorsque suffisamment armée, elle repousse ses adversaires.

Faisons tous les jours le bilan de notre vie

Les incidents de la vie, non repensés, ne nous appartiennent point. Ils glissent sur nos âmes comme l'eau sur les rochers. Pour jouir de son propre bonheur, il faut encore le saisir au passage. Autrement, il s'enfuit comme les fantômes d'un rêve. Nous nous plaignons de la courte durée de notre vie. En nous arrêtant devant ses manifestations, nous la rendons plus intense. Nous la rendrons surtout plus avantageuse pour notre avenir. Arrêtons-nous de préférence devant notre bonheur. Que de fois il m'a été donné de causer avec des gens qui auraient pu être très heureux! Toujours affairés, ils n'avaient point compris les conditions de leur bonheur et celui-ci a passé à côté d'eux. Ils étaient même malheureux, pour avoir fermé les yeux devant les raisons de leur bonheur. Il faut regarder sa propre vie, on l'aime alors davantage.

Une vie harmonieuse devrait embrasser le passé, le présent et l'avenir

Le passé renferme, comme un coffre-fort, les trésors de la vie vécue. Ils sont à nous. Nous en disposons à notre gré. On s'arrête aux moments heureux, on rejette les pénibles et l'on réfléchit devant les faits gros d'enseignements. On multiplie de la sorte les instants de bonheur et l'on augmente sa vie. L'avenir est à nous comme le présent. On en jouit par l'imagination... Le passé, qui sert d'enseignement, est aussi une source de plaisirs.

Il faut également repenser ses tristesses, car il faut repenser sa vie. La douceur et la bonté des choses ne sont à nous qu'à ce prix. Elles nous consolent des déboires et donnent sa valeur à l'existence.

Tout ce qui nous arrive dans la vie devrait servir à la formation et à l'extension de notre « moi ». Notre vie devient par cela même plus riche, plus intense et plus intéressante. Nous gagnons les joies d'une vie double. Celle qui se joue dans les profondeurs de notre âme se complète par celle qui se joue en dehors.

Evitons la colère

La douceur de l'indulgence désarme les méchants. Elle nourrit de miel notre propre âme.

Elle nous évite la colère qui traîne derrière elle l'injustice et la vengeance. La colère est un venin dangereux pour l'âme et destructif pour notre corps. Lorsqu'elle s'empare de notre « moi », elle en pénètre les coins les plus mystérieux. Source de faiblesse, elle dégrade l'homme. Elle le rend surtout inférieur à celui contre qui elle s'exerce.

Le bonheur dépend de l'étendue de notre amour

L'âme remplie d'affection ressemble à une chambre bien éclairée. L'amour et la bonté illuminent et réchauffent notre conscience. Mais on prodigue souvent sa bonté ou son amitié à tort. On ne devrait pas trop le regretter, car les satisfactions qu'elles nous offrent, restent quand même saines et grandes. La jouissance que procure l'exercice de bons sentiments est bien à nous. Personne ne peut nous en priver. Celui qui s'en montre indigne est comme cet arbre malade qui, avant de mourir, nous donne ses fruits, sans le vouloir.

La vie, c'est l'effort, c'est le travail, c'est l'action

Pensée que devrait avoir en vue tous ceux qui rêvent à leur retraite. Se retirer de la vie, c'est attirer vers soi la mort. Le prétendu repos n'est que la torpeur de notre corps, de notre intelligence. Tous les deux s'affaiblissent et offrent une proie facile à leurs ennemis naturels, les maladies.

Ceux qui médisent de l'action et courent vers le repos ressemblent aux gens qui chercheraient la joie dans le silence des tombeaux. Jouissance de courte durée, car le simulacre de la mort se transforme promptement en la mort elle-même.

La politesse comme base du succès

Elle conquiert tout et ne nous coûte rien. Grâce à elle, l'homme le plus insignifiant bénéficie d'une valeur positive. C'est une enseigne qui fait deviner d'autres dons agréables : la bienveillance, la douceur, la bonne éducation. Ne pas user de la politesse équivaudrait à rejeter un trésor qu'on nous offre pour rien. Lorsque la politesse vient du cœur, elle va aux cœurs. Elle nous protège alors comme une artillerie de choix protège une armée qui la suit. Nous avançons agréablement dans la vie, car tout cède devant sa force enchanteresse, qui conquiert sur sa route les cœurs et les imaginations.

V. — Si du domaine moral nous passons

à celui de la santé physique, nous saisirons encore mieux la portée profonde de ces pensées directrices. Elles devraient, comme des phares, nous guider sur les routes innombrables de notre vie. La santé est une des raisons fondamentales du bonheur. Les gens bien portants apprécient les choses sainement. Ils sont presque toujours optimistes. La vie n'est pas un mal en elle-même. La mauvaise digestion est pour neuf dixièmes dans nos idées moroses. Guérissez-vous d'abord, devrait-on dire aux pessimistes, et la vie aura pour vous tous les attraits.

L'humanité devient pourtant de plus en plus triste et désenchantée. C'est qu'elle s'éloigne de plus en plus des principes salutaires. On parle beaucoup trop de l'hygiène sociale, mais on fait trop peu pour la réaliser dans la vie. Le Dr J. Héricourt (1) démontre que le gouvernement et la société rivalisent dans leur tâche de propager les maladies. La comparaison avec les siècles écoulés nous offre des consolations trop faciles. On oublie que les conditions de l'existence ont radicalement changé. Les agglomérations humaines sont devenues trop denses; les eaux qu'on absorbe sont bien plus infectées; nous vivons bien moins à l'air; nous travaillons trop avec nos

(1) *L'Hygiène moderne.*

cerveaux et trop peu avec nos muscles. Les générations qui nous ont immédiatement précédés ont souffert de trop de révolutions sanglantes et violentes. Elles nous ont légué un héritage morbide de nerfs détraqués et d'organismes débiles. Les mauvais germes des ancêtres font en nous des ravages, comme les microbes malfaisants, multipliés pendant des siècles, dans les eaux et dans les airs.

L'hygiène sociale triomphera tôt ou tard. Elle établira son règne sur les sociétés de demain avec la majesté d'une loi de salut collectif. Sa victoire se faisant attendre, nous devons tous veiller sur notre propre bien-être, avant la conquête du bien-être général. Cela ne fera qu'accélérer son avènement.

Pour réformer l'humanité au moral, il faut avant tout la réformer au physique. Les deux santés se tiennent et se prêtent un appui mutuel. L'humanité, apte au bonheur, sera non seulement meilleure, elle sera aussi plus saine.

Ici comme partout ailleurs, nous pouvons faire beaucoup pour nous-mêmes, par nous-mêmes. Un bréviaire de la santé, contenant en raccourci les notions les plus impérieuses, pourrait régénérer l'humanité. Ces rappels, placés toujours devant nos yeux, s'infiltreraient dans notre conscience.

Imaginons plusieurs générations subissant

docilement ces bonnes sugestions. Le plaisir de vivre se changerait, sous leur influence, en une volupté de vivre.

Prenons à titre d'exemples quelques indications pour vivre sainement. Fions-nous aux âmes compréhensives. Elles sauront à travers ces quelques feuilles disparates, entrevoir la beauté et l'utilité de la plante dont elles sont détachées...

Gardons-nous des excès de nourriture

Presque tous nous mangeons deux ou trois fois plus que ne le demande notre organisme. Les produits de l'alimentation excessive et mal assimilée engendrent une floraison de toxines. Affaibli, notre corps devient le refuge de toutes sortes de maladies. Notre être moral s'en trouve à son tour fortement atteint. L'existence nous devient à charge. A mesure que les maladies approchent, la joie de vivre et le bonheur s'éloignent.

On devrait se tenir en garde contre son appétit. Il faudrait le maîtriser au lieu de le subir. Dans ce précepte laconique, réside souvent le salut d'une vie longue et heureuse

Mettons en harmonie notre activité physique et mentale

Il y a une nécessité impérieuse d'exercer en

même temps nos muscles et notre cerveau. Une mentalité saine et puissante demande un corps sain et solide. Les travailleurs manuels devraient exercer à leur tour leur pensée. Le droit à la culture intellectuelle est le droit fondamental de la classe ouvrière, de même que celui de faire travailler leurs muscles, appartient aux professions libérales. Mais il ne suffit pas d'accorder un droit, il faudrait aussi assurer la possibilité de l'exercer. De l'équilibre de notre vie musculaire et cérébrale dépend le perfectionnement rationnel et le bonheur de l'humanité.

Le devoir primordial de l'homme, c'est de respecter sa santé

Notre santé individuelle est non seulement la base de notre propre bonheur, mais elle est aussi celle de la collectivité. Les excès commis ne font visiblement du tort qu'à nous-mêmes. Mais ils sont également préjudiciables à notre entourage immédiat, à la commune, à l'Etat. Ils nuisent aussi aux générations futures. Incalculables dans leurs conséquences, nos transgressions contre les principes vitaux de notre organisme, deviennent ainsi de véritables délits.

L'homme a le devoir de pratiquer une moale physique. Les atteintes contre les lois de la santé, difficiles à définir et à punir, n'en restent pas moins des délits, tout en prenant souvent la gravité de crimes.

VI. — Nous assistons presque toujours au spectacle d'efforts énormes pour obtenir des résultats médiocres. Dans la vie politique et sociale on amène des locomotives majestueuses pour faire chauffer des petits verres d'eau. On organise des rencontres dispendieuses de souverains, accompagnées de revues de leurs armées, qui n'influencent aucunement la marche des choses. Des lois grandioses sont promulguées qui ne changent rien. Elles ressemblent à ces bâtisses imposantes qui n'offrent l'abri à personne.

Ces spectacles nous sont familiers. Ils n'étonnent plus. Mais le contraire nous scandalise. Une petite turbine destinée à mouvoir une machine complexe nous laisse incrédules. On admettra difficilement l'action que ces maximes si faciles à rédiger et à retenir peuvent exercer sur la santé morale et physique des humains. Nous croyons bien plus aisément à l'empire de gros livres dont les idées nous échappent, comme les armes perdus dans les vastes forêts. Ces préceptes pourraient, du reste, être aussi nombreux que le sont les aspects infinis de la vie. Ils pourraient résumer toute sa philosophie en la mettant à la portée de toutes les intelligences, de tous les cœurs.

VII. — On est reconnaissant à un ami lorsque, dans un moment difficile, il nous pousse dans une voie propice pour notre bonheur. Ces fruits de la sagesse joueraient les rôles de ces amis avisés. On se servira des fleurs de l'expérience récoltées chez les voisins. On se servira surtout de celles qui ont poussé dans le jardin de notre conscience. Ces avis seraient souvent comme ces semences qui, négligemment jetées sur le sol, y font naître des arbres bienfaisants. Au milieu des routes entrecroisées, on trouverait aisément celle de notre salut. Notre conscience grandira grâce aux graines qu'on y aura semées.

Mis au niveau de cerveaux juvéniles, ces préceptes délicieux de la sagesse pourraient facilement augmenter leur expérience avant l'âge. Ces maximes se dissoudraient dans leur conscience comme les aliments aisément assimilables dans notre organisme. Répétées à satiété, elles en deviendraient une partie intégrante.

Il y a sans doute des livres de maximes, d'aphorismes ou de pensées détachées. Mais l'idée qui les guide est plutôt celle d'amuser ou de scandaliser notre imagination. On ne prend point au sérieux les enseignements qu'ils comportent. Cette préoccupation d'instruire, absente d'ordinaire chez les auteurs, l'est encore davantage chez ceux qui les lisent.

VIII. — Les bréviaires, tels que nous les concevons, seront de véritables manuels de la vie. Leur contenu, choisi avec méthode et discernement, devrait se graver dans nos mémoires, sous une forme belle et attrayante. Leurs pensées seraient semblables à ces dons royaux qui, souvent immérités, tombent dans notre vie et la couvrent de magnificence et de splendeur. Manuels utilitaires des jeunes et des vieux, ils formeraient une pédagogie incomparable, pédagogie de la vie heureuse.

Grâce à eux, on pourrait rendre l'âme plus sensible au bonheur et le bonheur plus soucieux de nos âmes. Placés entre les mains des adolescents, ils pourraient faire beaucoup pour l'élévation et l'éducation des consciences.

Dans leur forme brève, loin d'étouffer, ils élargiraient notre pensée, en la faisant mûrir plus rapidement, dans ses applications à la sagesse de la vie.

Ces résumés de l'expérience du dehors, faciliteraient l'éclosion de celle d'au dedans, comme la fortune héritée des pères facilite l'augmentation de celle de leurs fils. Le catéchisme de la vie sera peut-être un objet d'enseignement dans quelques dizaines d'années. Et ce ne sera pas sans doute le sujet que les élèves étudieront avec le moins de diligence et d'amour. Ils verront de la sorte les aspects les plus instructifs de la vie. Ils apprendront dès l'âge tendre les moyens de chasser le malheur et d'attirer le bonheur.

Notre démonstration n'est peut-être pas tout à fait convaincante. Cela parle contre notre éloquence, mais non point contre notre idée. Mauvais guide, j'ai choisi une route mauvaise. Il se peut même que j'en aie mal expliqué les charmes. Essayez de chercher vous-mêmes. Composez un bréviaire de la vie, basé sur vos propres observations. Tâchez de l'avoir ensuite sous les yeux. Pour en saisir plus facilement les avantages, commencez par celui de la santé physique. Ses effets sont plus prompts et par cela même plus convaincants. Réduit à une vingtaine de préceptes, il nous épargnerait maintes déceptions. Ces enseignements, toujours présents à notre esprit, pourraient barrer la route à un nombre double de maladies. Nous vivrions à la fois plus heureux, tout en vivant plus longtemps.

CHAPITRE VIII

La Morale du Bonheur

1. — La vie domine l'univers. Elle a existé avant nous, elle existe et elle existera après nous. Nous lui devons ce que nous sommes et il faut transmettre aux autres le flambeau sacré qui nous a été confié. Il faut vivre sa vie.
C'est l'enseignement suprême qui nous arrive de partout. L'homme normal manifestera toujours une volonté de vivre et une appréhension instinctive de la mort. Nous sentons sans doute le vide que nous laisserons après notre disparition, nous nous en attristons même. Nous n'allons cependant pas jusqu'à croire à l'évanouissement de la vie, dès le moment où nous ne serons plus. La vie reste et restera le facteur primordial, sans lequel nous ne

pouvons concevoir ni la nature du dehors, ni notre moi intérieur. Base de toutes nos pensées et de toutes nos actions, elle peut être et est en réalité l'assise fondamentale de la morale.

II. — Nous vivons. Quelle que soit la cause à laquelle nous devons la vie, il faut se subordonner à ses exigences. Il faut vivre et ensuite vivre heureux. Voilà deux postulats inséparables qui peuvent fournir le système de conduite de notre vie, un système de morale. L'histoire de l'humanité se résume souvent dans une bonne ou dans une mauvaise conception du bonheur. Car l'idée que nous nous en faisons, les sentiments qu'il nous inspire, remplissent notre vie. Admettons une humanité composée de sages et leur façon de penser et de vivre deviendrait sage à son tour. Ce n'est pas le sacrifice ou l'abnégation qui a créé la civilisation humaine. C'est l'idéal que se sont fait du bonheur les meilleurs parmi les humains. Ils ont tous travaillé en vue de leur intérêt bas ou sublime; ils ont tous été guidés par les aspirations instinctives ou conscientes qu'ils avaient de leur bonheur.

Mais comment vivre? Comment remplir le mieux sa destinée? On a inventé des milliers de systèmes de morale pour répondre à cette préoccupation. Aujourd'hui encore, comme du temps des premiers philosophes, nous nous trouvons divisés là-dessus. L'idéal qu'on nous avait proposé, était tantôt trop haut, tantôt trop bas. Il était surtout trop à côté de nos intérêts réels ou de nos aspirations invincibles. On paraissait oublier que le désir de vivre heureux suit nécessairement le principe de la vie.

Le bonheur alimente et dirige notre vie. Il prend sans doute toutes les formes. Méfions-nous de celles qui trompent notre entendement, car même la renonciation au bonheur n'est qu'une forme spéciale du bonheur. En voyant le sacrifice vers lequel tendent les âmes nobles, il nous semble que leur désir est de vivre dans le malheur. En pénétrant dans leur intimité, on s'aperçoit qu'il ne s'agit point d'une négation du bonheur, mais d'un bonheur plus raffiné, plus élevé. La morale des ascètes se nourrit du plaisir de la souffrance, forme inverse du bonheur. Mme de Sévigné parle d'un curé qui mangeait de la merluche dans ce monde pour se régaler, dans l'autre, avec du saumon. Au fond de maints calculs religieux qu'on prône comme la morale idéale, on retrouve presque toujours l'éternelle merluche dont on se contente, en prévision des poissons délicieux d'outre-tombe.

III. — C'est le sens que nous attachons au bonheur qui rend basse ou noble notre vie.

La mascarade morale dans laquelle nous vivons, nous fait déguiser la pensée directrice de nos actes. On la baptise de tant de faux noms, on lui fait subir tant d'accoutrements divers que sa vraie nature reste cachée et insaisissable. Avec une hypocrisie rare, nous fondons des morales sur les principes du devoir, de la justice, de l'amour, de la crainte du ciel et de l'enfer. Déshabillons-les et nous découvrirons sous tous ces artifices, le vrai mobile de la vie, la recherche du bonheur. Accordons-lui donc ouvertement la place dominante puisque, victorieux, il a résisté et résiste à toutes les tentatives d'étouffement.

IV. — Le but de la science, en général, et celui de la morale, en particulier, consiste à dégager la vérité des faits et des sentiments, mais non point à voiler les faits ou à les faire rentrer de force dans des idées préconçues.

L'homme doit tout ce qu'il est aux générations éteintes. Cette dette, il faut qu'il la paye, à son tour, à ceux qui viendront après lui. Il ne se conçoit pas en dehors des morts qui ont disparu, des vivants qui sont autour de lui ou viendront après lui. Il a des dettes sacrées envers les morts et des devoirs envers les vivants. Cette solidarité entre les morts et les vivants et entre les vivants eux-mêmes, s'impose à lui dans tous ses actes et dans toutes ses pensées.

L'expérience lui enseigne, en outre, que son bonheur n'est que la résultante du bonheur collectif. De même qu'il a été façonné par les générations éteintes, il dépend de l'humanité qui l'entoure. Admettons que la société revienne à l'état de brigandage, et sa sécurité, de même que son bonheur personnel, s'évanouiront avec le bonheur social. Les précautions hygiéniques que prend l'individu sont profitables à la collectivité, de même que sa santé dépend à son tour des mesures de prophylaxie adoptées par la communauté. La loi, cette expression de la volonté collective, le garantit contre les dangers des égoïsmes déchaînés. On pourrait multiplier à l'infini ces exemples de la dépendance et de la solidarité réciproques de nos intérêts personnels et de ceux de la collectivité. Et plus on réfléchit sur les lois de notre bonheur, plus on s'aperçoit de sa dépendance directe du bonheur collectif, du bonheur de notre patrie et de la patrie des autres.

Cette constatation nous apporte et explique le devoir suprême de notre vie : personne n'a le droit de jouir des bienfaits qu'il doit à l'activité des autres, sans contribuer, pour sa part et dans la mesure de ses moyens, à leur bonheur et à leur sécurité.

Nous avons ainsi des devoirs envers la famille, la commune, la patrie et l'humanité.

V. — De longs siècles d'une vie mal comprise nous ont fait dénigrer le bonheur. Une pédagogie basée sur des données souvent contraires à la nature de l'homme l'ont rendu méprisable. Le bonheur n'est que l'intérêt, prétendaient les moralistes, et l'intérêt est vil et indigne. Au lieu de le faire pousser sur les hauteurs et d'y conduire les humains, on ne cessait de lui assigner une place suspecte dans une vie dégradée. On cachait le bonheur derrière des vertus fausses, comme les seigneurs de l'ancien régime couvraient de perruques douteuses leurs chevelures vivaces. Et tandis qu'on proscrivait le bonheur de la cité, celui-ci, plus ardent que jamais, se riant de tous ceux qui voulaient l'étouffer, n'a jamais cessé de clamer ses droits. Semblable à cette cloche, chantée par Victor Hugo :

... Même en sommeillant, sans souffle et sans clartés,
Toujours le volcan fume et la cloche soupire;
Toujours de cet airain la prière transpire,
Et l'on n'endort pas plus la cloche aux sons pieux
Que l'eau sur l'Océan ou le vent des cieux...

Hypnotisés par les idées erronées de nos aïeux, nous tremblons devant la réhabilitation du bonheur. Sa délivrance nous paraît odieuse et dangereuse à la fois. Au fond de nos craintes éclate, stupéfiante dans sa survie, la conception de l'origine diabolique de l'homme. Fils de Satan, il incarne le mal. Pour neutraliser sa nature perverse, il faut l'endormir par des tisanes d'abnégation sublimes. En le voyant violenter les faibles, on en a conclu que sa « nature » demande à tyranniser ses pareils; en le voyant perfide et menteur, on en a conclu qu'il est né pour la ruse ou le mensonge. Les faits constatés ont été sans doute vrais, mais leur interprétation a été de tous points fausse...

En réalité, l'homme n'aime, ne recherche et ne vit que par et pour le bonheur.

Transformez sa sensibilité, améliorez ses sentiments et, au lieu de faire du mal, il vivra pour le bien, devenu alors une des conditions essentielles de son bonheur.

Maine de Biran a émis cette observation profonde : (1) « Donnez à l'être fort un sentiment de sympathie et d'amour, et sa force relative ne s'étendra plus sur le faible que pour le soutenir au lieu de l'opprimer. »

On prêche à l'homme le sacrifice de sa personne en faveur de l'espèce, et il ne cesse de réclamer ses droits individuels à la vie. Les déclamations des fondateurs de religions et les tirades des moralistes se brisent contre les exigences invincibles de notre vie, de nos droits, de notre bonheur. Pourtant, les esprits les plus purs, les plus désintéressés, rompent souvent avec leurs abstractions, lorsqu'ils touchent à la réalité. Les religions parlent alors de la « récompense », moyen invincible pour attirer et retenir les mortels dans la voie de la vertu.

« Réjouissez-vous alors, et tressaillez de joie, a dit Jésus, parce que votre récompense sera grande dans les cieux... Aussi, que ton aumône se fasse en secret, ton père qui te voit te la rendra publiquement. (Saint-Mathieu.)

Il faut se rendre à l'évidence. La nature elle-même semble être favorable aux droits de

(1) *Fondement de la morale et de la religion.*

l'individu. Nous assistons sans conteste aux sacrifices que ce dernier fait à l'espèce. Mais on peut ériger en principe que ceux-ci sont dans une proportion inverse à la valeur de l'individu. A mesure que ce dernier monte dans l'échelle organique, ses formes d'immolation à l'espèce diminuent en quantité et en qualité.

Les Myxomycètes de même que des cryptogames divers disparaissent comme individus, aussitôts nés, car en s'associant ils cessent d'exister sans traces. Sous forme de plasmodes, ils deviennent un amas de matière vivante.

Les polypes nageant forment des colonies d'organes nécessaires pour l'existence de la communauté.

Montons de quelques échelons, et nous verrons comment l'individu s'émancipe jusqu'au moment où il arrive avec l'homme à avoir sa personnalité indépendante de celle de la communauté. Il pourrait vivre presque isolé du monde de ses semblables, n'était son bonheur, qui exige impérieusement l'état de sociabilité, avec tous les droits et les devoirs que celle-ci comporte.

VI. — Mais si le principe du bonheur, dira-t-on, découle de l'intérêt individuel, il nous exposera fatalement à des mécomptes, car notre intérêt n'est pas toujours juste? Soit. Mais rien n'est parfait sous le ciel. Le juste lui-même est souvent dangereux ou nuisible. Le sort des sociétés humaines dépend, dans maintes occasions, des ruses et des mensonges. Dans la lutte des faibles contre les forts, les premiers périraient s'ils étaient condamnés à n'user que de moyens non répréhensibles. L'essentiel, c'est de diminuer le plus possible les atteintes portées au principe du vrai et du bien. On serait pourtant mal venu à vouloir condamner la justice et la vérité parce que leur application, souvent difficile, peut être aussi nuisible.

Le principe du bonheur occasionne parfois des déboires moraux; mais quel est le principe de morale qui en est indemne? Celui du bonheur aura au moins pour lui la franchise et la force d'une loi générale et inéluctable. Loin d'être une invention des philosophes, il est une réalité de la vie. Et si la morale ne peut pas toujours s'abaisser jusqu'au niveau du bonheur, élevons celui-ci au niveau de la haute morale. La montagne ne voulant pas aller à Mahomet, dit un vieux dicton, Mahomet est allé à la montagne. Il faut éduquer notre **idéal** du bonheur. Il faut y mettre des choses sublimes et l'humanité aura des aspirations de bonheur sublimes.

VII. — Lorsqu'on réussira à enraciner dans notre conscience les avantages, pour notre bonheur, de la bonté et de la solidarité, l'humanité deviendra bonne et belle, de même qu'elle s'achemine vers la paix depuis qu'elle comprend de mieux en mieux les malheurs de la guerre.

On ne saurait jamais insister assez sur la force de la suggestion. Il suffit souvent de considérer comme réelle une illusion de nos sens, et cette illusion prend la force de la réalité.

Quoi de plus incomplet, au point de vue de la beauté abstraite, que notre organisme? Mais, à force de le croire parfait, nous n'en apercevons point les défauts.

Notre corps n'est pourtant, aux yeux des anatomistes expérimentés, qu'une ébauche inachevée. Des ruines sans nombre, vestiges d'un passé depuis longtemps disparu, l'encombrent dans tous les sens. Tels de ses organes restent tout à fait inutiles; tels autres, sans charme et hors d'usage, jurent avec l'harmonie de l'ensemble.

A quoi sert l'épiphyse du cerveau ou la

glande pinéale? Elle n'est qu'une survivance inepte de l'œil cyclopéen des sauriens. Il en est de même des muscles extrinsèques, de l'oreille ou de la caroncule lacrymale, héritage légué par la troisième paupière des mammifères. D'après Widersheim, l'homme aurait jusqu'à cent sept de ces organes héréditaires avortés, qui survivront peut-être encore pendant des milliers de siècles, contrairement aux règles de l'utilité et de la beauté.

L'homme n'en a cure. Il est tellement convaincu de la perfection de son organisme que ces défauts n'ont sur lui aucune action. Le dogme de la beauté féminine nous offre un exemple plus frappant. La structure de la femme est contraire aux règles du canon tout puissant. Et pourtant la femme, encore plus que l'homme, nourrie par les suggestions de tant de siècles, ne cesse de voir dans ses formes l'incarnation de la beauté suprême.

La pensée domine nos actes. Elle domine aussi notre sensibilité et par cela même notre bonheur.

Il suffit de la priver ou de la nourrir de certaines suggestions et elle impressionnera à son tour notre façon de voir et de sentir les choses; en un mot, elle façonnera notre bonheur.

VIII. — La morale n'est qu'une conception partielle de notre pensée. Nous pouvons la former et déformer, d'après les éléments qui composent son contenu. On calomnie la morale, en la disant exclusivement innée. Si cela était vrai, la religion et la pédagogie deviendraient d'une inutilité égale et l'on pourrait fermer en même temps les églises et les écoles.

Or, le bonheur dépend surtout de nos sentiments moraux. L'intelligence et le bonheur suivent souvent deux lignes parallèles, qui paraissent analogues, tout en n'étant pas identiques. L'intelligence n'agit sur le bonheur que d'une façon indirecte, en aiguillonnant notre vie de son côté, en influant sur notre morale et nos aspirations. Mais le bonheur a ses racines enfoncées dans le domaine moral. On chercherait en vain ses raisons ailleurs. L'homme qui n'a pas réussi à les implanter dans sa conscience, ne les trouvera ni dans la richesse, ni dans les honneurs, ni dans les plaisirs.

Les circonstances extérieures peuvent tout : elles peuvent même nous anéantir. Elles ne peuvent pourtant pas nous donner le bonheur, si notre morale ne les y aide point. C'est elle qui donne le prix à la vie. Sans elle, le bonheur se refuse à naître, comme sans le soleil, ni les fleurs, ni les fruits ne viendraient égayer notre œil.

Ah! qu'elle est jolie, cette légende persane sur l'homme parfaitement heureux!

Un roi, très puissant et très infortuné, consulte ses astrologues. « Que faut-il faire pour être heureux? » Et ceux-ci, après de patientes recherches, ont trouvé le mot de l'énigme. « Roi tout-puissant, il faut que tu te résignes à porter la chemise d'un homme parfaitement heureux ». On cherche longtemps et on trouve enfin un pauvre paysan parfaitement heureux. C'était un déguenillé qui n'avait point de chemise...

IX. — Auguste Comte a fait ressortir cette influence de la morale sur le bonheur, dans des pages d'une lucidité parfaite :

« La vraie félicité humaine, dit-il, dépend encore plus du progrès moral, sur lequel nous avons aussi plus d'empire, quoiqu'il soit plus difficile. Il n'y a pas d'amélioration intellectuelle qui pût, à cet égard, équivaloir, par exemple, à un accroissement réel de bonté et de courage » (1).

(1) A. Comte : *Système de politique positive.*

Ailleurs, Comte formulera l'action du progrès moral sur le bonheur, d'une façon encore plus précise.

« Notre perfectionnement moral participe à notre vrai bonheur d'une manière plus directe, plus complexe et plus certaine, qu'aucun autre quelconque. »

Bien avant Comte, l'immortel auteur du *Traité des Passions de l'Ame* avait constaté cette dépendance de cause à effet qui lie notre vie morale à la félicité.

« Quiconque, affirme Descartes, a vécu en telle sorte que la conscience ne peut lui reprocher qu'il ait jamais manqué à faire toutes les choses qu'il a jugées être les meilleures (les vertus), il en reçoit une satisfaction puissante qui le rend heureux. ».

X. — Ne soyons pourtant pas d'un optimisme excessif. Les nobles principes qu'élabore la saine compréhension du bonheur, souffrent des altérations graves dans la vie. Cela prouve tout simplement que nous n'avons pas assez fait pour faire triompher le bonheur noble et l'asseoir sur des bases solides dans l'enceinte de notre conscience. Nous savons que la vie est bien dure pour toutes les conceptions idéales. Elles ne peuvent se maintenir dans leur beauté sereine que dans le domaine de l'absolu.

Il ne faudrait donc pas confondre la morale du bonheur pur, envisagé au point de vue absolu, avec le bonheur appliqué. La tâche des éducateurs sera de nous faire approcher de plus en plus des sommets du Bonheur pur, bonheur absolu. Lorsque l'idéal du bonheur pratique sera rapproché le plus possible de l'idéal érigé par la morale du bonheur, il répondra à toutes les exigences du devoir et de la justice.

Cette morale sera sans doute lente à s'imposer. Il lui faudra donner d'abord une définition précise de ses principes, et les faire adopter ensuite. Elle devra surtout déraciner les fausses conceptions du bonheur, sur lesquelles nous vivons depuis des temps immémoriaux, afin de les remplacer par des notions nouvelles. Mais, d'ores et déjà, on peut prévoir les changements profonds et bienfaisants qui en résulteront.

XI. — Quand l'humanité aura compris que le bonheur est en nous-mêmes, et que nous ne sommes heureux que parce que nous voulons l'être, autour de nous crouleront des milliers de préjugés qui empêchent notre perfecdonnement moral et encombrent notre route vers le bonheur. Nous avons démontré ailleurs que notre malheur n'est souvent que le produit de notre mauvaise compréhension de la vie. Nous faisons des choses nuisibles aux autres, sans penser que le malheur des autres est funeste à nous-mêmes.

L'envie, la mère de tant de méfaits sociaux, est avant tout préjudiciable à nous-mêmes. La bonté et l'amour, source de bonheur pour les autres, le procurent en premier lieu à ceux qui les pratiquent. Seule, la richesse qui est le résultat de l'effort profitable aux autres, offre des jouissances réelles. Le travail engendre une satisfaction durable. La vie de famille, basée sur l'amour et le respect mutuel, fait le plus grand bien à ses membres. De partout nous arrive la même assurance : il est impossible de jouir d'un bonheur noble et durable, en dehors de celui de nos prochains. A mesure que notre vie s'élargit et s'ennoblit, cette solidarité du bonheur s'accentue de plus en plus. La théorie divine de Platon sur la vertu revient à l'esprit lorsqu'on étudie le bonheur. La vertu est une science, enseignait le philosophe. Celui qui fait le mal est quelqu'un qui ne connaît pas le bien... Il en est de même du bonheur. L'homme malheureux est celui qui ignore comment il pourrait être heureux...

XII. — Les gens qui se vantent d'avoir étudié la vie haussent les épaules en entendant ainsi parler du bonheur. La bonté et l'amour ayant leur récompense en eux-mêmes! Allons donc! Et ils citent des exemples multiples du contraire. Des criminels de haut vol ne jouissent-ils pas des fruits de leurs crimes? Ils sont riches et fiers. Les distinctions sociales vont vers eux, de même que la considération de leurs concitoyens. Ils distribuent les faveurs de la vie. Ils sont enviés.

Chaque grande ville a des bouges infâmes. Une population y grouille, louche et criminelle. Lorsque les victimes sont abondantes et les crimes faciles, ses membres paraissent jouir d'un bonheur sans tache. Ils s'adonnent à l'ivrognerie et à la débauche, et ne changeraient pour rien leur existence pittoresque et pleine d'imprévu. Sont-ils réellement heureux? Quel est l'homme qui se résignerait, question de responsabilité à part, à ce genre de bonheur?

Nous arrêtons ici les apologistes du vice triomphateur. Ne s'agit-il pas d'un genre particulier de bonheur? Il suffit de le voir de plus près pour le dédaigner, sinon le mépriser. Certains animaux vivent parfaitement satisfaits dans des bourbiers. Il y en a d'autres qui ne prospèrent que dans la fange. Peut-on envier ou désirer cette sorte de bonheur?

Nous avons choisi des cas extrêmes. Des criminels de haut vol bénéficiant de la considération du monde et des criminels de bas étage, objets de l'horreur et du mépris universels, jouissant des sourires du sort. Quelle est la différence qui les sépare? Lorsque nous arrachons les masques qui couvrent le véritable aspect des choses, nous nous apercevons de la fragilité de leur bonheur. Nous en voyons surtout la qualité inférieure. Comme l'homme qui aurait goûté aux délices de l'air pur, n'en changera point pour un air vicié, de même celui qui aurait saisi la beauté et la noblesse du bonheur vrai n'abandonnera point son domaine pour s'aventurer dans les terrains marécageux du vice.

XIII. — Le bonheur étant la fin de l'homme et la fin de la société, il est facile d'en déduire la conduite de la vie individuelle et sociale. L'homme est un être social et son bonheur étant impossible en dehors de la société, il faut que son bonheur s'accorde avec les exigences du bonheur collectif. Cet accord se fait sur les bases de la Justice, qui, à son tour, crée le Devoir. Leurs principes visent au bonheur de la collectivité, et celui-ci n'est que la masse des bonheurs individuels. Le bonheur individuel devra se subordonner à la Justice qui, gardienne vigilante du bonheur collectif, reste la condition absolue du bonheur individuel. Les deux bonheurs doivent être raisonnables, car la morale ne peut envisager que les êtres raisonnables (1).

Une méfiance involontaire s'empare de nous à l'égard d'une morale basée sur le bonheur. N'est-ce pas le déchaînement de toutes les passions et de tous les appétits? Remarquons pourtant que, tout en la croyant juste, nous n'avons en vue, pour la pratiquer, qu'une humanité qui, sans être supérieure, aura saisi ses véritables intérêts. Il lui faudra, pour y arriver, une culture préalable, de même qu'une compréhension raisonnable du bonheur. Cette éducation triomphera tôt ou tard. Il faudra avant tout faire abandonner à l'humanité ses idées fausses, pour qu'elle puisse offrir des hommes justes.

(1) L'auteur développera dans un ouvrage spécial le système de morale basée exclusivement sur le bonheur, avec les ramifications des principes secondaires qui s'y rattachent.

Cette éducation a ceci de singulier qu'elle nous impose le devoir d'être nos *propres* éducateurs. Elle nous demande de contrôler notre *propre* vie et de la mettre d'accord avec les principes de notre *propre* bonheur, afin d'en faire résulter le bonheur des autres.

XIV. — La morale, basée sur le bonheur comme fin, est en tout cas plus élevée que celle basée sur la crainte. Elle est plus digne, plus généreuse et surtout plus humaine. Elle agit en pleine lumière et elle est d'une simplicité divine. Les sacrifices qu'elle imposera seront d'autant plus doux que leur but restera plus compréhensible. L'obligation de faire son devoir uniquement par devoir, en vue du devoir seul, paraît aujourd'hui, malgré toute l'autorité de Kant, un vœu enfantin et irréalisable. Herbert Spencer a eu raison de dire qu'une société humaine vivant sur le principe de Kant, serait inhabitable. Le devoir absolu, placé en dehors des intérêts individuels et sociaux, nous fait sourire, à l'instar de ce Dalaï-Lama qui, invisible et enfermé, tient à commander en être suprême. Car le devoir lui-même est défini par les buts qui l'ont fait naître et qui maintiennent son essence, comme la sève vivifie l'arbre.

Le salut que nous promet la morale du bonheur paraît, en outre, plus certain que celui des morales basées sur la récompense céleste ou la crainte de l'enfer. Ces dernières sont, du reste, de plus en plus hors d'usage.

CHAPITRE IX

Qu'est-ce que le Bonheur ?

I. — Ses définitions abondent. Elles sont non seulement nombreuses, elles sont surtout contradictoires. Il y a le bonheur spécial des contempteurs de la vie; il y en a un autre pour ceux qui l'exaltent. La façon de vivre d'un sage engendre dans sa conscience le désir d'un bonheur sage; une vie dissipée fait aspirer à un bonheur d'essence basse.

Mais qu'est-ce que le vrai bonheur? On le sent bien, lorsqu'on voit les gens heureux. Nous sommes pourtant embarrassés lorsqu'il s'agit de définir leur bonheur. Tous nous nous trouvons un peu dans la situation de saint Augustin. « Si vous me demandiez, disait-il, ce que c'est que le Temps, je ne saurais vous le dire. Mais je le sais parfaitement tant qu'on ne me le demande pas ».

Essayons pourtant de dérober aux différentes causes du bonheur les conditions qui le font naître et durer. Notons, avant tout, que le bonheur prend toutes les formes, car il se façonne d'après notre âme, variable à l'infini. Plus il est élevé, plus il est durable. Et ces deux qualités : l'élévation et la durée forment les attributs du bonheur idéal. Mais il ne suffit pas de vouloir un bonheur élevé, il faut encore le mériter. Comme certaines plantes de qualité rare, le bonheur ne pousse que dans les endroits qui lui sont favorables. Il faut une âme bien aménagée pour pouvoir le recevoir et le garder. Pour jouir du bonheur d'un Platon, il faut avoir vécu en Platon. Il faut surtout avoir pensé à la vie et conçu la vie à la façon de Platon.

La définition du bonheur d'un Socrate ne sera pas non plus celle d'un jouisseur dépravé ou d'un pessimiste endurci. Pourtant, les conceptions de bonheur des hommes de bien ont beaucoup de chances de se rencontrer. Cet accord exige néanmoins une entente préalable, par rapport à l'étendue et aux buts du bonheur. Car la plupart des penseurs et des philosophes font une confusion regrettable entre le bonheur et la félicité et même, comme l'avait déjà constaté Voltaire, entre le bonheur et le bonheur.

II. — Le bonheur proprement dit, n'a qu'une durée éphémère, tandis que la félicité présuppose un état relativement stable, sinon permanent.

D'après le dictionnaire des encyclopédistes, le bonheur vient du dehors. C'est originairement *une bonne heure,* très limitée dans le temps. On peut ressentir un bonheur, sans être heureux.

Le bonheur ainsi limité se rapproche du plaisir, dont le poids est encore plus léger. Car le plaisir peut durer l'espace d'un moment et s'en aller avec la rapidité d'un éclair.

Il y a ensuite le bonheur, comme conséquence d'événements heureux, et un bonheur limité à un fait agréable.

III. — Le bonheur, lorsqu'il plonge ses racines dans notre vie intérieure, se transforme en félicité. C'est le bonheur le plus stable, le plus durable et le plus facile à conquérir. C'est nous-mêmes qui en sommes les créateurs, et c'est nous qui en restons les maîtres. C'est un état quasi permanent. Il assure l'équilibre de notre âme et lui garantit une harmonie difficile à trouver et encore plus difficile à anéantir. Tel que nous l'avons envisagé au cours de cet ouvrage, il forme le droit de l'individu. Il s'impose en même temps comme un devoir à accomplir. L'individu a le droit d'être heureux, mais il a aussi le devoir de l'être pour le plus grand profit de la communauté. L'homme vraiment heureux est celui qui jouit d'une sérénité d'âme, dont les raisons découlent de sa vie intérieure. Plus celle-ci est profonde, plus les mobiles qui la dirigent sont élevés, plus le bonheur qui en dépend sera beau, intense et durable.

C'est dans ce sens que Descartes (1) distingue « l'heur » de la « béatitude ». « Le premier ne dépend que des choses qui sont hors de nous, tandis que la béatitude consiste en un parfait contentement d'esprit et une satisfaction intérieure que n'ont pas d'ordinaire ceux qui sont les plus favorisés de la fortune, et que les sages acquièrent sans elle. » Et Descartes ajoute à sa définition cette remarque d'une ingéniosité touchante : « Il me semble qu'un chacun peut se rendre content de soi-même et sans rien attendre d'ailleurs. » Et, tout en le disant, Descartes n'a fait que formuler en d'autres termes la vieille définition d'Aristote, si souvent mise à contribution par les sages de tous les temps :

« Le bonheur est quelque chose de parfait, car il se suffit à soi-même... Il est *accessible*

---

(1) *Correspondance.*

à tous, puisqu'il *n'est point d'homme*, pourvu qu'il ne soit pas disgracié de la nature au point d'être incapable de toute vertu, qui ne puisse l'obtenir avec des soins ou de l'étude. » En un mot, dira Aristote, « le bonheur est un emploi de l'activité de l'âme, conforme à la vertu ».

IV. — Il ne faut point confondre la sérénité d'âme avec l'inactivité ou la contemplation passive du Nirvana. La vie c'est le mouvement, et le bonheur, qui n'est que l'aspiration sublime de la vie, ne peut se trouver que dans l'action, dans l'épanouissement de nos facultés physiques, morales et intellectuelles. Notre conscience modèle cette activité d'après son contenu. Le travail d'un sage, ayant un autre point de départ et tendant vers un autre but ne sera point identique au même travail qu'effectuera à son côté un homme aux aspirations vulgaires. C'est pourquoi une noble activité de notre âme est nécessaire à un bonheur noble, le seul qui soit intense et durable.

En se plaçant au point de vue formel, en le basant sur des accès de joie animale ou sur l'expression brutale de notre visage, on avait confondu, par exemple, le « bonheur » spécial, produit par la paralysie générale, avec le bonheur proprement dit. Le malade se trouvant dans cet état manifeste le maximum de contentement de la vie, il croit à sa santé florissante, à son endurance hors ligne, à sa beauté physique. Il croit sa demeure, si modeste qu'elle soit, des plus somptueuses. Il croit surtout à son bonheur qui ne laisse rien à désirer. Peu à peu, son cerveau déménage. Il s'imagine être le plus riche, le plus puissant des hommes de la terre. Il est souverain, il est pape, il est autocrate de l'univers. Mais cette douce illusion ne dure pas longtemps. Le malade subit des réveils terribles, puis vient l'écroulement tragique, définitif et fatal.

En suivant le même errement, César Lombroso, qui a pourtant consacré des pages profondes à la psychologie des fous, considère que chez ces derniers, la félicité se manifeste d'une façon intense et durable. Lombroso cite, entre autres, ce curieux exemple d'une pauvre paralytique qui, incapable de mettre d'accord deux idées, ne cessait de répéter les deux derniers jours avant sa mort : « Combien je suis contente! Oh! combien je suis contente! »

Par contre, enseignent les disciples de César Lombroso, si le bonheur se manifeste chez les génies, ce n'est qu'autant qu'ils frisent la folie (mégalomanes, épileptiques, etc.) et, en tout cas, leur bonheur serait d'une très courte durée.

V. — Nous avons vu que le bonheur vrai, autrement dit la félicité véritable, dépend en premier lieu de notre vie morale. Sans la vie consciente, le bonheur n'est qu'un leurre. C'est donc en vain qu'on essaie de lui opposer les mirages du bonheur, accompagnant certains états inconscients de notre âme. On parle ainsi à tort du bonheur qu'apporte la paralysie générale ou la folie. Celui-ci ne diffère point de l'ivresse que donne l'opium ou le haschisch. Sensations passagères : si agréables qu'elles soient, elles ne remplacent point le bonheur. La supériorité qu'on constate, sous ce rapport, chez les fous ou les paralytiques, n'est que dans la persistance plus longue de leurs illusions. Mais à ce prix, on n'aura qu'à multiplier les narcotiques en leur confiant la mission de nous mener jusqu'à la mort.

D'autre part, quoi de comparable au bonheur d'un génie réalisant la tâche de sa vie, d'un inventeur devant son invention triomphante, ou d'un écrivain, amoureux de son œuvre, la voyant naître et grandir sous ses yeux! Les moments les plus courts de leur bonheur suffisent souvent pour effacer toute une vie de peines et de souffrances.

VI. — Spinoza, qui a basé son éthique sur

la volonté de vivre, y voit également la raison, toutes les raisons du bonheur. Il faut agir, conformément aux exigences de notre moi, nous dira-t-il. Cette libération des forces intérieures constitue la joie, le bonheur. Il n'y a pas de liberté, et par conséquent de joie plus grande que celle de suivre les nécessités de notre nature.

Cette conception de Spinoza se retrouve chez tous ceux qui aiment la vie et qui se sont efforcés de réconcilier l'humanité avec elle. D'après Gœthe, la valeur de l'homme, de même que son bonheur, dépendent de son pouvoir de donner de la valeur à la vie. De même que Spinoza, l'immortel auteur de *Faust* a considéré la personnalité humaine comme portant son but en elle-même (1). Notre propre perfectionnement est le but de notre être; c'est pourquoi nous ne pouvons pas le négliger et, en agissant ainsi, nous assurons notre bonheur.

Cette conception fondamentale du bonheur se retrouve, avec ses nuances multiples, chez presque tous les moralistes laïques qui, loin de rompre avec la vie, tâchent de réconcilier les humains avec ses joies et ses exigences.

---

(1) *Der Zweck des Lebens ist das Leben selbst... Et ailleurs : Lust, Freude, Teilnahme an den Dingen ist das einzig Reale... Alles andere ist eitel und vereitelt nur...*

VII. — Pour trouver une définition plus concrète, on pourrait avoir recours aux sensations de peine et de plaisir. Entremêlés dans la vie, les plaisirs et les peines, d'après le résultat dominant des uns ou des autres, se présentent à nos yeux sous forme de bonheur ou de malheur. Mais cette impression n'est pas toujours juste, car les sensations, les peines ou les plaisirs, sont d'une valeur tantôt inégale, tantôt impossible à comparer.

Les plaisirs sont, avant tout, d'essence supérieure ou inférieure. Plus leur source est noble, plus facilement nous arrivons à les évoquer par la mémoire. Nous pouvons ainsi reproduire plus aisément les sensations procurées par une belle symphonie ou un tableau de Raphaël, que les plaisirs fournis par la dégustation d'une fine champagne de 1815 ou d'un plat de nids d'hirondelles...

On a donc tout *intérêt* à rechercher les plaisirs élevés. Les jouissances qu'ils nous procurent sont plus variées, plus intenses et surtout plus dociles à l'égard de notre volonté. Les plaisirs sont cependant inimaginables sans les peines. Leur valeur dépend du contraste que ces dernières lui opposent. Sans celles-ci, la vie deviendrait incolore, partant sans charme. Il faut tâcher de diminuer l'étendue de nos douleurs, de nos peines, de nos souffrances, car la vie les prodigue d'une façon immodérée. Mais il ne faut ni espérer ni souhaiter leur disparition complète. Comme le mal fait valoir le bien, ou le froid la chaleur, de même la peine rentre dans le prix de notre bonheur. Mais le sage saura la tenir à distance, tandis qu'un esprit mal pondéré succombera sous son poids.

Le bonheur entraîne derrière lui le malheur, comme le plaisir se trouve suivi de la peine. Mais il suffit de purifier et d'ennoblir le malheur, et son essence se résoudra dans le bonheur, inspiration instinctive de notre je.

Les plaisirs nobles peuvent être multipliés à l'infini. Bien plus, grâce à l'imagination, ils peuvent devenir d'une richesse inépuisable. Nous pouvons repenser un livre, nous enivrer de ses idées, goûter une jouissance indicible à en évoquer la beauté. Nous nous rappelons un joli paysage et revivons dans notre esprit ses charmes. Lorsque nous aimons sincèrement un ami, la seule pensée de pouvoir lui rendre service, de le savoir heureux, nous remplit de satisfaction et de bonheur. Enthousiasmés par un bel acte de bonté ou de courage, nous l'évoquons dans nos souvenirs et nous en goûtons les attraits bienfaisants.

Plus la source est pure, plus les plaisirs qui

en découlent sont profonds, tout en ayant une étendue vaste et une facilité de répétition sans limites.

Les plaisirs vulgaires et d'essence basse sont, par contre, de courte durée. Ils restent, en outre, rebelles à l'appel de nos souvenirs. Il y a une expression triviale; « l'eau vient à la bouche », quand on pense à certains mets ou à des boissons rares. Qu'on essaie de se remémorer ce genre de sensations et l'on s'apercevra de leur néant.

VIII. — En suivant la gradation des plaisirs, comme éléments constitutifs du bonheur, on constate que sa durée et son étendue dépendent en premier lieu de la qualité élevée des sources d'où ces plaisirs découlent. Une autre conclusion s'impose : plus le bonheur est noble et d'essence rare, plus il nous est accessible. On dirait que, contrairement aux pierres précieuses, les raisons belles et durables de bonheur abondent.

Comment se fait-il pourtant qu'il y ait si peu de gens vraiment heureux? C'est que nous manquons d'école de bonheur. Ce sentiment, de nature si complexe, demande à être conquis. Quoi de plus simple que la culture du blé? Pourtant un citadin endurci ne saurait faire rendre la moindre quantité de froment au sol le plus fertile. Nous concevons que pour savoir apprécier un beau livre, un joli morceau de musique, il faut une accoutumance préalable. Offrez un tableau du Titien à un sauvage, il le découpera en morceaux ou s'en servira pour allumer un feu de bois. Une âme simpliste à laquelle on parle des avantages de la bonté, du bonheur par la contemplation du beau, du culte de l'amitié ou de l'altruisme, se trouve sans doute dans la situation du sauvage vis-à-vis du chef-d'œuvre d'un Titien.

Il faut enseigner le bonheur, comme on enseigne la grammaire ou une langue étrangère. Il faut en faire voir les avantages et les côtés faibles, surtout les beautés et les trésors insoupçonnés.

Lorsque l'éducation du bonheur aura fait son chemin, nous verrons se lever des générations nouvelles. Elles sauront faire valoir, son prix, notre existence. Elles recueilleront la joie de vivre, là où nous ne trouvons que des motifs de pleurer. On reconstituera les raisons de bonheur que nous gaspillons si imprudemment, et des miettes que nous laissons tomber, on saura nourrir des millions d'affamés.

CONCLUSION

I. — La vie nous impose des devoirs, mais elle nous donne aussi des droits. On a trop parlé des premiers, et l'on a oublié les seconds. On n'a pas compris qu'en harmonisant les charges et les douceurs de la vie, on rend plus faciles les unes et plus durables les autres. Le bonheur est le fruit de l'union heureuse entre les commandements sévères de la vie et ses caresses.

La science du bonheur démontre avant tout que le vrai bonheur de l'individu est solidaire avec celui de la société. Un bonheur isolé est aussi peu stable que le serait le sort d'un homme riche au milieu de ses prochains mourant de faim.

Notre vie et notre bonheur dépendent en premier lieu de nous-mêmes, car tout ce qui tend à illuminer notre existence de joie durable, à la rendre belle et attrayante, se trouve en nous.

Le véritable bonheur consiste à vivre notre propre vie. C'est la vraie vie intense dont on a tant parlé dans ces derniers temps. Or, la vie intense n'est que le désir tout-puissant de vivre et de vivre heureux. Notre volonté contient des trésors inépuisables de félicité, et c'est à la fortifier, à la développer et à enrichir son contenu que doit tendre une vie consciente de ses fins.

Le bonheur ainsi compris est avant tout d'accord avec la morale, car il se trouve en harmonie complète avec les plus nobles aspiration sociales.

II. — Plus on réfléchit, plus on trouve que le bonheur est exclusivement un produit de la vie morale. Les conditions matérielles y contribuent sans doute, comme la pluie et le beau temps augmentent la fertilité du sol, mais le ciel ne peut rien sans le sol lui-même.

Nous avons prouvé, au courant de notre étude, que le bonheur personnel n'est jamais en conflit avec le bonheur social, tant qu'il se laisse guider par la valeur réelle des principes de la vie. C'est la conception conventionnelle, élaborée par les siècles, sur la richesse, l'envie, les jouissances ou la domination des hommes, qui nous fait rechercher des fins contraires à la prospérité sociale.

Les contradictions qui éclatent entre les bonheurs individuel et social ne sont qu'apparentes. Elles sont surtout dues à une éducation surannée, dont les bases conventionnelles n'ont pas changé depuis des milliers d'années. Lorsque l'éducation mieux dirigée aura transformé nos idées sur les choses, certaines lois deviendront superflues, de même que le sont devenues certaines prescriptions d'hygiène ou de décence publiques.

On a vu plus haut qu'il suffit souvent de saisir ce qui est le vrai bonheur, pour le ramener rayonnant parmi nous.

Les contradictions de notre égoïsme ou de notre intérêt avec celui de notre entourage ne cessent, il est vrai, de nous attrister. Nous déplorons leur hostilité fatale et allons jusqu'à concevoir des doutes sur la possibilité d'une humanité meilleure.

Or, nous oublions que ce n'est pas notre véritable intérêt qui fait tant de mal, mais c'est notre incapacité de comprendre notre véritable intérêt.

III. — Tout permet de croire que l'humanité s'achemine, à travers les siècles, vers une appréciation plus juste du but et de l'essence de la vie.

La perfectibilité humaine est indéfinie. Lorsqu'on pense que des êtres comme Jésus-Christ, Bouddha, Zarathoustra, ou saint François d'Assise sont nés dans une atmosphère ambiante remplie de vices et de pourriture morale, on se sent presque ébloui à l'idée de ceux qui viendront au monde comme produits de notre civilisation de plus en plus sociale et altruiste. L'action de ces âmes d'élite a profondément impressionné les humains et changé leur vie et leur idéal. Encore quelques personnalités de cette élévation d'esprit et de cœur et nos conceptions morales s'élèveront de bien des degrés. D'après H. Spencer l'évolution humaine nous mènera un jour à une telle hauteur, que la conduite morale sera instinctive et se passera de toute contrainte. Après tout, la vie morale, avec son étendue sans fin, se prête mieux aux changements que certaines nécessités physiologiques. Burbank a réussi pourtant à faire pousser des cactus sans pointes et des prunes sans noyau. N'avons-nous pas aujourd'hui de nombreuses variétés de roses sans épines ? Ayons foi dans le triomphe des hommes qui sauront se débarrasser un jour des défauts qui détruisent la joie de vivre.

Les maîtres de la botanique œcologique nous montrent comment, sous l'influence des climats alpins ou polaires, les plantes d'une espèce annuelle se transforment en espèce bisanuelle ou en espèce vivace. Que deviendront les hommes sous l'influence de nouveaux courants moraux, qui s'annoncent visibles à l'horizon ?

On a essayé de retrouver chez les aveugles un sixième sens, le sens des obstacles. Ce qui est plus sûr, c'est que nous avons tous, en nous, le sens du bonheur. Il est bien caché au fond de notre être, il est surtout dénaturé et recouvert par l'apport de sentiments factices.

Essayons de l'en dégager; rendons-lui son orientation libre en détruisant les préjugés qui l'étouffent et l'empêchent de se manifester.

Eduquons-le surtout. Un jour, le sens du bonheur éclatant dans la plénitude de ses forces, transformera l'univers moral.

IV. — Ne désespérons donc pas du bonheur individuel et collectif. Tous deux ont des racines bien profondes. De partout leur arrivent des auxiliaires. L'univers est devenu pour nous plus tendre. Ses forces mystérieuses se rendent esclaves de l'homme. Il les comprend mieux et les utilise mieux. L'Infini, soumis à des lois rigoureuses, semble être plus bienveillant. Il est en tout cas moins menaçant. Nous prenons de plus en plus possession de la terre et même de l'air. Escomptant d'avance la durée de notre séjour, nous le voulons équitable. Les conquêtes brutales nous répugent chaque jour davantage. La conscience purifiée de l'homme s'oppose aux spoliations injustes commises au détriment de ses frères. Sur la terre à l'écorce durcie et rendue solide par les âges, nous aspirons à une vie d'êtres gouvernés par des lois stables et non par les caprices de la Force.

La sociologie ne fait que rehausser nos espérances. Le progrès, comme le divin artiste d'Homère, grave, sur l'airain des temps, des scènes de paix et de bonheur. Une fée douce et souriante paraît présider aux destinées humaines de demain.

Nous sommes de jour en jour plus respectueux les uns envers les autres. Notre dignité monte d'échelon en échelon, de même que nos sentiments de justice et de vérité. Il y a plus de joie et de sympathie sur notre planète. La douleur y semble atténuée. L'humanité abritera un jour dans son sein, avec le même amour, les enfants de toutes les couleurs et de toutes les croyances.

En attendant, la moitié des humains, les femmes bénéficient de plus d'équité. Du rang d'esclaves de l'homme ou d'êtres inférieurs, les voilà élevées au niveau de ses égales.

L'État multiplie et remplit mieux ses devoirs. Il se réconcilie avec le principe de l'égalité, il est plus attentif à la voix de la Justice. Il tient en tout cas à une répartition de plus en plus équitable des charges et des devoirs.

La pensée descend dans les cabanes des déshérités et leur apporte des rêves caressants. L'espoir du salut terrestre remplit nos cœurs. Il s'appuie surtout sur la Solidarité et sur sa compagne la Bonté, qui s'empareront un jour de notre planète. Ces pressentiments réjouissent la vie de la collectivité humaine, comme l'espoir de la réussite et du bonheur anime individuellement presque tous ses membres.

. . . .
. . . .
. . . .

Ai-je réussi à établir la possibilité et les bienfaits de la *Science du Bonheur*? Ma tentative est sans doute imparfaite. Soit. Est-ce qu'on condamne la peinture parce qu'un artiste inhabile donne une idée insuffisante de la beauté? Après moi ou à côté de moi d'autres réussiront bien mieux à faire triompher la thèse qui m'est chère. J'ajoute qu'ils ne sauront pas l'aimer plus ardemment...

INDEX ALPHABÉTIQUE

A

	Pages
Abraham...... 295	296
Académie Française	300
Achab	177
Activité	203
Adam	290
Africains	112
Afrique	168
Agag	282
Agave Vivipara....	160
Agrippa d'Aubigné.	7
Ahriman	227
Alceste	74
Alexandre...... 65	75
Alexandrie	349
Alimentation	281

Il faut se garder de tout excès.

Allemagne..... 66	72
Allemands	62
Amalécites	282
Amitié	194

Grandit l'homme moralement. Exemple mémorable: Montaigne et La Boétie.

	Pages
Andréas del Walls.	100
Anguttara Mikaya.	69
Antigone	73
Antioche	287
Apulée	153
Aréteus	196
Areus	11
Aristide	154
Aristippe. 107, 108	363
Aristote.... 91, 127 195, 204, 239, 312 313	363
Armenjon (Laurentine).	302
Ascétisme	26

Immole l'individu en faveur de l'Etre invisible.

Asie-Mineure	172
Auguste	62
Augustin (Saint) 175	359
Ausone....... 122	123
Australasie	277
Automatisme Psychologique	230

B

	Pages
Baal	283
Babylone	283
Baelen	299
Bacon	154
Bahnsen	72
Balzac	149 220
Baudelaire 64, 67	77
Bayle	310
Beauté	214
Beauvais	144
Becquerel	96
Belzébuth	142
Bénarès	66
Bentham	109
Berlin	80
Bernard (Claude)	226
Bethel	283
Bible 140, 284	313
Bismarck	178
Blandine	57
Body (Abbé)	288
Bonheur, poème de Sully-Prudhomme	100

Bonheur :

Son émancipation, p. 9 est le couronnement de la vie, p. 10, droit au Bonheur, p. 28, ne doit pas se confondre avec l'égoïsme, p. 31, le Bonheur est en nous, p. 37, il est le fruit de notre propre sensibilité, p. 40, il égale tous les biens de la terre, p. 41, ne dépend pas des choses, p. 44, Parabole du Bonheur, p. 47; la science du Bonheur est essentiellement morale, p. 60, le Bonheur ne peut exister avec l'envie, p. 122, le Bonheur parfait d'Ausone, p. 122, le Bonheur ne consiste pas dans la richesse, p. 142 le Bonheur des riches rappelle l'aspect somptueux de certaines plantes, p. 158, le Bonheur est inséparable de la Bonté, p. 168, l'amour est un de ses éléments p. 175, il y a des degrés de Bonheur, p. 208, le Bonheur est accessible à tous, p. 217, agrandi par l'instruction, page 217, pour être heureux il faut vouloir l'être, p. 324, faire tous les jours le bilan de sa vie, p. 325, le Bonheur dépend de l'étendue de notre amour, p. 327, Bréviaire du Bonheur, pp. 334-335, la morale du Bonheur, pp. 339 et suivantes. Définition du Bonheur, p. 359, l'éducation du Bonheur engendre des générations nouvelles, p. 370.

Bonté	167

Est vraie quand elle

	Pages		Pages
		C	
est consciente d'elle-même, p. 171. *Pédagogie de la Bonté*, p. 171. *Cours de Bonté*, p. 173. *Rend le pauvre égal aux souverains*, p. 179, *Est le fondement de l'œuvre sociale*, p. 180. *Parabole de la Bonté*, p. 183. *La Bonté actuelle prouvée par les prix de vertu*, p. 300.		Cæcilius	11
		Çakya Mouni... 69	107
		Canus Julius,......	11
		Cap de Bonne Espérance	183
		Carlyle......... 31	35
		Carnonte	51
		Carnot	96
		Carpenter	156
Borromée (St-Charles)	163	Cassandre	73
		Catéchisme du Bonheur...:.... 207	315
Bossuet	64	Catherine de Sienne (Sainte)	175
Bouddha....... 68, 69, 82, 107, 239	374		
		Ceadmon	316
Bouddhisme... 68, 128	228	César	65
		Césars	43
Bouillon (Marie)...	304	Chamfort	65
Bourg-Argental	303	Charixens	196
Bourget (Paul). 98, 99	149	Charron........ 65	66
		Chateaubriand.. 64	86
Bourse	90	Chatterton	80
Boutroux	244	Chéron	136
Brahmanisme	70	Chine......... 277	302
Brochard (Victor)..	312	Christianisme... 71	134
Brockes	102	*Chronique de Nuremberg*..... 162	163
Brontë (Emilie)....	149		
Browning (Elisabeth)	210	Colère	326
Brunetière	99	*Doit s'éviter.*	
Bruno (Giordano).. 91	148	Combourg	87
Buchner	108	Congo Belge.......	90
Burbank	374	Comte (Auguste)... 199, 256, 350	351
Byron	213		

	Pages		Pages
Confucius..... 239	315	Drusus	11
Conscience	291	Dumas fils.........	64
Contemplation.. 69	70	Durandal	316
Corneille	64	Dussier (Antoinette)	304
Coryphée (Mont)..	286	*Dzamapada*	69
Cratès	157		
Crète	157	**E**	
Curé de Tours	149		
Curie	96	Ecclésiaste	143
Culte du beau.....	232	Egoïsme	33
Cyniques	23	*Il y en a de différentes sortes.*	

D

		Egotisme	26
Dalaï Lama........	357	Egypte...... 9, 159	283
Dante	218	Egyptiens	162
Danube	51	Elie............ 282	283
Darnstedt.........	162	Elisée	282
Darwin........ 221	250	Emerson	46
David......... 282	284	Ems (Dépêche d')...	178
Décalogue	162	Eudamidas	196
Démade	117	Envie :	
Démocrite	9	*Ses divers modes*, p. 111. *A fait plus de mal que la misère*, p. 114 *Excite au mensonge*, p. 115. *Est un sentiment bas*, p. 116, *un degré maladif*, p. 117. *Est cause de la lutte entre ouvriers et patrons*, p. 118. *Divise l'homme et la femme*, p. 119. *Caractérise souvent la mondaine*, p. 121. *Est une blessure à l'âme d'autrui*, p. 125.	
Démos	119		
Descartes...... 351	362		
Deschelettes (Mgr).	288		
Detaille	30		
Diderot........ 65	302		
Douleur........ 38	130		
Ses bienfaits; crée la vie, grandit l'âme. Nerfs affectés à la douleur; douleur physique, douleur morale; la douleur est un professeur d'énergie.			
		Epaminondas	154

	Pages		Pages
Ephéméris, poème d'Ausone	123	François d'Assise (Saint)... 46, 94	374
Eschyle	73	Françon (Julie)	303
Essais de Psychologie, de Paul Bourget	98	Frey (Von)	135
États-Unis	42		
Euripide	74	**G**	
Eustache	113		
Évangile.. 134, 173	374	Gabaonites	282
Ezéchiel	177	Gallo-Romains	123
		Gange	66
F		Gaule	123
		Genèse	177
		Génie	169
Famille :		Gladstone	205
Ses devoirs, p. 185. *Ses joies*, p. 186. *Rôle de l'État*, p. 191. *La famille ne meurt pas*, p. 193.		Gœthe.. 22, 56, 104	366
		Goncourt........ 64	78
		Gran............ 51	249
		Grèce...... 10, 154	341
Faustin (personnage du *Bonheur* de Sully-Prudhomme)	100	Grecs.. 34, 75, 117, 177, 305	310
Faustine	249	Guèbres	227
Féré (Ch.)	106	Guyau........ 233	251
Feuillet (Octave)	149		
Fez	299	**H**	
Fichte	24		
Flaubert	78	Hadès	74
Foi	236	Hallion	136
Est le suprême bienfait des âmes.		Hamlet	73
		Hardanger (Fjord).	308
Fouillée	182	Hartmann...... 72, 82, 83	107
Français	88		
France (Anatole) 64	78	Hébreux	283

	Pages		Pages
Hédonistes	107	**J**	
Hégésias de Cyrène	107		
Héliodore	286	Jacquemont	66
Hellade	76	James (W.)... 256	259
Hellènes	74	Janet (Pierre)......	230
Helmholz	94	Jean (Saint), le Si-	
Héraclite	9	lenciaire	289
Héricourt (Dʳ J.)..	329	Jeanne d'Arc......	50
Hésiode	121	Jéhovah.. 177, 282	284
Hindous	66	Jérémie	178
Hobbes	103	Jésus, 57, 239, 263,	
Hollandais	88	270, 276, 287, 289,	
Homme moderne..	377	291, 344	374
Supérieur à l'homme de jadis par la civilisation, la morale et la vie sociale.		Joteyko	136
		Judaïsme	70
		Juifs	131
Homme de la Bible	284	Julienne (Sainte)..	289
Comparé à l'homme d'aujourd'hui.		Jupiter	102
		K	
Horace... 143, 144	195	Kant, 23, 24, 25, 55,	
Homère, 74, 76, 154		232, 254, 255	357
157, 177	370	Key (Ellen).... 2 8	190
Hugo (Victor). 189	343	**L**	
Humanité	200		
Humboldt	112	La Boétie.........	195
Huxley	243	La Bruyère. 65, 148	222
		Lamartine...... 64	77
I		La Rochefoucauld.	65
		Lavoisier	96
		Leconte de Lisle, 64	76
Idéal	339	Le Dantec.........	271
Inconscient, de Hartmann.	83	Legouvé	204
		Leibnitz	91

INDEX ALPHABÉTIQUE

	Pages
Léon (Frère)	46
Léopardi... 84, 85	104
Livie	11
Lombroso..... 259	364
Loth	314
Louis XIV	145
Lourdes	56
Lubbock....... 30	221
Luc (Saint)	307
Lucien	57
Lucrèce	153
Lyon	57

M

Macaire (Saint)	288
Macbeth	50
Magaud d'Aubusson	345
Mahomet, 239, 315, 345	346
Maine de Biran	344
Mainlaender	72
Mammon	150
Manfred	213
Mangarewa.... 303	304
Mathieu (Saint)	344
Marc Aurèle.... 23, 24, 51, 75	249
Marcomans	51
Marey	136
Maupassant.... 64	78
Méditations, de Lamartine	67
Melece	287

	Pages
Ménandre	195
Michel (Marie-Louise)	304
Milan........ 163	175
Mill (J.-S.)	109
Minucius	11
Moïse......... 239	282
Montaigne, 188, 196, 218, 297	310
Monthyon	302
Morale à Nicomaque 127	204
Mort	225

Tristesse qu'elle provoque, p. 49. *Sa douleur réelle*, p. 49. *Morale de la mort*, p. 315.

Musset......... 64	77
Myers......... 96	259

N

Napoléon	66
Néoplatoniciens	76
Newton	96
Nietzsche	31
Nirvana........ 68	303

O

Œdipe à Colone	73
Oldenberg	69
Olympe, 22, 34, 76, 239	315

386 INDEX ALPHABÉTIQUE

Optimisme.. 60, 67   93
  Il y en a deux, l'un paresseur et puéril, l'autre actif et source de tous les progrès, p. 10. *Il doit être productif,* p. 17. *N'est que la résignation d'un supplicié,* p. 75.
Ormuzd 227

P

Pacome (Saint).... 289
Paix 200
  Son triomphe approche.
Pallas Athéné...... 177
Pangloss 9
Panthéiste 67
Parisiens 64
Pascal...... 71, 99 275
Pasteur........ 66 250
Pater (Walter)..... 23
Patrie 198
  N'est que l'agrandissement de la famille; trouve sa vraie source dans l'évolution du travail et de l'instruction.
Paul (Saint)....... 178
Pauvreté 156
  Disparaîtra avec le progrès, p. 155. *Est pauvre celui qui désire des choses inaccessibles pour lui.*
Pères de l'Eglise... 71

Peripatéticiens 10
Perpétue (Sainte).. 49
Pessimisme.. 60, 67   73
  La plupart des esprits représentatifs en France en sont atteints, p. 61. *Le bouddhisme en est l'expression. Il est au fond de toutes les croyances politiques et de toute la poésie,* p. 73. *Enseigné par la philosophie de Hartmann,* p. 82, *par les œuvres de Leopardi,* p. 84, *dans Chateaubriand,* p. 86; *n'est souvent qu'une mode,* p. 88; *ses inconséquences,* p. 95; *humilié par la science moderne,* p. 105.
Pestalozzi 172
Pharisiens 310
Phédon 76
Philosophie, d'Auguste Comte..... 191
Philèbe 124
Philips 299
Philosophie de la Longévité,
  de Jean Finot... 94
Phocion 154
Plaisir :
  Ne doit pas se confondre avec la volupté, p. 109. *Sa durée dépend des sources d'où il découle,* p. 369.

INDEX ALPHABÉTIQUE

Pages

Platon, 8, 23, 76, 91
  232, 312, 313, 353 .. 360
Pléthysmographie 136
Pline l'Ancien 74
Plutarque 74 172
Pneumographe 136
Poèmes barbares .. 221
Politesse 328
Est la base du bonheur.
Poincaré (Henri) ... 97
Pologne 62
Pomponace 56
Posa (Marquis de) .. 80
Pragmatisme 256
  Identifie le sentiment, principe subjectif des religions avec l'expérience scientifique, p. 257. Prêche aux âmes la beauté et la vérité de la vie, p. 259.
Presse 216
Priestley 105
Progrès 216
  Il faut distinguer le progrès des choses et le progrès moral, p. 270.
Prométhée 101
Psychique (être) ... 226
Ptolémée 107
Python 314

Q

Quades 51

R

Racine 64
Ramsay 96
Raphaël 367
Religion 238
  Est basée sur l'autorité, p. 243. Exerce une influence bienfaisante lorsqu'elle ne s'appuie pas sur le fanatisme, p. 246.
Religiosité :
  Ne doit pas se confondre avec la religion, p. 242. Est une qualité de la conscience, p. 242. Se réduit aux rapports de notre moi avec l'Infini, p. 262.
Renaissance, 88, 89 145
Renan, 23, 46, 64, 78 254
René 87
Richesse :
  Ne procure pas le bonheur, p. 192. Ses déceptions, p. 146; est une source de maux, p. 170. N'est qu'un instrument, p. 151; n'est pas un besoin, p. 160; n'est souvent qu'un mot, p. 162. Fait descendre au rang des esclaves, p. 165.
Richet 259
Rois 177
Roland 316

	Pages		Pages
Romains, 10, 74, 75, 305	311	Sévigné (Mme de).	339
Romanes	221	Shakespeare.... 75	218
Rome, 10, 23, 46, 64, 78, 159, 254	288	Shelley........ 31	206
		Schiller........ 31	206
		Siméon Stylite. 286	287
Roosevelt	151	Socrate........ 154	360
Rousseau (J.-J.)	17	Sodome	294
Rufin	57	Solidarité	377
Ruskin.... 30, 163	234	*Est la compagne du Bonheur.*	
Russel Wallace (Alfred)	270	Sophocle....... 73	79
		Sorcières	142
		Sorel (Julien)	79
S		Speke	112
		Spencer (Herbert). 112, 150, 243, 255 263, 357	374
Sagesse de Charron	65		
Saint-Germain (Fg)	45		
Sainte-Beuve... 36	64		
Sainteté moderne et sainteté hagiologique, 285, 294	314	Sphygmomètre....	136
		Spinoza. 25, 91, 365	366
		Sprée	66
Salomon	143	Stapfer (Paul)	254
Salvien	178	Stead (W.-T.). 298	299
Samayuttaka-Nikaya.	69	Stella, dans le *Bonheur*, de Sully-Prud'homme	100
Samuel....... 282	284		
Sanctus....... 57	58	Stoïciens....... 23	41
Santé	331	Subconscience	230
Doit être respectée.		Suggestion	129
Satan	343	Suisse	88
Saül	282	Sully (James).. 61	101
Sceté	288	Sully-Prudhomme.. 64, 99, 100	186
Schopenhauer.. 25 59, 80, 81, 104, 107	127		
		Stefanovska	136
Sénèque.... 11, 74	75	Stendhal........ 64	79

T

Tacite 11
Taine 64, 66 78
Télanèse 287
Temple (Sr Rich^ard) 154
Tertullien 293
Thebaïde 286
Thèbes 157
Thélède 286
Théodore 107
Théodoret 286 287
Théognis 74
Thérèse (Sainte)... 46
Thierry (Augustin). 46
Thomas d'Aquin
           (Saint), 293
Timon d'Athènes... 84
Titanic 299
Titien 259 370
Travail 266
  Ennoblit l'âme, p. 203. Conduit à tout à condition de ne jamais l'abandonner, p. 207. Est indispensable comme l'aliment, p. 206. Le travail c'est l'action, p. 277

U

Ulysse 177

V

Vauvenargues 65
Vienne 51

Vie :
  Ses désagréments ne sont que les enfants de notre raison, p. 42. Dépend des maux, p. 43. Vie intérieure est un trésor, p 50. Elle impose des devoirs, p. 260.

Vigny (Alfred de). 77
Vinci............ 27 232
Vogué (Melch^ior de) 301
Voland (Mme)...... 302
Volonté :
  Est une fée bienfaisante inépuisable dans sa bonté, p. 53. Son culte n'est pas difficile, p. 54. Source du martyre, p. 54. Aidée de la suggestion fait disparaître les maladies, p. 58.

Voltaire... 65, 127,
  ..   204 360
Voragine (Jacques
  de) 315

W

Werther 104
Widersheim 348

Z

Zarathoustra.. 239
            263 374
Zelter........ 104 200
Zola......... 64, 78 208

TABLE DES MATIÈRES

Introduction 7
I. Une Science du Bonheur est-elle possible ? . 19
II. Le Bonheur est en nous 37
III. Grimaces et Sourires de la pensée (Optimisme et Pessimime). 61
IV. Parmi les malheureux.
    A. Dans le royaume de l'Envie. 111
    B. Les bienfaits de la Douleur. 127
    C. Le préjugé de la Richesse. 142
V. Le Bonheur pour tous.
    A. Le Bonheur par la Bonté. 167
    B. Les affections comme sources de bonheur (La Famille, l'Amitié, la Patrie et l'Humanité) 189
    C. La vie active et le bonheur. 203
    D. Le bonheur accessible à tous. 211
    E. Religion et religiosité. 236

VI.	Sommes-nous meilleurs qu'autrefois ?....	267
	A. Progrès des choses et progrès des âmes.	270
	B. Dans le royaume de la conscience....	274
	C. L'homme d'aujourd'hui et de jadis....	277
	D. Les meilleurs hommes de la Bible....	282
	E. L'opposition des Saintetés.........	285
	F. Le Jésus de la conscience moderne...	291
	G. Les Saints de nos jours...........	294
	H. Les âmes folles de bonté.........	300
	I. Les hommes plus près de la divinité.	306
	J. Morale de la mort et morale de la vie.	309
	K. Le progrès des concepts moraux....	311
	L. Plus de morale et plus de bonheur...	314
VII.	Quelques catéchismes du bonheur......	317
VIII.	La morale du bonheur.............	337
IX.	Qu'est-ce que le bonheur ?..........	359
	Conclusion.....................	371

OPINIONS DE LA PRESSE

Quelques extraits de la Presse Française :

Avec une sûreté de main que démontre le succès de ses livres précédents, M. Jean Finot s'efforce à écarter du chemin commun les tristesses sans raison... (Ernest Seillière, *Journal des Débats.*)

La noblesse aussi bien que l'intérêt pratique de la philosophie de M. Finot, c'est qu'elle plane, à égale distance des appétits soulevés et des purs songes, à une hauteur de sagesse que l'homme peut atteindre... (Jean Dornis, *Figaro.*)

L'auteur nous paraît digne de prendre place à côté des grands directeurs de consciences, des Epictète, des Marc-Aurèle, des Montaigne, des Nietzsche, des Tolstoï. Son livre est de ceux qui ont sur les âmes plus d'action que les morales abstraites et déductives des philosophes... (E. Chauffard, *Revue internationale de Sociologie.*)

Dans la *Science du Bonheur*, l'éminent écrivain à qui nous devions déjà de si belles études sur la *Philosophie de la Longévité* et le *Préjugé des Races*, s'est affirmé une fois de plus comme artiste, comme moraliste et comme philanthrope... (Georges Linne, *Action et Siècle.*)

Tous les efforts littéraires et philosophiques de l'auteur tendent à la diffusion démocratique du bonheur. Philosophe éminent, Jean Finot est un vaillant et bon constructeur de la belle cité future de Justice et d'Amour... (Jules Bois, *Annales politiques et littéraires*.)

La Science du Bonheur est, au premier chef, un livre d'éducation... (*L'Éducateur moderne*.)

L'auteur développe en de magnifiques pages les moyens de conquérir la joie et la paix intérieure... (Victor Margueritte, *la Dépêche de Toulouse*.)

Je ne sais rien de meilleur, de plus beau, de plus noble et de plus consolant que cette œuvre à laquelle on peut prédire le plus enviable destin... (G. Maurevert, *Express du Midi*, Toulouse.)

Ce livre, le troisième d'une série, a le même but que les précédents : rassurer, calmer l'homme moderne. Jean Finot a mené à bien une œuvre ambitieuse entre toutes. En fermant son livre, on s'en va d'un cœur plus léger vers la besogne du jour. Et je ne connais pas beaucoup de livres qui méritent un meilleur éloge... (G. Trarieux, *la France*, Bordeaux.)

Cet ouvrage viril, sain et réconfortant est, nous ne saurions assez le répéter, à la portée de tous... (H d'Avray, *l'Europe politique et littéraire*.)

Le penseur original qui a écrit *la Philosophie de la Longévité* et le *Préjugé des Races* s'attaque au pessimisme dans des pages d'une philosophie claire et souriante... (E. de Morsier, *Revue socialiste*.)

Jean Finot est le plus consolant, le plus aimable des philosophes. Chacune de ses œuvres est pétrie de bonne grâce, d'un optimisme souriant, aisé, indulgent et averti. Il dissipe les préjugés et met en fuite les terreurs et les douleurs... (Andrée et Jean Viollis, *Nouvelles*.)

En écrivant cette œuvre vivante, si généreusement humaine, Jean Finot a fait plus qu'un beau livre : il a accompli une bonne action... (Paul de Lauribar, *la Française*.)

Jean Finot a composé un petit traité de morale, charmant et substantiel. C'est un recueil des observations les plus fines, et des observations les plus justes... (*La Vie heureuse.*)

Etc... etc... etc...

A l'Étranger :

Ce livre sera sans doute traduit dans toutes les langues, et commenté dans toutes les écoles de morale et de pédagogie, car il est non seulement très profond, mais aussi très bienfaisant... L'auteur a le sens de l'humanité, et il se fera un jour bénir par tous ceux qui l'auront lu... (Angelo de Gubernatis, professeur à l'Université de Rome, *Il Popolo romano,* Rome.)

Persuasive comme la vérité, cette *Science du Bonheur* abonde en des développements de grande beauté et de haute portée... L'auteur mérite d'être compté parmi les amis et les bienfaiteurs de l'humanité... (Dr Max Nordau, *Vossische Zeitung,* Berlin.)

Livre adorable et délicieux... Esprit positiviste et moderne, Jean Finot étudie le problème du bonheur à un point de vue différent de celui de Jésus-Christ, mais il arrive quand même à des conclusions d'une grande moralité... (W. Stead, *Review of Reviews,* London.)

C'est parce qu'il entend le bonheur de cette noble manière que Finot peut parler du droit au bonheur. Le titre de son livre est plein d'alléchantes promesses et elles ne sont pas vaines... (E. Gilbert, *Journal de Bruxelles.*)

L'auteur sait nous montrer comment il faut chercher et trouver le bonheur en nous-mêmes. Des pages sur la bonté, l'envie et tant d'autres, sont tout à fait magistrales. C'est une éthique du bonheur *in optima forma*... (E. Hettstedt, *Fremdenblatt.* Vienne.)

Jean Finot a réussi à faire un livre neuf sur un sujet bien vieux. Et il aurait fallu reproduire l'ouvrage tout entier si l'on voulait en citer les passages dignes d'être relevés... (Otto Hörth, *Frankfurter Zeitung*.)

Livre admirable qui constitue une des plus belles bibles de l'humanité laïque, véritable évangile de la vie pratique... (E. Gomez Carillo, l'*Imparcial*, de Madrid.)

Un des plus beaux livres, car il est plein de paroles de courage et d'énergie... Son livre est sans doute plus utile que n'importe quelle invention. (Dr. Sottile, l'*Illustrazione Italiana*.)

Etc... etc... etc...

PARIS

IMPRIMERIE GAMBART et Cie

52, avenue du Maine, 52

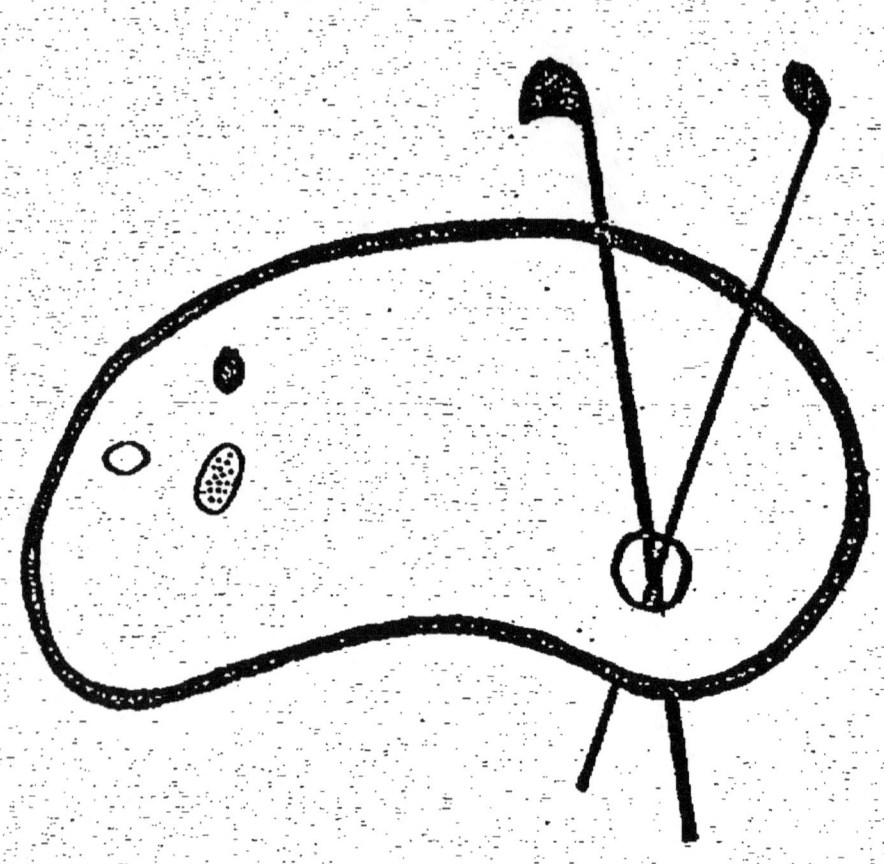

ORIGINAL EN COULEUR
NF Z 43-120-8

www.ingramcontent.com/pod-product-compliance
Lightning Source LLC
Chambersburg PA
CBHW071914230426
43671CB00010B/1598